재정전쟁

재정전쟁

세금과 복지의 정치경제학

전주성 지음

웅진 지식하우스

차례

프롤로그 대전환의 시대와 '재정전쟁'의 서막   8

1부 | 재원 없는 복지와 포퓰리즘 논쟁

1. 복지 논쟁의 축소판, 왜 기본소득인가   25
   선별적 복지와 보편적 복지   28
   재원 조달과 기득권 장벽   33
   '노벨상 사대주의'에 대한 우려   36

2. 오페라하우스와 보이지 않는 복지   39
   '국민 혈세' 논리를 극복하려면   42
   오페라하우스의 재원   45

3. '스웨덴식 복지'는 환상이다   48
   과세의 핵심은 정보와 저항   53
   정치 이념과 복지 경쟁   57

4. 재난지원금과 금 모으기, 그리고 포퓰리즘   61
   애국심 마케팅과 국론 통일   62
   포퓰리즘 감별법   65

5. 큰 정부, 이념의 문제가 아니다   71
   시대 조류와 경제 발전 단계   75
   새로운 시대정신: 정부 역할의 부각   78
   지출 확대와 정부 실패   81

2부 | 세금의 절반은 정치다

6. 저소득 근로자도 세금 많이 낸다   89
    소득세 중심의 조세 논쟁   94
    자영업자 들볶는 선무당들   96

7. 세금의 절반은 정치다   100
    능력원칙과 조세 형평   102
    편익원칙과 납세자 주권   106
    부자 과세에 대한 시사점   109

8. 세금을 피하는 세 가지 수단   112
    조세 전가: 세금 떠넘기기   114
    조세 회피: 합법과 불법 사이   116
    조세 저항: 선거의 힘   122

9. 험난한 복지 증세의 길   125
    실용주의적 과세   127
    복지 증세의 조건   130

10. 누더기 세제의 개혁이 먼저다   135
    세 가지 개혁 원칙   137
    세제 단순화   142

3부 | 양극화 시대, 부자들의 세금 전쟁

11. 로빈 후드 과세가 안 먹히는 이유   151
    부자 과세에 대한 편견   152
    부자 과세가 어려운 이유   156

12. 종합부동산세와 헨리 조지의 부활   162
    헨리 조지는 억울하다   165
    한국형 지대 과세   168

13. 부동산 세금의 여러 가지 얼굴   172
    세금으로 집값을 잡을 수 있을까   173
    보유세는 맞고 거래세는 틀린 걸까   177

14. 이건희 상속세와 이해관계자 자본주의   182
    재벌의 사회적 책임   184
    불로소득의 병목형 과세   189

15. 한국형 부자 과세의 대안   193
    부자 과세는 왜 필요한가   194
    세원 다양화와 편익원칙   196
    소득 과세와 소비 과세   198
    재산 과세와 대기업 과세   205

4부 | 복지국가 리모델링

16. 최악의 복지정책은 적자재정   215
    좋은 빚과 나쁜 빚   216
    그리스, 미국, 그리고 일본   222
    경쟁력과 재정 규율이 핵심   226

17. 최선의 복지정책은 경제성장   232
    정치 이념과 정책 시계   234
    안정적 성장의 분배 효과   238

18. 재분배 정책과 성장 잠재력   243
    계층 갈등은 어떻게 성장을 저해하는가   248
    인적 자본과 계층 사다리   251

19. 저출산·고령화에 대응하려면   255
    확실한 '출산 인센티브'가 필요하다   257
    저출산 해결책으로서의 교육개혁   260
    연금 개혁과 세대 갈등   262

20. 복지 재원의 다원화를 위한 대안   271
    조세와 지출의 연계   274
    목적세 방식과 '2단계 복지 체계'   277

대전환의 시대와
'재정전쟁'의 서막

　시장 원리가 지배하는 세상은 단순하고 명쾌하다. 수요와 공급이 어긋나면 가격이 움직여 균형을 회복한다. 공정한 규칙이 받쳐주는 경쟁은 누구에게나 노력한 만큼의 대가를 가져다준다. 불평등은 불가피하지만 이 또한 더 많은 노력을 하게 만드는 유인이 되어 경제 발전의 동력이 될 수 있다. 무역 장벽이 사라진 지구촌 시장의 자유경쟁은 각국의 비교 우위에 부응하는 국제분업을 가능하게 해 모두를 승자로 만든다. 선진국으로 향해 갈수록 중산층은 두꺼워지고, 그들이 십시일반 내는 세금을 기반으로 국가 재정은 튼튼해진다. 정부의 역할은 시장이 잘 돌아가게 하는 제도를 만들거나, 시장이 잘 돌아가지 않을 때 개입해 치유하는 쪽에 초점이 맞추어진다.

　바로 지난 40년 동안 세계경제를 지배했던 주류 경제사상이 그리는 세계다. 그리고 그 배경에는 '세계주의globalism', '다자주의multilateralism', '신자유주의neo-liberalism', '시장 중심', '작은 정부', '금융자본주의financial capitalism' 같은 키워드가 있다. 이는 소득세 최고 세율이 70%를 넘었고, 사회 안전망 확대가 정부의 핵심 사명이었던 이전의 '큰 정부', 복지국가 시절과는 확연히 다른 모습이다. 대공황의 기억이 남아 있던 그때는 경기가 부진하면 강력한 적자재정을 해서라도 정부가 나서야 한다는 사고가 지배적이었다. 그러나 물가는 오르는데 성장은 부진한 1970년대를 거치며 시민들은 무능하면서 세금만 거두어가는 정부를 외면하기 시작했다.

1980년대에 이르면 로널드 레이건Ronald Reagan 대통령과 마거릿 대처Margaret Thatcher 수상의 집권과 함께 보수 혁명이 시작됐고, 이는 범세계적인 감세와 규제 완화로 이어진다. 몇 차례 이어진 다자간 무역 협상의 결과로 수입 쿼터는 사라지고 관세는 낮아졌다. 국가 간의 경쟁력 다툼은 환율 전쟁의 차원에 머물렀다. 미국의 클린턴 정부(1993~2000년) 때처럼 설사 진보 정당이 집권을 했더라도 세계화globalization라는 자유 시장 논리를 거스르기 어려웠다.

국제정치의 지형도 바뀌었다. 1989년에는 오랫동안 냉전 체제를 상징하던 베를린 장벽이 무너졌다. 이어 구소련Soviet Union이 해체되며 미국은 절대 패권 국가로 군림하게 된다. 세계 자본의 70%를 차지하는 막강한 미국의 금융 파워가 신자유주의와 세계화의 흐름을 타고 신흥시장국emerging market country들로 뻗쳐나갔다. 하지만 자본시장이 성숙하지 않은 이들에게 급작스럽게 늘어난 유동성은 독이 되었다. 멕시코 등 남미 국가들 중심으로 외환시장 불안이 이어지다 1997년에 이르면 태국과 인도네시아가 무너졌고, 뒤이어 경제 발전의 롤 모델이던 대한민국에서 외환위기가 터진다. 금융 개방에 대한 대비는 소홀히 하면서 그냥 'Globalization'이라고 하면 될 세계화의 영어 표현을 'Segyehwa'라 쓰는 식의 겉멋에 취했던 정부는 썰물처럼 빠져나가는 국제 자본을 막을 길이 없었고, 국제통화기금International Monetary Fund: IMF의 구제금융을 받게 된다.[1]

그래도 자유주의 경제 질서의 진군은 멈춤이 없었다. 2000년대에 이르면 중국이 '세계의 공장'이 되어 국제 무대에 본격 등장한다.[2] 선진국에서 돈을 풀어도 신흥시장국들의 낮은 생산 비용이 물가 상승 압력을 상쇄할 수 있다는 경제통합의 논리가 지배하며 유동성은 풀려 나갔고, 이는 주식과 부동산 같은 자산 시장의 거품을 키웠다. 급기야 2008년에 이르면 '리먼 브라더스Lehman Brothers 파산'과 함께 미국발 금융위기가 시작된다. 당시에는 이 위기가 1930년대의 대공황 수준일지도 모른다는 공포와 불확실성이 팽배했다. 미국은 황급히 중국과 한국 등 신흥시장국들이 포함된 G20 회의를 소집했고, 모든 나라가 동시다발로 정부 재정을 확대해 무너진 총수요를 되살리려 했다.

이 덕에 세계경제는 예상보다 빠르게 회복됐지만, 감추어졌던 새로운 문제들이 고개를 들기 시작했다. 우선 무리하게 적자재정을 한 나라들이 무너졌다. 2010년 그리스와 이탈리아 등 재정 상태가 취약했

---

1 선진국 클럽인 경제협력개발기구(Organization for Economic Co-operation and Development: OECD)에 가입하려고 자본 개방을 서둘렀고, 국민소득 1만 불 시대를 앞당기려고 원화 가치를 고평가시켜 경쟁력이 잠식된 것도 위기를 재촉한 요인으로 꼽힌다.

2 2001년, 중국은 미국의 비호 아래 세계무역기구(World Trade Organization: WTO)에 가입한다.

던 나라들을 중심으로 남유럽 위기가 발생했고, 방만한 재정 운영과 통화 확대 탓에 상습적으로 외환위기를 겪었던 남미 국가들 역시 흔들렸다. 하지만 대한민국은 달랐다. 위기 초반에는 자본시장이 흔들렸지만, 재정의 힘이 다른 정책들을 받쳐주었다. 우리가 1997년의 외환위기에서 빠르게 벗어날 수 있었던 것도 각종 금융 부실을 정부 재정이 흡수해주었기 때문이다.

나아가 글로벌 금융위기는 그동안 수면 아래 머물던 불평등 문제가 부각되는 계기가 되었다. 세계화의 승자를 꼽으라면 자국 기업을 위해 시장의 경계를 넓혀간 미국과 경제력이 급상승하며 빈곤에서 벗어난 중국이 앞 순위에 선다. 그런데 미국 국내로 시선을 돌리면, 중국 제품에 밀려 일자리가 사라진, 소위 '러스트 벨트rust belt'로 불리는 중서부 지역 거주 노동자들의 불만이 쌓여간다. 버락 오바마Barack Obama 대통령 집권 8년 동안 양적 완화quantitative easing로 불리는, 전에 없던 통화 확대 정책으로 경기는 살아났지만, 중산층 이하의 실질소득은 더디게 증가했다. 반면 상위 10%가 전체 소득의 절반을 차지하는 양극화가 보편적 추세로 자리 잡는다. '아메리칸 드림'으로 불리던 계층 사다리는 무너졌고, 기존 통치 엘리트에 대한 불만이 폭발하며 2016년에는 도널드 트럼프Donald Trump라는 이단아가 세계 최강국의 지도자로 등장한다. 같은 해 영국에서는 유럽 연합European Union: EU에서의 탈퇴를 의미하는 '브렉시트Brexit'가 국민투표를 통과한다. 이 사건의 배후에도 런던 중심의 금융 서비스로 경제정책의 우선순위가 바뀌며 소외된 제조업 노동자들이 있었다.

그러다가 2019년 말, 코로나 위기가 시작됐다. 한 번도 경험해보지 못한 공포가 세계 전역을 휩쓸며 경기는 가라앉고 생산은 멈추었다. 국경이 봉쇄되며 인력과 물자의 국제 이동도 끊겼다. 총수요와 총공급이 동시에 무너지는 초유의 사태에 각국 정부는 재정 확대 외에 다른 선택이 없었다. 백신의 빠른 개발과 '보복 소비revenge spending'의 여파로 선진국 경기는 살아나기 시작했지만, 백신이 모자라는 개발도상국(이하 개도국) 사정은 다르다. 그곳의 생산 시설이 작동하지 못하니 세계시장의 공급이 부족해지고, 그곳의 인력이 이동하지 못하니 선진국의 물류 노동자가 턱없이 부족한 현상이 지속되고 있다. 여기에다 핵심 기술과 전략 상품을 둘러싼 미국과 중국의 갈등이 심화되며 글로벌 공급망의 균열은 멈출 기미를 보이지 않고 있다.

큰 정부의 부활과 재정 확대

문제는 코로나 위기가 지나간 이후다. 재정이 부실했던 나라들은 더 큰 빚을 떠안으며 주저앉을 것이다. 살아남은 나라들도 안도할 여유가 없다. 일시적 위기 대응이 아닌 구조적 차원의 재정지출 증가가 기다리고 있기 때문이다. 우선 위기를 거치면서 불평등은 더 심화될 것이다. 경제가 흔들리면 저소득층이 더 큰 희생을 치르기 마련이다. 신종 바이러스의 지속된 출현은 생태계를 무시한 인간의 탐욕에 대한 반성으로 이어졌고, 이는 기후변화에 대한 사람들의 인식과 정부의 대응 강도를 높이는 계기가 되고 있다. 팬데믹pandemic을 겪으며 공공 의료의 가치에 대한 인식 또한 달라지고 있다. 이탈리아 같은 선진국에서 병상이 없어 환자들이 복도에 누워 있던 모습은 충격적이었다. 또한 당장 국경이 막힐 경우 핵심적인 제품은 국내에서 생산할 수 있어야 한다는 전략적 사고가 확산되고 있다. 날로 첨예화되고 있는 미중 갈등도 이런 '각자도생'의 분위기에 한몫을 하고 있다. 이 모든 것이 재정 확대를 수반하는 큰 정부의 길을 암시한다.[3]

한마디로 새로운 세상이 열리고 있다. 지난 40여 년과 달리 정부의 적극적 역할이 강조되면서 국가 간 경쟁의 지평이 달라지고 있다. 예전의 경제 전쟁이 환율을 둘러싼 '통화전쟁currency war'이었다면, 앞으로의 국가 경쟁력은 재정의 힘이 좌우할 것이다. 시장의 기능은 중요하지만 과거와는 차원이 다른 정부 개입의 시대가 다가오고 있다. 국내적으로는 날로 심화되고 있는 불평등에 대처할 복지 확대가 불가피하다. 화석연료를 깨끗한 에너지로 대체하고, 공공 의료를 확대하며, 전략물자의 자체 생산을 위한 정부 지원을 늘리는 데도 막대한 재정이 소요될 것이다.

새로운 시대정신이 '큰 정부의 부활'이라면, 재정은 큰 정부를 상징하는 모든 정책의 동력이다. 바야흐로 '재정전쟁fiscal war'의 시대가 도래하고 있다. 국가 간 경쟁은 물론, 국내적으로도 한정된 예산을 둘러싸고 벌어지는 계층 갈등과 세대 갈등이 전쟁처럼 심화될 것이다. 사회 갈등은 경제 안정을 해쳐 성장 잠재력을 끌어내린다. 당장의 위기 모면을 위해 복지 포퓰리즘에 의존하다 보면 더 큰 위기가 다가올 수 있

---

3   최근 들어 지난 40년 동안 잠잠했던 인플레이션 위험이 다시 고개를 들고 있다. 글로벌 공급망 균열에 따른 비용 상승에다 코로나 위기 극복 과정에서의 재정 확대, 억눌려 있던 소비의 회복 등 수요 측면의 요인이 가세하고 있기 때문이다. 여기에 앞으로 예상되는 구조적 재정 확대가 더해지면 물가 전망은 더욱 불확실해진다.

다. 결국 튼튼한 재정을 가진 나라만이 버틸 수 있다. 누가 정부 재원을 더 넉넉히 마련하고 잘 사용하느냐에 따라 국가 순위는 다시 요동칠 것이다. 그렇다면 대한민국의 미래는 어디로 향하는 걸까.

재정은 곧 돈이다. 정부 재정의 핵심 재원은 세금이다. 선진국 반열에 오른 나라들은 대부분 과세 능력을 키우며 세수와 성장의 선순환 고리에 안착했다. 당장의 지출이 아쉽다고 재정 적자를 반복한 나라들은 예외 없이 적자와 위기의 악순환에서 벗어나지 못하고 있다. 보수적으로 재정을 관리해왔던 우리나라는 달랐다. 다른 신생국과 다를 바 없는 조건에서 빠르게 경제 발전을 이룬 데는 안정적으로 성장 재원을 제공해준 재정의 공헌이 컸다. 외환위기와 글로벌 위기 때도 그랬고, 최근의 코로나 위기를 막는 데도 그동안 비축해온 재정 여력이 빛을 발했다. 그러나 앞으로는 다를 것이다.

우리나라 역시 상위 10%가 소득의 절반 가까이를 차지하는 양극화 구도를 경험하고 있다. 빠르게 복지지출이 늘고 있지만, 아직도 서구 선진국과의 복지 격차는 GDP의 8% 수준에 가깝다. 여기에 인구구조 고령화와 정치권의 복지 경쟁이 더해지며 재정 확대는 막을 수 없는 대세가 되고 있다. 내는 돈보다 받는 혜택이 큰 적자 구조의 국민연금과 건강보험, '2050 탄소 중립'이 상징하는 환경지출 등 큰 정부로 가는 지출 수요는 끝이 보이지 않는다.

그런데 국내의 재정 논쟁을 보면 한가한 정치 담론이나 잘못된 고정관념이 판치며, 진지한 전문가 담론은 묻히고 있다. 유행어가 된 "증세 없이 복지 없다"는 조폭들의 "차카게 살자"라는 다짐만큼 공허하게 들린다. 세금은 정부의 일방적 권한이 아니라 납세자 주권을 바탕으로 하는 국가와 시민 간의 암묵적 사회계약이다. 복지 재원이 필요하다고 행정 편의주의식 증세를 하면 저항에 부딪힌다. 또한 원칙 없이 복잡하기만 한 기존 제도하에서의 증세는 비효율과 불공평을 배가시킬 수 있다.

"소득 있는 곳에 세금 있다", "저소득층은 세금을 안 낸다" 등과 같은 오해와 편견도 주류 의견처럼 대중을 파고든다. 소득이 절대적 세원이라는 원칙은 어디에도 없다. 저소득자 소득은 보호받을 수 있고, 기존 소득세도 다른 더 좋은 세원으로 대체할 수 있다. 현실적으로 가능하지는 않지만 세상에서 가장 이상적인 세금은 사람들의 능력에 따라 차등적 인두세를 매기는 것이다. 어차피 소득세도 다른 세금처럼 차선의 선택일 뿐이다. 어지간한 소득은 세금을 매기자는 '포괄적 소득세' 개념은 원산지인 미국에서도 한물간 지 오래다. 요컨대 세원은 다양할수록 좋다. 같은 세수를 거둘 때 하나의 세목보다는 여러 대안을 활용해야 비효율을 분산시키고 저항을 줄일 수 있다.

"우리나라 근로소득자의 40% 가까이 소득세를 안 내다 보니 시민들의 납세 의식이 부족하다"라는 주장 역시 편견이다. 심지어 이들이 세금을 전혀 안 내는 것처럼 쓴 글도 많이 봤다. 하지만 우리나라 세수 구조를 보면 선진국에 비해 소득세가 차지하는 비중이 높지 않다. 대부분의 세금은 다른 데서 나온다. 소득이 없는 노숙자나 취업 준비생들도 세금 많이 낸다. 스트레스 때문에 술, 담배를 많이 하기 때문이다. 소득세 안 내는 가계들도 이런저런 소비세나 거래세에 등골이 휘는 우리의 납세자다. 나아가 같은 액수의 소득에는 세금도 같아야 한다는 주장도 오류일 수 있다. '여가가 주는 효용'을 고려하면 같은 연 소득을 벌더라도 하루 8시간 일하는 봉급생활자, 법의 보호막도 없이 15시간 일하는 자영업자, 그리고 하루 3시간 일하고 남는 시간에는 골프장에 가서 사는 사람을 동일하게 취급할 수 없다.

세수의 상당 부분을 부자나 대기업이 내니까 이들을 그만 괴롭히자는 주장도 거북하다. 애당초 그들에게 경제력이 집중되어 있으니 세금 비중 또한 높은 것이다. 우리나라 세율 체계가 다른 나라에 비해 부자에게 특별히 가혹하지도 않다. 오히려 이런저런 구멍이 많아 실질 부담은 낮을 수 있다. 중산층이 사라지는 양극화 시대에는 부자 과세에 대한 관심이 높아질 수밖에 없다. 국민들이 낸 세금으로 도시가 개발되고, 그 과정에서 땅값이 올라 발생한 불로소득에 대해서는 적절한 과세가 필요하다. 노동자들의 피땀과 시민들의 세금이 기반이 된 정부 지원으로 성장한 재벌 기업의 사회적 책임 논란도 여전히 진행형이다. 하지만 부자나 대기업은 조세 회피 능력이 뛰어나기 때문에 무모한 과세 시도는 부작용을 불러일으킬 수 있다. 우리 사정에 맞는 부자 과세의 당위성을 확립하고 그들의 저항을 줄일 수 있는 실현 가능한 대안을 강구해야 한다.

복지 철학, 재원, 정치적 이해관계 등 복지 논쟁의 축소판이라 할 수 있는 기본소득 논란도 이 제도의 장단점보다는 이념 라인에 따른 찬반론이 주도하고 있다. 무상교육 수준을 넘어 복지 체계 전반의 개혁을 원한다면, 재원을 마련해줄 조세제도부터 들여다봐야 한다. 재원 확보가 어렵고 기존 이해관계가 얽혀 있어 획기적 개혁이 어렵다면, 성급한 시도보다는 미래의 건설적 제도 개혁을 유도할 수 있는 청사진부터 마련할 필요가 있다. 세금이나 복지는 이념 대립의 소재가 되기 쉽다. 그런데 이것이 가치관과 방법론의 차이를 반영하는 합리적 논쟁이 아니라 정파적 이분법으로 흐르면 멀리 가기 어렵다. '나는 진보이니까 부자 과세와 기본소득을 지지한다'는 식의 사고는 도움이 되지 않는다. 최선의 정책 조합을 모색하는 과정에서 기본소득은 찬성하되 유럽식의 부자 과세는 반대하는 진보 학자나, 기본소득은 시기상조이지만 부자 과세의 불가피성은 인정하는 보수 학자가 나올 수 있어야 한다.

세금과 복지의 절반은 정치다. 다른 분야와 달리 '효율' 같은 추상적 개념을 무기로 장착한 학자는 뒤로 밀리고 정치인, 관료, 이익집단 간의 힘겨루기가 현실을 움직이기 쉽다. 그래서 더욱더 합리적인 전문가 논쟁과 대중적 관심이 필요하다. 그러려면 우리 고유의 역사적·제도적 맥락을 무시한 채 수입 이론에 의존해 진단과 처방을 내리는 일부터 삼가야 한다. 교과서식 재정 적자 이론을 생각 없이 받아들이다 위기를 자초한 나라의 사례는 흔하다. 그런데 언제부터인가 우리 정부의 재정 규율은 빠른 속도로 흔들리고 있다. 그런데도 검증되지 않은 애매한 외국 이론을 근거로 포퓰리즘에 가까운 적자재정을 옹호하는 정치 세력이 늘고 있다.

'한국형 이론'으로 가는 길

재정 문제는 일반인은 물론 전문가도 따라잡기 만만치 않다. 현실 인식이 없으면 이론 자체를 이해하기 어렵다. 정치와 경제가 교차하는 영역이라 한쪽만 알아서는 옳은 판단을 하기 어렵다. 다른 경제정책과 달리 조세와 지출이라는 두 수단을 적절히 조합해야 최선의 결과를 낳을 수 있다. 물론 경제학의 핵심 분야답게 수학이나 통계적 수단에도 익숙해야 한다. 학자들은 복잡한 제도를 이해하는 부분에서부터 비교우위가 떨어진다. 아무리 열심히 외국 논문을 읽어도 모형 속의 세금이나 예산은 현실 정책 자문에 큰 역할을 못 한다. 그래서 그런지 우리나라 재정정책은 관료가 일방적으로 주도하는 경향이 있다.

생각 있는 학자들은 우리 학계가 한국의 제도나 역사적 맥락에 부응하는 토착형 이론을 만들지 못하고 선진국 이론의 단순 응용에 급급해한다고 개탄한다. 이런 주장에 동의하지만, 대단한 이론가도 아니면서 정책적 영향력 행사에도 한계가 있는 애매한 전문가가 넘치는 것이 우리 현실이다. 나 역시 이런저런 실속 없는 글을 언론에 썼던 시절이 있었다. 환절기 일기예보 수준의 현실 분석과 알맹이 없는 정책 방향이나 제시하는 자신이 한심했다.

이러던 차에 10여 년쯤 전, 국제 연합United Nations: UN 주최 회의에 참석하러 뉴욕에 갔던 날 노벨 경제학상 수상자인 조지프 스티글리츠Joseph E. Stiglitz 교수의 맨해튼 자택에서 있었던 저녁 모임에 참석했다. 주류 경제학자이면서도 세계화의 부작용을 지적하며 미국식 신자유주의 비판에 앞장섰던 이분은 여러 나라에서 온 학자들에게 개도국 특성에 맞는 이론 정립의 필요성을 당부했다. 시간이 걸리고 결과가 불확실해도 '한국형 이론' 공부에 집중하는 게 맞는다는 생각을 하고 있던 나에게 이 모임은 결심을 굳히는 계기가 되었다.

지난 10여 년, 언론 기고 등 국내 활동은 잠시 멈추고 이론과 현실이 부딪치는 맥락을 좀 더 이해하고자 우리보다 사정이 열악한 개도국 정부 자문에 힘을 쏟았다. 워싱턴의 싱크탱크들, 그리고 UN 지역 본부들과 연계해 아시아·태평양 지역 나라들의 정책을 평가했고, 최근에는 아랍 국가들의 조세제도도 검토했다. 그리고 느낀 점은 많은 나라에서 세금은 회피와 저항의 대상이고 부패와 지대 추구의 통로라는 것이다. 그래서 다들 개혁을 말하지만, 쉬워 보이는 경우는 한 군데도 없었다. 특히 IMF와 같은 국제기구들이 제시하는 "One size fits all"식 처방은 문제를 해결하기보다 더 악화시킬 수 있다는 확신이 들었다.

우리나라 재정 논쟁의 수준과 내용이 빈약한 데는 전문가가 부족한 이유도 있지만 주제 자체가 어렵고 복잡해 대중적 관심을 끌지 못한 탓이 크다. 미국 같은 경우에는 정부 정책에 특화된 연구소가 분야마다 무수히 많기 때문에, 작은 주제에도 논쟁이 넘치고 언론 기사 하나에도 전문성이 배어 있다. 세금이나 복지같이 민생에 직결되면서 동시에 정치적 쟁점이 되는 주제는 일반 시민들도 한마디씩 할 준비가 되어 있다. 그러나 우리의 경우 납세자 주권은 무시되기 일쑤이고 설익은 주장과 편견에 가까운 고정관념이 언론을 도배하고 있다. 지금이라도 '우리 현실에 맞는 재정 이론'에 대한 진지한 논의를 시작할 필요가 있다.

이 책은 정부 재정 전반에 걸친 핵심 주제들을 최근 쟁점이 되고 있는 현실 사례와 엮어 정리한 것이다. 능력은 달리는데 게으르기까지 한 내가 많은 것을 하긴 힘들었고, 진행 중인 연구 중에서 정책 시사점이 높은 주제들을 모아보았다. 내 나름대로 쉽게 쓰려고 했지만 행간에 이론이 숨어 있어 생각하면서 읽어야 할 부분이 많다. 여전히 해답보다는 문제 제기가 많은 책이지만, 예일대 교수 시절부터 지금까지 학생들을 가르치고 현실을 관찰하며 정리한 내 생각들이 담겨 있다. 당연히 오류가 많을 것이고 비판도 넘칠 것이다. 그래도 전환기의 국운을 가를 재정 문제에 대한 관심을 높이는 데 조금의 보탬이라도 된다면 그것으로 만족한다.

많은 사람들에게 지식의 빚을 졌지만 일일이 열거하면 형평의 문제가 생긴다. 대표로 이론과 현실을 포괄하는 정책 시각을 처음으로 경험하게 해준 하버드대 박사과정 지도 교수 마틴 펠드스타인Martin Feldstein과 로런스 서머스Lawrence Summers를 기억하고 싶다. 새로운 시대정신을 정부 재정의 문제로 풀어가는 이 책의 의미를 이해하고 출판을 서둘러준 웅진씽크빅의 신동해 본부장과 어렵고 산만한 내 글의 맥을 꿰뚫으며 좋은 책을 만들어준 김예원 편집장 및 그의 동료들에게 사의를 표한다. 책 설계 초기부터 많은 도움을 준 신영임 조교와 원고의 'A'에서 'Z'까지 헌신적으로 다듬어준 김혜미 조교에게도 감사의 말을 전한다. 그리고 내가 책을 쓰면 살림살이가 나아질 거라 착각하며 오랫동안 참아온 내 가족(한경과 윤석, 단이와 냉이, 그리고 최영아)에겐 소득이 적으면 세금도 적게 낸다는 말로 위로하고 싶다.

지난가을 어느 오후 화엄사의 늦단풍은 눈부셨다. 절 뒤편의 호젓한 길을 따라 낙엽과 햇살을 밟으며 토리와 함께 연기암에 올랐다. 지리산 능선과 섬진강 물안개가 보인다. 여기만 다녀오면 작업 일정을 '연기'하는 버릇이 있다고 조교들은 가지 말라고 하는 곳이다. 다음 날

새벽에 노고단 일출을 보고 집으로 돌아온 다음 산만하게 널려 있던 아이디어가 정리되며 몇 주 만에 이 책의 원고를 마쳤다. 세상에는 설명하기 어려운 힘이 있다. 연기암에 영혼으로 남아 나에게 영감을 전해준 토리에게 가족을 대신해 사랑을 보낸다.

1부
재원 없는 복지와 포퓰리즘 논쟁

복지 논쟁의 축소판, 왜 기본소득인가

한 대선 후보의 공약에서 촉발된 기본소득 논쟁은 단순한 정책 아이디어를 넘어 복지 철학, 재원, 정치적 이해관계 등 세금과 복지의 다양한 차원을 생각하게 해주는 이슈다. '진보는 보편적 복지, 보수는 선별적 복지'라는 이분법이 맞는 걸까. 전 국민에게 연 100만 원을 줘도 50조 원이 필요한데, 이 돈은 어디에서 나오는 걸까. 이 논의부터 시작해본다.

전 국민에게 동일한 액수의 복지 혜택을 주자는 보편적 기본소득 universal basic income은 모든 납세자에게 동일한 세금을 거두겠다는 정액세 lump sum tax 만큼이나 비현실적인 제안으로 보인다. 이런 단순한 재정 체계는 경제적 효율성 차원에서는 탁월한 선택이지만 일반적인 형평성 관념에 크게 어긋난다. 어차피 세금과 복지의 절반은 정치다. 소수인 부자가 다수인 나머지와 똑같은 세금을 내거나 똑같은 복지 수당을 받는다는 생각은 다수결을 원칙으로 하는 사회에서 수용되기 어렵다.

그런데도 나는 기본소득에 긍정적 관심이 많다. 문제가 많은 기존 질서를 바꾸려면 부분적인 수정보다는 획기적인 실험적 대안에서 아이디어를 찾는 편이 낫기 때문이다. 하지만 기본소득에 찬성하느냐 반대하느냐는 식의 질문에는 답하지 않는다. 질문 자체가 큰 의미가 없기 때문이다. 찬반 논쟁이 벌어지려면 그래도 어느 정도 판단을 내릴 근거가 있어야 하는데, 이 주제에 대해 우리가 아는 지식은 매우 제한적이다. 당장 실현 가능성이 낮은 것도 생각해야 한다. 이 제도의 이론적 매력 때문에 몇몇 나라에서 실험을 해보긴 했지만 자신 있는 결론을 내릴 수준은 아니다.

우리나라의 경우 일부 지방자치단체에서 청년 등을 대상으로 한 정액 보조금을 제공하기도 하지만, 전국 수준의 기본소득은 차원이 다른 얘기다.[1] 재원도 불확실하고, 설사 재원이 마련된다 하더라도 기득권이 얽혀 있는 기존 제도를 쉽게 바꿀 수 있을지도 의문이다. 그런데도 정치판을 보면 기본소득을 둘러싼 찬반 논쟁이 뜨겁다. 왜 그럴까.

일단 이것이 유력 정치인의 대선 공약이었다는 점이 클 것이다. 우리나라 대선 공약집이야 원래 백화점식 나열형이라 뭐가 들어간들 놀랄 일이 아니다. 상대 후보가 뭘 얘기하면 우리도 비슷한 상품 하나 적당히 끼워 넣으면 그만이다. 그런데 기본소득의 경우 한 명만 찬성하고 나머지 후보들은 모두 격렬하게 반대하고 나섰다는 것이 특징이다. 여기에는 몇 가지 감상 포인트가 있다.

우선 선거판에서 세금이나 복지 이슈가 갖는 폭발력을 들 수 있다. 유권자들의 표심에 영향을 주는 것은 추상적인 약속보다 내 살림살이에 바로 영향을 줄 수 있는 제안이다. 성장률이나 일자리 수치보다는

---

[1] 고용노동부에서는 청년구직활동지원금 사업을 시행하고 있고, 서울시를 비롯한 각 지자체에서 청년수당 제도를 별도로 도입하고 있다. 서울시의 경우, 역내에 거주하는 만 19~34세 미취업 청년들의 구직 활동을 촉진하기 위해 매월 50만 원을 최대 6개월간 지급하고 있다. 구직활동과 별개로 지급하는 경우로는 경기도 성남시에서 시행 중인 청년배당 제도가 있다. 이는 해당 지역에 3년 이상 거주한 만 24세 청년이라면 빈부에 상관없이 보편적으로 분기당 25만 원에 해당하는 상품권을 연 4회 지급받을 수 있다.

소득에 직접 영향을 줄 수 있는 세금이나 복지 공약이 표심을 흔든다. 그중에서도 연 얼마라는 식의 구체적 액수가 제시되는 기본소득은 선거공약으로서의 매력이 크다.

2020년 총선 때 보았던 전 국민 재난지원금의 위력은 대단했다. 일단 보편적으로 전 국민에게 지급하고 애국심에 호소하며 기부형 반납을 권유했지만, 약 98%의 가구가 돈을 받아 썼다. 평소 인간의 합리성과 사회 전체의 후생을 강조하던 전문가들도 당장 쓸 수 있는 공돈이 100만 원 생긴다면 당초 기부를 생각했더라도 흔들릴 수 있다. 부자들은 돈의 한계효용이 낮으므로 기부를 많이 할 것이라 한 예상도 빗나갔다. 정치는 곧 돈이고, 돈이 승리를 약속한다면 돈풀기를 주저할 정치인은 드물다.

하지만 위기 시에 등장하는 이런 일회성 지원금과 달리 한 나라의 복지 체제로서 누구에게나 같은 금액을 꾸준히 지급하겠다는 제안은 역공을 받을 수 있는 위험한 선택이다. 어쩌다 한 번 예산을 투입하는 재난지원금과 정반대로 여론이 흐를 수 있기 때문이다. 당장 손에 잡히는 현금과 달리 미래의 사안에 대해서는 전문가는 물론 일반인들도 합리적인 이성으로 판단할 가능성이 높다. 따라서 대다수 전문가들이 단점을 들추어내며 실현 가능성을 낮게 보는 정책을 자신의 소신이라 밀어붙이면 후보의 신뢰도가 급락할 수 있다. 실제 이런 보편적 형태의 복지제도의 장점을 인정하는 전문가들도 이것을 당장 제도화할 수 있는 아이디어를 내지 못하고 있다. 보수 계열의 후보들은 말할 것도 없고, 진보 계열의 정치인들조차 대부분 기본소득 제도를 반대하는 데는 다 이유가 있는 것이다.

기본소득에 대한 좀 더 중요한 감상 포인트는 이런 논쟁이 향후 우리나라 복지정책과 조세정책에 미칠 수 있는 전반적 시사점이다. 내용도 단순하고 찬반 진영도 분명해 큰 논쟁거리가 되지 않을 듯 보이지만, 이 주제만큼 우리나라 정부 재정이 맞닥뜨린 문제점을 고루 상기시키는 경우도 흔치 않다. 크게, 보편적 복지 대 선별적 복지라는 복지 철학, 재원 조달 문제, 그리고 제도 개혁에 따르는 이해관계 조정 등이 핵심 사안이다.

선별적 복지와 보편적 복지

우선 기본소득은 이미 시행하고 있는 무상 급식이나 무상 보육 등과는 달리 복지 체계 전반에 걸친 개혁이다. 그동안 전문가 논쟁 영역에 머물렀던 보편적 복지라는 획기적 사고를 현실 제도에 구체화하려는 시도다. 소득 계층을 가리지 않고 조건 없이 일정액을 지급하겠다는 생각은 부자에게 세금을 더 걷고 가난한 사람에게 혜택을 더 준다는 누진성 progressivity에 근거한 기존의 조세-지출 체계를 흔들 수 있다. 물론 농업이나 제조업 중심 사회와 달리 비숙련노동자의 일자리가 사라지는 기술혁명 시대에 기본적 생계유지를 위한 국가의 도움이 절실하다는 점은 누구나 동의한다. 하지만 이것을 왜 분배 효과나 재원 조달이 불확실한 기본소득으로 해야 하느냐는 의문이 생기는 것은 당연하다. 특히 부자들이 가난한 사람들과 똑같은 혜택을 받는 것에 대한 반발이 클 것이다.

복지의 배경인 재분배 논리를 기준으로 한다면, 주어진 복지 재원을 가난한 사람들에게 우선적으로 지원해야 한다는 말이 맞는다. 노인 기초연금 30만 원을 재벌 총수와 노숙자 노인에게 똑같이 준다는 게 말이 되느냐는 주장에 맞서기 어렵다. 대단한 유토피아 국가가 아닌 한 정부가 제공하는 복지는 상대적으로 저소득층에 기울 수밖에 없다. 어차피 예산에는 제약이 있다는 점을 고려한다면 '보편적 복지 대 선별적 복지'라는 논쟁 자체가 어불성설처럼 들릴 수 있다.

실제로 그동안의 복지 논쟁을 보면 이런 근본적 의문에 대한 해답보다는 진보는 보편적 복지, 보수는 선별적 복지라는 식의 정파적 이분법이 판을 치는 경향이 있다. 여기에다 우리와 경제 및 정치 여건이 다른 서구 복지국가의 경험이나 철학까지 소환되면서 가끔은 우리가 왜 이런 문제를 고민해야 하는지 의문이 들 때도 있다. 그렇다면 다수의 사람에게 유사한 혜택을 주는 방식의 장점은 없는 걸까. 스웨덴 등 노르딕Nordic 국가들은 어떤 근거로 부자를 포함한 광범위한 대상에게 복지를 제공하는 걸까.

우선 선별적 복지 개념에 근거한 기존 복지제도의 한계점부터 따져볼 필요가 있다. 복지정책은 통화정책이나 무역정책과 달리 노인이나 청년, 중산층이나 저소득층 등 특정 수혜자 집단의 개별적 특성에 반응하기 때문에, 이와 관련된 정보 비용이 매우 큰 영역이다. 멀리 갈 것도 없이 코로나 위기와 관련된 재난지원금 지급 기준을 딱 부러지게 정하기 힘든 것이 좋은 사례다. 또한 각종 금전적 지원을 받기에 적격 대상인지를 판단하는 일종의 자격 검증means-test을 거쳐야 복지의 대상이 되는 경우가 많은데, 이에 따른 행정 비용 역시 작지 않다. 말이 좋아 '핀셋 복지'이지 현실은 이런 한가한 선 긋기가 가능할 만큼 단순하지 않다.

나아가 다른 분야의 예산집행과 달리 복지 전달 체계는 복잡하고, 이에 따른 거래 비용 역시 만만치 않다. 이런 추가적 비용 때문에 복지 예산은 기대만큼 효율성이 높지 않다는 평가가 나온다. 여기에다 이런저런 정치적 고려까지 더해지면 일관성 없는 정책이 누적되면서 제도는 더 복잡해지고 사회적 비용은 늘어난다. 이런 경우 최선의 해결책은 제도를 단순하게 만드는 것이다. 복지의 역사가 오래된 서구 선진국에서 기본소득 제안이 사라지지 않는 것은 바로 보편적 복지의 이런 장점이 돋보이기 때문이다.

거래 비용 측면 외에 이 책에서는 복지 재원이 될 세금의 정치적 성격이 보편적 복지 개념과 결부될 수 있다는 점을 강조한다. 세금은 본질적으로 정부와 납세자 간의 사회계약이다. 법적으로는 정부의 일방적 권한처럼 보여도 정치적으로는 상호 간의 주고받기가 암묵적으로 합의되어 있다. 따라서 세금을 내는 사람이 자신이 돌려받는 반대급부가 충분하지 않다 여기면 불만이 생길 수밖에 없고, 그 정도가 심해지면 조세 회피나 조세 저항이 뒤따르기 쉽다. 특히 부자나 대기업의 경우 이런 능력이 더 뛰어나다는 점에 주목할 필요가 있다.

대부분의 사회에서 세수의 상당 부분은 경제력이 집중된 소득 상위 계층이 부담한다. 그런데 부자는 숫자로는 얼마 되지 않기 때문에 이들에게 세금을 더 물리자는 사회적 합의를 유도하기가 쉬워 보인다. 어차피 정치는 '1인 1표'다. 추가 세수나 조세 형평을 염두에 둔 진보 정치인들이 부자 과세에 매력을 느끼는 것도 이것이 '쉬운 타깃'이라 생각하기 때문이다.

  그러나 실제 경험을 보면 이런 '로빈 후드'식 과세는 생각만큼 성공률이 높지 않다. 프랑스 등 다수 유럽 국가들이 부유세wealth tax를 폐지했고, 유사한 공약을 한 미국의 대선 후보들 역시 장막 뒤로 사라졌다.[2] 우리나라에서는 부동산 부자들을 타깃으로 했던 종합부동산세(이하 종부세)의 부침이 좋은 사례다.[3] 분명 소수 상위 계층에 집중되는 세금인데 왜 정치적으로 수용되기 어려운지 의아해하는 사람이 많지만, 세금을 이런 단순 논리로 설명하기는 어렵다. 부자 과세의 실패 사례가 많은 데는 다 이유가 있다.

  상당히 도전적으로 들릴지 모르지만, 향후 조세정책의 성공 여부를 가르는 핵심 요소는 '부자들이 기꺼이 세금을 내느냐 여부'라고 말할 수 있다. 이는 중산층이 세금을 고루 부담하는 제도가 안정적이라는 학계 정설과는 다른 시각이다. 최근의 소득분배 현실은 중간층이 사라지는 양극화의 길로 가고 있다. 따라서 부자의 세 부담 비중이 늘지 않

---

[2] 1990년 기준 유럽 12개 국가가 부유세를 시행했으나 2020년 기준 노르웨이, 스페인, 스위스만 순자산에 대한 부유세 제도를 운영하고 있다. 프랑스는 2018년 개인 순자산을 과세 베이스로 하는 기존의 부유세(the wealth tax)를 폐지하는 대신, 부동산부유세(the real estate wealth tax)를 신설했다. 부유세 폐지 이유로는 자본의 높은 이동성에 따른 납세자의 탈세 및 조세 회피 심화, 낮은 과세 기반으로 인한 소득재분배 기능 약화 등이 거론되고 있으며, 국가별 GDP 대비 부유세 수입은 0.1~1% 수준으로 낮은 편이다. 미국의 경우, 2020년의 대선에서 버니 샌더스(Bernie Sanders)와 엘리자베스 워런(Elizabeth Ann Warren)이 일정 자산 이상의 부자를 대상으로 하는 부유세 공약을 제시했다.

[3] 종합부동산세는 2005년 고액의 부동산 보유자에 대하여 세금을 부과하여 부동산 보유에 대한 조세 부담의 형평성을 제고하고, 부동산의 가격 안정과 지방재정의 균형 발전을 도모하기 위해 도입됐다. 2005년 인별 합산 방식에서 2006년 세대별 합산 방식으로 전환, 과표 기준 하향 조정, 2007년 과표 적용률의 증가 등으로 2005년 GDP 대비 0.05%에 불과하던 종부세 수가 2007년 0.22%까지 증가했다. 그러나 2008년 11월 13일 헌법재판소의 세대별 합산 과세 위헌 판결 및 1세대 1주택 장기 보유자에 대한 헌법 불합치 판결에 따라 인별 과세로의 전환, 장기 보유 공제 확대가 있었고, 세율도 함께 인하되면서 이후 종부세수는 GDP의 0.1% 내외를 차지하고 있다. 그러다 2021년에 들어서면서 주택 공시 가격 인상과 세율 인상으로 종부세 대상자와 세수입이 크게 늘어나는 현상을 보이고 있다.

고는 세수를 유지하거나 높이기 어려울 수 있다. 시장주의가 강한 미국에서조차 부유세 논쟁이 달아오르고 있는데, 조세 정의와 세수 확보라는 두 개의 열매가 주는 매력이 그만큼 강하기 때문이다. 그렇다고 부자는 능력이 있으니까 세금을 더 내야 한다는 당위적 주장만 반복하는 것은 해결책이 될 수 없다. 부자의 경우 일반 중산층에 비해 조세 회피나 저항의 능력이 탁월하기 때문에 정부 의도대로 세금을 걷기 어렵다. 유능한 정부라면 부자들을 윽박지를 게 아니라 그들로 하여금 자발적으로 세금을 더 내게 유도할 수 있어야 한다. 물론 부자들이 기대하는 수준의 반대급부를 제공하지 않고서는 해결하기 쉽지 않은 과제다.

모범적 복지국가라는 평가를 받는 스웨덴의 경우, 누진도 높은 세제를 가지면서 보편적 복지 개념에 부합하는 무상 복지 정책이 많다. 따라서 부자가 세금을 많이 내기는 하지만 그들 또한 광범위한 복지 혜택의 수혜자다. 만일 부자들에게 돌아가는 복지가 그들의 조세 저항을 완화시키는 역할을 한다면 복지제도의 정치적 생명력은 커질 수 있다. 결국 부자를 이길 수 있는 힘은 강요가 아니라 설득인 것이다. 스웨덴의 제도를 그대로 베껴 오기는 어렵겠지만, 어떤 요인이 그들을 복지 천국으로 만들었는지 생각해볼 필요는 있다.

특히 선진국과의 복지 격차를 메우기 위해 증세가 필요한 우리의 상황에서는 부자들의 세금 기여도를 높이는 합리적 대안으로 보편적 복지 개념을 활용해볼 수 있다. 계층 차별 없는 복지제도가 정치적으로 수용되기 힘든 것은 사실이지만, 역설적으로 복지의 재원인 세금의 정치적 성격 때문에 '부자 복지' 요소가 필요할 수도 있다. 요컨대 복잡한 기존 복지제도가 초래하는 거래 비용과 부자 과세의 정치적 수용성을 감안한다면 보편적 복지의 긍정적 측면을 배척할 이유는 없다.

재원 조달과 기득권 장벽

사실 대다수 선진국의 기본소득 논쟁은 복잡하고 원칙 없는 기존 복지제도를 개선하는 하나의 대안으로 시작됐다. 하지만 아무리 그렇다 해도 재분배 원칙을 무시하고 '1/N'식으로 나누어 갖자고 하기는 어렵다. 일할 의욕에 대한 부작용도 걱정해야 한다. 나아가 소득 계층을 가리지 않고 같은 액수를 지급하는 경우, 그 재원 규모를 가늠하기도 어렵다.

기본소득 개념이 학계에 등장한 지는 오래됐지만 생각만큼 구체화되지 못하는 이유는 이것이 기존 제도를 보완하는 방식에 비해 특별히 더 낫다는 것을 경험적으로 입증하지 못했기 때문이다. 핀란드나 캐나다 등에서 시도한 소규모 단위의 실험에서도 확실한 결론이 나지 않는데, 이를 전국 규모로 확대하겠다는 정부는 쉽게 찾기 어려울 것이다.[4]

만일 어떤 정부가 강력한 의지로 기본소득을 시행하려 한다 해도

---

4 U. Gentilini, M. Grosh, J. Rigolini, and R. Yemtsov(Eds.), "Exploring universal basic income: A guide to navigating concepts, evidence, and practices"(World Bank Publications, 2019)에 따르면, 핀란드, 미국의 알래스카주, 캐나다의 온타리오주 등 몇몇 국가에서만 소규모의 정책 실험이 있었으며, 전국적으로 시행한 국가로는 몽골과 이란이 있으나, 짧은 기간 동안만 시행했다. 스위스에서는 2016년 6월 기본소득에 대한 투표에서 투표자의 77%가 반대함으로써 도입이 무산됐다. 최근에는 스페인이 코로나 여파를 수습하는 차원의 기본소득을 지급한 사례가 있지만 얼마나 지속될지 가늠하기 어렵다. 미국은 캘리포니아주가 최근 기본소득 실험에 착수하는 등 지방정부 단위의 실험은 지속되고 있다.

쉽게 넘기 어려운 장애물이 두 가지 있다. 하나는 복지 재원이고, 다른 하나는 기존 제도에 걸려 있는 정치적 이해관계를 해결하는 문제다. 이 중 어느 쪽이 더 큰 장벽일지는 기본소득이라는 '아이디어'를 어느 수준까지 현실화시키느냐에 달려 있다고 볼 수 있다.

우선 기존 조세수입 수준을 유지하며 복지제도를 기본소득형으로 대폭 교체하는 대안을 생각해보자. 추가 재원의 필요성이나 근로 유인에 미치는 효과 등 다른 문제점은 일단 무시하자. 이론적으로 보면 제도의 단순화는 실질적인 재원 증가를 의미한다. 복잡한 제도가 초래하는 비효율은 곧 낭비이기 때문이다. 예를 들어 100이라는 예산으로 출발했지만 20은 낭비되고 나머지 80을 두 사람이 60 대 20으로 나눈다고 하자. 만약 낭비를 없애 100을 다시 나눈다면 70 대 30과 같은 결과가 나올 수 있다. 경제학자들이 효율 비용을 강조하는 것은 바로 이런 이유에서다. 조세제도 측면에서 정액세 방식에 미련을 못 버리는 것도 사회적 비용을 줄이는 데는 단순한 것이 최선이기 때문이다.

기본소득의 매력은 이런 단순성에 있다. 하지만 아무리 낭비를 줄인다 해도 한계가 있다. 기존 체제를 해체하고 모든 사람에게 동일한 액수를 준다면 어떤 임계점 전후에서 손해 보는 사람과 이익 보는 사람이 갈릴 것이다. 이 경우 저소득층의 혜택이 줄어드는 것은 정치적으로 받아들여지기 힘들다. 따라서 이들의 복지 혜택을 유지하며 모든 사람에게 동일 액수를 지급하면 엄청난 예산이 들 것이다. 결국 기득권 충돌을 피하며 얼마나 단순한 형태의 기본소득으로 갈 수 있느냐는 재원의 문제다. 적당한 비율로 소득 상위 계층은 제외하고 나머지 국민을 대상으로 동일 액수를 지급하자는 타협안들이 나오는 것도 이런

이유에서다.[5]

기존 체제와 연관된 이해관계 조정의 장벽을 넘기 어려울 때 쉽게 생각할 수 있는 과도기적 제안은 기존의 복지제도에 기본소득적 요소를 덧붙이는 것이다. 실제 우리나라 정치권에 떠도는 기본소득안들은 대부분 이런 형태라 볼 수 있다. 그런데 기존 복지 체제를 유지하며 전 국민에게 동일한 복지를 약속하려면 당장은 많은 액수를 지급하기 어렵다. 월 10만 원을 전 국민에게 지급한다 해도 60조 원이 넘는 추가 예산이 필요하다.

문제는 새로운 재원을 어떻게 마련하느냐다. 지출 구조조정이나 조세 감면 축소 같은 단골 메뉴가 나오지만, 획기적인 재정 개혁을 전제로 하지 않는다면 어차피 뜬구름 같은 얘기다. 결국 증세 얘기가 나올 수밖에 없다. 그중에서도 정치적 부담을 최소화할 수 있는 방식이 용도를 지정하는 목적세earmarked tax 방식이다. 목적세는 특정 세목의 수입을 특정 용도에 한정시키는 방식으로서 잘만 사용하면 공공서비스 공급의 효율성을 높이는 대안이 될 수도 있다. 또한 교육이나 환경 같은 공익적 용도를 내세워 조세 저항을 완화시키는 목적으로 사용되기도 한다. 하지만 잘못 사용하면 제도를 복잡하게 만들고 예산의 경직성을 높인다는 단점이 있다.

우리나라의 조세제도를 감안할 때 가장 등장하기 쉬운 목적세가 탄소세를 재원으로 한 것일 수 있다. 공해를 줄이는 세금은 한편으로 자

---

5   예를 들어 아브히지트 바네르지(Abhijit Banerjee)와 에스테르 뒤플로(Esther Duflo) 교수 부부가 제안한 '울트라 기본소득'은 소득 상위 계층(25%)을 제외한다. 한국의 경우, 서울시는 2022년 4월부터 500가구를 대상으로 안심소득을 지급한다. 안심소득은 중위 소득의 85%(1인 가구 월 소득 165만 3,090원)를 기준으로 이 소득에 미달하는 가구에 대해 부족분의 절반을 매월 시가 지원하는 내용이다.

원 배분의 효율을 높이며 다른 한편으로 세수도 올리는 일종의 이중배당double dividend의 효과가 있기 때문에, 그 자체로는 경제적 합리성이 높다. 하지만 탄소세를 기본소득의 재원으로 만드는 것은 설득력이 높지 않다. 요즘처럼 환경의 중요성이 강조되는 시국에서는 탄소세 같은 재원은 환경 개선 목적의 지출로 사용되는 것이 더 적합하기 때문이다. 다른 목적세 대안들도 세금과 지출의 연계에 대한 논리적 근거가 약하다면 저항에 부딪힐 가능성이 있다.[6] 우리나라는 기본소득이 아니더라도 어차피 상당한 수준의 복지 증세가 필요하다. 그렇다면 미래의 복지 재원 확보라는 큰 틀에서 조세개혁의 청사진을 마련하며 기본소득 재원을 함께 고려하는 것이 바람직하다. 이게 당장 여의치 않아 목적세를 만든다 하더라도 경제적 효율과 정치적 수용성을 함께 고려한 대안을 생각해야 한다.

'노벨상 사대주의'에 대한 우려

기본소득 논쟁을 보는 마지막 감상 포인트는 이 땅의 많은 지식인들의 사고에 알게 모르게 배어 있는 '지적 사대주의' 문제다. 얼마 전 노벨상 수상자인 아브히지트 바네르지Abhijit Banerjee와 에스테르 뒤플

---

[6] 이재명 민주당 대통령 후보는 국토보유세 신설을 통해 0.17% 수준인 부동산 실효 보유세율을 1%까지 끌어올리는 동시에, 이렇게 거둔 세금을 전액 기본소득으로 지급하여, 1가구 1주택을 포함한 90%에 해당하는 가구가 납부한 토지세보다 기본소득이 더 많은 '순 혜택'을 볼 수 있도록 하겠다고 밝혔다. 이후 반대 여론에 부딪히자 '국토보유세'라는 명칭을 '토지이익배당금제'로 바꾼 공약을 다시 제시했다. 기본소득의 재원에 대한 추가 논의는 4부 20장 '복지 재원의 다원화를 위한 대안' 참고.

로Esther Duflo가 쓴《힘든 시대를 위한 좋은 경제학Good Economics for Hard Times》이라는 책에 나온 기본소득 관련 몇 구절을 놓고 논쟁이 있었다. 한쪽에서는 "노벨상 탄 교수도 찬성하는 기본소득"이라는 식의 광고효과를 노렸고, 다른 쪽에서는 "그 사람들은 케냐 같은 저개발국을 말한 것이다"라고 받아쳤다. 이 논쟁을 지켜본 사람들은 각자 나름의 기준으로 한쪽 편을 선택했겠지만, 이런 논쟁 자체가 왜 벌어지는지 의아해하는 시각도 있을 수 있다.

그들이 노벨상을 탄 것은 기존의 거시 통계만으로 얻기 힘든 정책적 시각을 실제 현장의 미시 자료에 근거해 실험적 방식으로 추론해낸 방법론적 공헌 때문이다. 실제 그 책의 해당 부분을 봐도 기본소득을 찬성하느니 반대하느니 하는 식의 유치한 논쟁은 없다. 오히려 자신들이 실제 경험해본 나라의 사례에 근거한 설명만 있을 뿐이다. 그런데 이것이 우리나라 기본소득과 무슨 대단한 상관이 있는가.

기본소득형 복지는 정보 비용이 큰 개도국에 더 어울린다는 바네르지 교수의 견해는 한정된 재원을 효율적으로 배분하자는 하나의 관점일 뿐이다. 우리나라는 최근 명목상으로 선진국에 진입했지만, 아직은 서구 복지국가들보다 조세수입이나 복지 수준이 떨어진다. 관련 제도 자체도 개도국적 요소가 여전히 적지 않다. 따라서 우리는 선진국이니까 바네르지 교수 말처럼 기본소득이 적절하지 않다고 속단하기 어려울 수 있다. 물론 우리를 케냐 같은 경우와 비교하는 것 역시 말이 되지 않는다.

우리의 복지제도는 더 성숙할 여지가 크기 때문에 서구 복지국가의 경험을 참조할 필요가 있다. 그러나 그들이 겪었던 다양한 복지 함정까지 상속받을 이유는 없다. 선진국에서 기본소득 얘기가 나오는 것은 그들의 복잡한 기존 제도가 갖는 문제점 때문이다. 새로운 아이디어는 어차피 현실성이 떨어지기 마련이다. 하지만 이 제도가 내포하는 몇 가지 특징은 향후 우리나라 복지 논쟁에서 어떤 기준점이 될 수 있다. 내가 이 제도에 긍정적 관심이 있다고 말한 것도 이런 교훈적 차원이다. 굳이 정파적 라인에 서서 열을 올려가며 지지하거나 반대할 이유가 있을까.

바네르지 교수 인용과 관련한 또 다른 우려는 그가 조세나 복지 전문가가 아니라는 점이다. 노벨 경제학상은 정책적 영향력이 높은 학자가 아니라 기초 이론이나 방법론에 공헌한 학자들이 주로 받는다. 이들이 자신의 연구나 경험에 근거해 합리적으로 추론한 견해를 마치 절대 진리처럼 인용하며 강한 주장을 펴는 것은 좋아 보이지 않는다. 물론 앞서나간 선진국 사례나 논쟁은 우리의 정책 사고에 많은 도움을 줄 수 있다. 그런데 기본소득의 경우에는 바네르지 교수의 몇 쪽짜리 소감보다 훨씬 더 풍부한 정책 시사점을 지닌 조세와 복지 논문들을 읽는 편이 우리에게 도움이 될 수 있다.

오페라하우스와
보이지 않는 복지

가계나 기업과 달리 세금, 지출 같은 정부 활동은 사회적 편익과 비용의 관점에서 평가할 필요가 있다. 여기서는 오세훈 서울 시장이 재임 당시 추진했던 오페라하우스 건립과 같은 문화 복지 사례를 바탕으로, 현금성 복지만 강조하는 기존 관행의 한계를 짚어본다. 복지 재원 배분 방식의 변화 없이는 무형적 복지의 여지가 너무도 협소해진다.

돌이켜보건대, 시장 오세훈은 용감했다. 복지에 대한 자신의 생각을 사람들이 받아주지 않는다 여긴 순간 두말없이 서울 시장직을 던졌다. 2010년 무상 급식을 반대하는 자신의 소신을 주민 투표에 부쳤는데 그 결과가 여의치 않자 말 바꾸지 않고 약속대로 자리를 내놓은 것이다. 이를 두고 잘했느니 못했느니 말이 많았지만, 그런 것들은 대부분 정치적 득실과 관련된 낮은 수준의 논쟁이다. 오 시장의 결단이 눈에 띄었던 것은 복지지출의 증가 속도가 빨라지기 시작한 당시 상황에서 복지정책과 관련된 핵심 사안을 대중의 관심사로 만든 계기가 됐기 때문이다.

복지와 같이 국민 개개인이 이해 당사자인 경우에는 토론을 통해 대안을 찾아가는 과정이 중요하다. 주어진 복지 예산을 효율적으로 배분하는 일 못지않게 이것이 정치적으로 받아들여지게 설득하는 일도 중요하다. 즉, 사회적 관점에서 효율과 형평을 따지는 것과는 별개로 복지 당사자가 개별적으로 느끼는 편익과 비용을 대비할 필요가 있다. 사람들은 자신이 내는 세금에 비해 정부로부터 돌려받는 혜택이 충분하지 않다 여기면 반발할 것이다. 특히 복지의 경우 현금성 이전지출이 포함되기 때문에 국방이나 치안과 같은 다른 공공서비스보다 훨씬 예민하게 반응할 수 있다.

물론 공공복지에는 당장 손에 잡히는 현금 말고 무형적 특성을 가지거나 장기에 걸쳐 혜택이 분산되는 경우도 많다. 그런데도 현실의 복지 논쟁은 주로 현금성 복지에 초점이 맞추어지는 경향이 있다. 여러 사람이 공유하고 장기에 걸쳐 효과가 나타나는 무형의 혜택보다는 현금성 이전지출이 평가하기 쉽기 때문이다. 이런 제한된 정책 초점이 정치권의 복지 경쟁과 맞물리면 긴 호흡으로 생각해야 할 복지의 가치가 흔들릴 수 있다.

경제정책을 큰 틀에서 판단하는 기준은 효율과 형평이다. 주어진 자원을 얼마나 효율적으로 사용하느냐를 따지는 일은 주로 경제의 영역이다. 반면 형평은 사회 구성원의 주관적 가치를 조율하고 집합하는 문제와 결부되기 때문에 정치의 영역이다. 복지정책은 주어진 재원을 합리적으로 사용해야 한다는 측면에서는 경제적 효율을 기준으로 삼지만, 한 사회가 집합적으로 공유하는 분배 정의를 배경으로 한다는 점에서는 형평의 가치가 부각된다.

이 두 가치가 반드시 상충되는 것은 아니지만, 복지정책은 아무래도 재분배를 전제로 행해지는 경우가 많기 때문에 다른 분야에 비해 효율보다 형평 쪽으로 기울기 쉽다. 나아가 복지지출은 개개인이 피부로 느끼는 영역이 크기 때문에 정치적 고려가 들어올 여지가 크다. 따라서 단순한 경제적 합리성만으로 복지 재원의 배분을 결정하는 경우 정치의 벽에 부딪힐 확률이 높다. 오세훈 시장의 무상 급식 주민 투표, 그리고 뒤에 언급할 오페라하우스 시도가 실패한 것은 결국 표 싸움에서 밀린 것이다.

한정된 복지 재원을 아껴 필요한 사람들에게 더 많은 혜택을 주자는 '선별적 복지'는 일견 효율과 형평의 가치를 동시에 충족시키기 때문에, 이에 대한 반대 논리가 뚜렷하지 않으면 쉽게 포기하기 어려울 수 있다. 사실 무상 급식 문제는 기본소득의 경우만큼 복지 체제의 큰 틀을 흔드는 문제는 아니었지만, 오 시장은 자신의 복지 철학을 테스트하는 사안이라 여기고 강한 반대 입장을 내세웠던 것 같다.

그러나 어린 학생들을 위한 무상 급식은 재원 배분의 효율성 문제를 따지기에 앞서 교육이 추구하는 공정의 가치를 고려해야 할 사안이다. 여유 있는 부잣집 아이들에게 들어갈 돈을 아껴 가난한 집 아이들에게 쓰는 것이 뭐가 문제냐고 하겠지만, 한 교실에 앉아 있는 어린 학생들이 차별감을 느끼지 않게 하는 '유무상 혼합 급식'은 현실적으로 불가능하다. "난 돈 내고 점심 먹는다"라고 누가 한마디만 하면 그렇지 않은 학생들의 자존감은 무너질 것이다. 부잣집 아이들에게 들어가는 급식비만 '비용'이 아닌 것이다. 사회적 비용이나 편익에는 회계적으로 측정되지 않는, 보이지 않는 것들이 더 많다. 오 시장이 좀 더 포용적 자세를 보일 수도 있었던 사안이다.

무상 급식 못지않게 시선을 끌었던 사안은 한강 변에 오페라하우스를 세우려 했던 오 시장의 구상이다.[7] 이 계획에는 심정적인 찬사를 보낸 사람들이 적지 않았다. 다들 몇 안 되는 서울의 클래식 공연장을 방문할 때마다 입장료가 비싸다는 생각을 했기 때문이다. 시민들에게 상대적으로 저렴한 가격으로 고품격 예술을 제공하는 정책은 사회적 편익이 클 수 있다. 특히 청소년들은 클래식 공연장에서 스마트폰으로 듣는 음악과는 다른 경험을 해볼 수 있다. 또한 저소득층에 초점을 두는 일반적인 복지지출과는 달리 오페라하우스는 좀 더 폭넓은 중산층을 주 대상으로 고안된 사업이라는 점도 나쁘지 않았다.

하지만 이 제안은 정치적 반대에 부딪혀 결실을 맺지 못했다. 아무래도 한정된 서울시 예산의 배분을 둘러싼 견해 차이가 있었을 것이다. 수도나 전기 요금도 제대로 못 내는 서민들이 얼마나 많은데 오페라 같은 사치품에 혈세를 쓰느냐는 식으로 공격이 들어오면 막을 재간이 없다.

'국민 혈세' 논리를 극복하려면

이 사안은 좁게는 기존의 복지 논쟁, 넓게는 정부 재정의 역할에 대한 관행적 사고의 문제점을 적나라하게 보여준다. 우리나라 복지정책의 경우, 그 초점이 지나치게 눈에 보이는 현금 복지에 치우쳐 있다. 하지만 사람들이 실제 느끼는 복지는 현금성 이전지출에만 의존하지

---

[7] 한강 노들섬을 시드니의 오페라하우스나 심포니홀 같은 공연 시설이 있는 '예술 섬'으로 탈바꿈시켜 서울시의 랜드마크로 만들려 했던 구상이다.

않는다. 각종 공연이나 전시와 같은 문화 복지 역시 시민 후생을 높여주는 중요한 경로다. 서울에만 천만 시민이 살고, 이들의 소득이나 선호에 차이가 있는 것은 당연하다. 당장 먹고살기 힘든 사람에게 문화는 사치처럼 보이겠지만, 다른 생각을 가진 사회 구성원도 많다. 만장일치는 어차피 불가능하지만, 그래도 다양한 계층과 취향의 사람들이 고루 만족해야 전체 사회 효용이 높아진다.

그러나 정치의 세계는 눈에 보이지 않는 가치에 많은 비중을 두지 않는다. 똑같은 비용을 사용했을 때, 현금 복지는 수혜자가 구체적이고 혜택의 정도가 손에 잡히지만 문화 복지는 불특정 다수가 수혜자이고 혜택의 정도를 계량화하기 어렵다. 이 둘을 한 줄에 세워놓고 비용 대비 편익, 즉 예산 가성비를 따지는 것은 애초부터 문제 설정이 잘못된 것이다. 하지만 아직 우리 정치의 수준은 다양한 합리성보다는 단조로운 목소리 크기에 좌우되는 측면이 크다. 정부는 가끔 근시안적인 시민들을 대신해 온정주의Paternalism적 정책을 펼 수도 있다. 현금이 제일이라 생각하는 부모 대신 정부가 나서 그 자녀들에게 문화 경험을 제공하는 것은 사회 후생을 높이는 일이다.

좀 더 시선을 넓혀 보면 우리나라 정부 재정을 평가하는 방식 전반에 걸쳐 유사한 허점이 있다. 예를 들어 교통 체증을 피하기 위해 밤에 하는 것이 나은 도로 공사를 우리는 낮에 하는 경우가 많다. 밤에 공사를 하면 오버타임 수당을 지급해야 하기 때문에 예산이 더 들지만, 그만큼 민간 주체들이 시간을 절약하는 사회적 편익이 존재한다. 이 둘을 비교해 의사 결정을 하는 것이 바람직한 정부 관료의 자세다. 하지만 현실은 다르다. 누군가 해당 사업의 예산을 들고나와 더 싸게 공사를 할 수 있었는데도 아까운 '혈세'를 낭비했다고 윽박지르면 당해내기 어렵다. 하지만 정부는 자신의 살림살이를 넘어 사회 전체의 후생을 고려하면서 정책 결정을 해야 한다.

비슷한 사례를 찾기는 어렵지 않다. 외환위기 당시 무너진 금융 시스템을 복구하기 위해 150조 원이 넘는 재정자금이 투입됐는데 이 혈세 중 얼마를 회수하느냐가 당시 언론이나 정부의 주된 관심사였다. 하지만 문제의 핵심은 국민 세금이 얼마나 들어갔느냐가 아니라 그로 인한 성과가 무엇이냐였다. 당시 시중은행 몇 개만 손보고 덮은 탓에 이후 저축은행 등 제2금융권의 부실이 끊이지 않았다.

이명박 정부 때, 노벨 평화상 수상자인 무함마드 유누스Muhammad Yunus 교수의 소액금융micro-credit을 본떠 소상공인을 위한 '미소금융' 제도를 실시했다. 매우 좋은 취지의 제도였지만 금방 흐지부지됐는데, 그 이유는 영세 사업자들에게 들어간 돈의 회수가 어렵다고 판단한 공무원들의 몸 사리기 때문이었다. 이들에게 들어간 돈은 당연히 못 돌려받는다 생각하고 지출해야 하는 항목이다. 즉, '투자'가 아니라 복지 개념인 '이전지출'이라 봐야 한다. 그들의 어려움을 덜어주는 목적의 예산 지원을 한다고 생각해야 한다. 정부는 사채업자가 아니다.

최근 들어 공원 청소나 강의실 불 끄기 같은 노인용 관제 일자리를 비판하는 사람들이 많은데, 이 또한 틀린 생각이다. 현금으로 주건 일자리로 주건 그런 성격의 예산은 복지지출이다. 어떤 방식이건 노인복지 자체가 목적이라는 의미다. 일자리 정책을 비판하려면 다른 데서 사례를 찾아야 한다.

위에서 예시한 오류들은 모두 정부의 기본 기능을 이해하지 못한 데서 비롯됐다. 정부 정책은 사회적 비용과 사회적 편익을 함께 고려해야 한다. 그런데 우리 사회의 정책 논쟁을 보면 비용과 편익 중 한쪽만 보거나 눈에 보이는 회계적 수치만 따지는 경우가 흔하다. 이러니 편견이 진실로 둔갑하며 의미 없는 정파적 논쟁이 벌어지는 것이다.

오페라하우스의 재원

결국 오페라하우스 같은 문화 복지가 확대되려면 장부에 잡히지 않는, 보이지 않는 편익과 비용도 함께 고려하는 관행이 자리 잡아야 한다. 하지만 눈에 보이는 현금성 지출만 복지로 생각하는 현재의 논쟁 수준에서 공무원들의 몸 사리기만을 비판하기 어렵다. 그렇다면 다른 대안은 없는 걸까.

이 질문에 대한 해답은 정부 재정의 배분 방식에 대한 학계의 고정관념을 깨는 데서 시작할 수 있다. 서구 선진국의 경험이나 그들의 재정 이론에서는 조세를 거두는 과정과 이렇게 마련된 재원을 배분하는 과정을 분리해 생각하는 것이 관행이다. 즉, 다양한 종류의 세금을 거두어 하나의 단지에 넣고, 이를 사용할 때는 별도의 예산 우선순위를 정하는 일반회계 방식general-fund financing이다. 기존 조세 이론 역시 주어진 액수의 세금을 거둘 때 발생하는 왜곡 효과를 최소화하는 데 초점이 맞춰져 있지 이것이 어떻게 사용되는지는 다루지 않는다. 세금과 지출을 분리해 생각하는 관행 때문이다. 미국식 사고가 지배하고 있는 우리 학계의 입장도 크게 다를 바 없다.

하지만 현실은 판이하게 다르다. 경제 발전 과정에 있는 대다수 나라들은 정부의 기대만큼 세금이 잘 걷히지 않는다. 그래서 선진국처럼 세입과 세출을 분리하는 방식만으로는 한계가 있다. 그 대신 특정 세금의 용도를 지정해 납세자의 저항을 줄일 수 있는 세금-지출 연계earmarking 방식을 병행하는 경우가 많다. 우리나라도 방위세, 교육세, 농어촌특별세, 교통에너지환경세 등 다양한 형태의 목적세를 사용해 조세 수입을 확보했다.

이론적으로 볼 때 세금과 지출을 합리적으로 연계하면 효율성과 공평성을 함께 담보할 수 있다는 장점이 있다. 예를 들어 수도 요금과 같이 납세자와 수혜자가 정확하게 일치하는 수익자부담 원리가 작동하면, 수요자가 지불하고자 하는 가격과 공급자가 받고자 하는 가격이 자발적으로 일치하는 시장균형 원리가 성립한다. 나아가 돈을 낸 사람이 혜택을 가져간다는 의미에서의 공평함 또한 보장된다.

이런 조세-지출 연계 방식의 장점을 잘 활용하면 문화와 관련된 정책처럼 현금성 복지가 아닌 경우의 재원 조달이 쉬워질 수 있다. 앞서 언급했듯, 오세훈의 오페라하우스가 실패한 것은 주어진 예산을 놓고 서민용 복지와 우선순위 다툼을 했기 때문이다. 정치인의 입장에서는 딱 부러지는 자신만의 견해가 없는 경우 유권자 지지가 더 많은 쪽을 선호하기 마련이다. 2010년 시점에서 볼 때 하루 생계를 걱정하는 사람들 숫자가 오페라 애호가보다 많았을 수 있다. 일반 시민들의 입장에서도 공연장이 갖는 무형의 가치는 피부로 느껴지지 않았을 수 있다. 자연 여론의 지지를 받기도 어려웠을 것이다. 여러 차원에서 나쁘지 않은 제안이었지만, 복지 재원의 정치성을 간과한 것이 패착이었다.

그렇다면 앞으로도 한강 변의 오페라하우스를 보기 어려울까. 지금은 그때에 비해 문화 예술의 가치에 대한 시민의 지지가 높아졌다. 그렇다 해도 한정된 예산을 놓고 순위 다툼을 벌인다면 여전히 무형의 편익이 유형의 현금 복지에 밀릴 가능성이 높다. 이런 경우, 일반회계에서 지급하는 기본 복지지출에 추가해 수익자부담에 근거한 조세-복지 연계 방안을 구상해볼 수 있다. 나아가 이런 연계 방식은 향후 불가피해지는 복지 증세의 저항을 완화하는 한 방안이 될 수도 있다. 복지 재원의 다원화에 대한 대안은 20장에서 상세히 다룬다.

'스웨덴식 복지'는
환상이다

많은 이들이 복지 선진국으로 꼽는 스웨덴. 그러나 스웨덴식 '고부담-고복지'는 쉽지 않다. 문제는 돈이다. 재원을 마련하려면 증세를 피할 수 없으나 증세는 여러 이유로 어렵다. 인구 고령화와 정치권의 인기 영합 경쟁으로 그 어느 때보다 복지 요구가 급증하고 있는 지금, 우리는 스웨덴으로부터 무엇을 배울 것인가, 어떻게 다른 길을 걸을 것인가.

복지정책에 관심을 두는 우리나라 정치인에게 스웨덴은 성지 같은 나라다. 높은 수준의 복지 혜택과 이를 뒷받침해주는 조세수입을 바탕으로 하는 스웨덴식 복지는 요람에서 무덤까지의 평생 복지를 정부가 책임지는 교과서적 원형에 가깝다. 그래서 기회가 닿으면 삼삼오오 떼지어 스웨덴 시찰에 나선다. 며칠간의 수학여행으로 큰 지식을 얻기는 힘들지만, 깨끗하기로 정평이 나 있는 이 나라 공무원이나 정치인들이 어떻게 활동하는지 견학하면서 자신을 돌아볼 계기로 삼을 수 있다. 덤으로 나중에 복지정책을 입안할 때 '내가 어디 가봤는데'라는 말을 덧붙일 수도 있다. 내부적으로 다 아는 내용이라도 외부 권위를 빌리면 더 힘을 받듯, 스웨덴 벤치마킹은 얼핏 별 손해 볼 일 없는 비즈니스로 보인다.

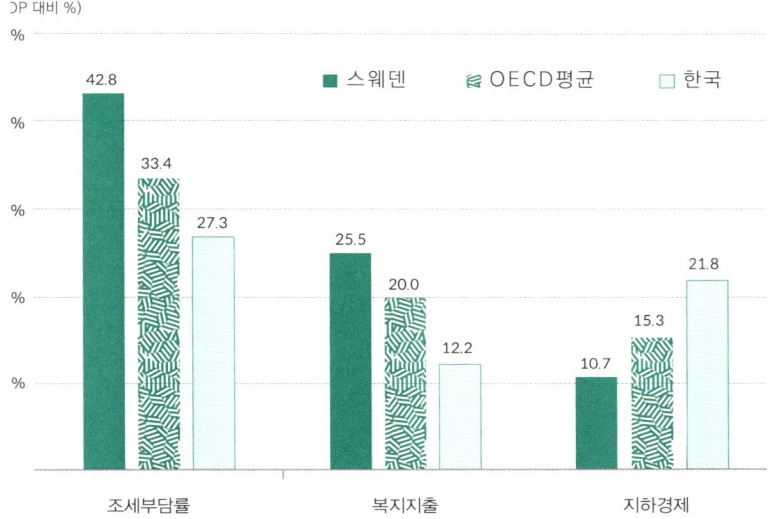

조세부담률, 복지지출 및 지하경제 규모

조세부담률은 사회보장성 부담금을 합한 광의의 개념(국민부담률)을 사용했다. 지하경제는 2017년 기준, 나머지는 2019년 기준. 자료: OECD, Revenue Statistics database; OECD, Social Expenditure database; Medina and Schneider(2020).

하지만 여기에는 함정이 있다. 스웨덴처럼 높은 수준의 복지로 가려면 이를 가능하게 해줄 재원이 필요한데, 이것이 가능해 보이지 않는다. 스웨덴의 경우 다른 서구 복지국가에 비해서도 조세부담률이 월등히 높다. 지금은 다소 낮아져 43% 수준이지만, 한때 국내총생산Gross Domestic Product: GDP의 절반 가까이를 세금으로 낸 적도 있다. 우리에게는 사실상 불가능한 기준점이다. 선진국들의 모임이라 할 수 있는 경제협력개발기구Organisation for Economic Co-operation and Development: OECD의 평균 조세부담률은 33% 수준이다. 반면 사회보장성 세금을 포함하는 우리나라의 조세 부담은 꾸준히 높아졌는데도 아직 27%대에 머문다.[8] 한편 GDP 대비 복지지출 규모를 보면 OECD 평균이 20% 선인 데 비해 우리는 12% 수준에 머문다. 그나마 최근 복지지출이 빠르게 늘어나 이 정도에 이른 것이다. GDP의 8% 수준에 달하는 복지 격차를 모두 증세로 감당하려면 30% 정도의 증세가 필요하다[=27%×0.3]. 현실적으로 가능성이 낮은 주문이다.

세금으로 충분하지 않다면 재정 적자를 통해 복지 재원을 마련하면 된다고 생각하는 정치인들이 있다. 물론 정부 재정은 항상 균형일 필요가 없다. 경기 침체기에는 세금이 덜 걷히고 복지지출이 늘어나 자동으로 재정 적자가 발생한다. 이런 경기순환적인 일시적 적자는 용인하는 것이 원칙이다. 예기치 못한 자연재해나 대외 환경의 충격을 흡수해 미래로 분산시켜 민생을 안정시키는 것도 재정 적자의 몫이다. 외환위기 때의 경험이 좋은 사례다.

하지만 구조적 성격의 복지지출을 적자재정으로 해결할 수는 없다. 예산상의 복지 항목들은 대부분 재량적으로 조정하기 어려운 의무 지출의 성격을 지닌다. 따라서 일시적인 적자 재원으로 한두 해 버틴다 해도 확실한 재원 증가가 뒤따르지 않으면 적자가 누적되어 문제를 일으키기 쉽다. 집권 세력의 근시안적인 판단에 따른 적자재정과 부채 누적이 나라를 위기로 몰아넣은 사례는 주변에 널려 있다. 1980년대를 휩쓴 남미의 외채위기 배경에는 방만한 재정 운영으로 인한 구

---

8   사회보장 관련 부담은 모두 조세 부담에 포함하는 것이 국제 비교 관행이다. 우리나라에서는 협의의 조세부담률에 사회보장성 부담금을 합한 개념을 '국민부담률'이라 부른다. OECD, "Revenue Statistics 2021: The Initial Impact of COVID-19 on OECD Tax Revenues"(Paris: OECD Publishing, 2021)에 따르면 2020년 기준 한국의 국민부담률 잠정 수치는 28%에 접근한다.

복지지출 비중의 추이

자료: 한국은행 경제통계시스템

조적 적자의 누적과 이를 해소하려는 무분별한 통화 발행이 있었다. 2010년 시작된 남유럽 위기의 주역인 그리스도 약해진 경쟁력을 재정 적자로 덮으려 하다 문제를 키운 경우다.

 그래도 선진국들은 재정 압박에 대한 대응책을 마련했다. 2차 대전 이후 복지국가를 지향한 유럽 국가들은 폭넓은 연금, 건강보험, 가족 및 아동복지 프로그램, 광범위한 공교육, 장기 실업보험과 같은 다양한 복지 프로그램을 도입했고, 이로 인해 정부지출은 급등하기 시작했다. 여기에 고령화, 생산성 정체, 오일쇼크 및 인플레이션 등으로 인해 재정 적자가 심각해지자 유럽연합에서는 마스트리흐트 조약Maastricht treaty을 통해 재정 적자 상한선을 도입했고, 개별 국가에서는 새로운 세

목의 도입, 연금 개혁 등의 적자 해소 조치가 이루어졌다.[9]

반면 한국은 주어진 세수 한도에서 지출을 한다는, 소위 '양입제출'이라고도 불리는 한국 나름의 재정 규율을 지켜온 덕에 이런 문제를 겪지는 않았다. 1997년의 외환위기를 극복하는 비용을 재정에서 감당할 수 있었던 것도 건전한 재정 기조를 유지해온 덕이 컸다. 많은 나라들이 동시에 재정 확대를 한 2008년 글로벌 금융위기 때도 우리는 기초 재정이 튼튼한 덕에 큰 후유증 없이 넘어갔다. 1997년과 2008년 말 기준의 정부 부채는 각각 GDP의 11.1%, 26.8%로 다른 선진국에 비해 현저하게 낮은 수준이었다.

하지만 보수적인 재정 운영이 성장 지향적인 정책 기조와 결합되면서 정부가 직접 제공하는 복지에 대한 관심은 크지 않았다. 실제 고도성장기의 정부 예산을 보면 복지 항목이 차지하는 비중이 미미했다. 1980년대를 보면 복지지출은 평균적으로 총지출의 12.8%에 불과했고, 이 추세는 1990년대로 이어진다. 그러다 외환위기를 겪으면서 1990년대 말부터 복지지출이 빠르게 증가하기 시작했다. 이후 선거 때마다 반복되는 정치권의 복지 경쟁이 가세하며 지금은 정부지출에서 복지지출이 차지하는 비중이 40%에 육박한다.

복지 전문가들 중에는 이런 추세라면 조만간 총지출의 절반 이상, GDP의 20%에 달하는 서구 선진국의 복지 수준에 도달하는 것은 시

---

9   IMF, "Confronting Budget Deficits", *IMF Economic Issues* 1996/001(International Monetary Fund, 1996)에 따르면, 벨기에·프랑스·독일·네덜란드 등 주요 유럽 국가 및 미국 등 12개국에서 1980~1994년 사이 정부 부채의 GDP 대비 비율이 평균적으로 두 배 증가했다. 유럽연합에서는 회원국의 재정을 건전하게 운용하기 위해 1993년 11월부터 '마스트리흐트 조약'과 '안정·성장 협약(The Stability and Growth Pact: SGP)'에 따라 GDP 대비 3% 이하의 재정 적자와 GDP 대비 60% 이하의 정부 채무를 유지하기로 정했다. 이 외에도 독일의 연대세(a solidarity tax) 등과 같은 새로운 세목의 도입도 함께 이루어졌다.

간 문제이고, 또 그래야 한다고 믿는 사람들이 많다. 하지만 이를 달성하기 위한 재원 조달이 가능할까. 선진국과의 복지 격차를 절반 정도 좁히는 GDP의 4% 수준의 증세를 생각해보자. 이 경우 사회보장세를 포함하는 광의의 조세부담률(국민부담률)을 기준으로 15% 정도의 증세가 필요한데, 납세자들이 따라줄 것이라 보기 어렵다.

과세의 핵심은 정보와 저항

한 나라의 조세수입을 결정하는 핵심 변수는 과세 정보와 납세자 저항이다. 세금을 정부의 일방통행적 정책 수단이라 생각하는 정치인이나 관료들이 많지만, 현실은 다르다. 개도국의 조세수입이 선진국보다 전반적으로 낮은 것도 정보와 저항의 차이 때문이다. 과세 정보의 결정적 근거는 금융거래다. 그런데 개도국은 금융 부문의 발전이 미흡하고 현금 경제, 그림자 경제, 지하경제 등으로 불리는 비공식 부문의 비중이 높다.

실제 세수 구조를 보면, 같은 소득세라도 법인소득세의 비중이 개인소득세보다 높은 개도국이 많다. 기업의 경우 생산 시설이 물리적으로 존재하기 때문에 과세 정보를 확보하기 쉽다. 수출세나 수입관세의 비중이 상대적으로 높은 것도 항만이나 공항을 이용하는 경우 거래 정보가 쉽게 노출되어 조세 회피를 하기 어렵기 때문이다. 여기에다 자신이 낸 세금은 정부 서비스로 돌아온다는 납세 의식 또한 선진국에 비해 낮기 때문에, 소득세나 재산세보다는 저항이 낮은 간접세인 소비세 쪽의 비중이 높을 수밖에 없다.

우리나라 역시 예외가 아니었다. 경제 발전 과정에서 법인소득세의 세수 기여도가 매우 높았고, 간접세인 소비세는 물론 다른 세금에 적당히 묻어가는 부가세surtax 등 숨어 있는 세금의 비중 또한 작지 않았다. 물론 무역자유화와 함께 관세의 비중이 점차 낮아지고 복지지출이 늘며 사회보장세의 비중이 느는 등 조세 구조가 선진국형으로 진화하고 있지만, 여전히 개도국적 요소가 적지 않다. 특히 걱정스러운 것은 경제 발전 수준에 비해 현금 거래에 의존하는 지하경제의 비중이 높다는 것이다. 지난 수십 년의 추세를 볼 때 선진국과 개도국의 평균이 각각 GDP의 15%, 30% 수준이라고 본다면, 한국은 늘 개도국 쪽에 가까운 편이었다. 지난 10여 년 신용카드 사용의 확산으로 소비 관련 과세 정보 확보가 쉬워지긴 했지만, 여전히 GDP의 20%에 가까운 거래가 공식 집계에서 누락된다.[10] 스웨덴의 10.7%에 비하면 갈 길이 멀지만 그래도 줄어드는 추세에 있다는 점이 위안이다.

좀 더 심각한 문제는 세금에 대한 납세자 저항이다. 보통 경제가 성숙하면 납세 의식이 높아져 조세 저항이 약해지는 것이 일반적인데, 우리는 오히려 역행한다는 느낌이 든다. 신용카드 소득공제가 좋은 사례다. 현금 거래를 줄이기 위해 1990년대 말에 시작한 신용카드 소득공제 관련 조세 지원은 한국 조세정책사에 남을 만한 성공 사례다. 소비지출에서 신용카드와 현금 영수증 결제가 차지하는 비중을 보면

10　L. Medina and F. Schneider, "Shedding light on the shadow economy", *World Economics*, 21(2)(2020), pp. 25~82에 따르면, 2017년 기준 선진국 평균은 GDP의 14%인 반면, 개도국 평균은 GDP의 31.2%에 달한다. 한국의 지하경제 규모는 GDP의 21.8%로 추정됐다.

1999년에 15.5%이던 것이 2012년경에 이르면 90%를 넘어선다. 이제는 편의점에 가서 칫솔 하나를 사도 카드로 결제한다. 경제 논리에 따른다면 이 제도는 목적을 달성했으므로 폐지하는 것이 마땅하다. 하지만 그런 시늉이라도 보이면 납세자들이 들고일어난다. 소득공제를 줄이는 것은 증세이기 때문이다. 비록 합리적 이유가 있다 해도 늘 있어왔던 혜택이 줄어들면 반발이 생길 수밖에 없다. 하지만 이런 이유가 전부일까. 어쩌면 정부 활동에 대한 높아진 불신이 이런 사례를 통해 표출된 것이라 해석하는 것이 맞을 수 있다.

그렇다면 스웨덴의 경우는 어떨까. 스웨덴 정부는 투명하고 생산성이 높기로 정평이 나 있는데, 이는 높은 정부 신뢰도로 이어진다. 자연 시민들의 납세 의식도 높다. 내가 낸 세금이 좋은 정부 서비스로 돌아온다는 믿음이 있기 때문이다. 반면 정부 신뢰가 낮고 부패 수준이 높은 나라에서는 조세 저항이 클 수 있다. 내가 낸 세금이 나를 위해 쓰이지 않고 엉뚱한 사람의 후생만 높인다면 누가 세금을 내고 싶겠는가. 대한민국은 경제 수준에 비해 정치 수준이 낮다. 대통령이 퇴임하면 감옥으로 가는 나라이니까 변명할 여지도 크지 않다. 실제 정부 신뢰도나 부패에 관한 국제 통계를 보면 선진국은 물론 유사한 생활수준의 경쟁국에도 뒤처진다.

월드 갤럽 폴 World Gallup Poll 조사에 따르면, '정부를 신뢰하는가'라는 질문에 긍정적으로 답한 응답자 비율은 2020년 기준 OECD 평균이 50.7%인 데 비해 한국은 45%에 머문다.[11] 국제투명성기구 Transparency

---

11   정부 신뢰도는 OECD의 의뢰로 '월드 갤럽 폴'이 조사를 진행하며, 조사 대상국 국민 1,000명에게 "당신은 중앙정부를 신뢰하십니까?(Do you have confidence in national government?)"라고 물었을 때, "그렇다(yes)"라고 대답한 비율로 측정한다. 이번 수치는

International가 산출한 부패인식지수Corruption Perceptions Index를 보면 한국은 다른 선진국은 물론 아시아 경쟁국보다도 점수가 낮다. 2020년 기준으로 싱가포르, 홍콩, 일본은 각각 85, 77, 74의 값을 가지는 데 반해 한국은 61에 그치고 있다.[12]

스웨덴의 복지 시스템이 아무리 좋고 탐나도 그것을 그대로 우리에게 이식하기 힘든 이유는 납세자가 정부를 대하는 태도의 차이가 크기 때문이다. 믿음을 주는 정부만이 저항 없이 세금을 거둘 수 있다. 우리가 스웨덴으로부터 벤치마킹할 것은 '고부담-고복지'라는 겉으로 드러나는 결과물이 아니라 국민소득의 절반 가까이를 세금으로 거둘 수 있는 배경일 것이다. 이 중 특히 눈여겨볼 부분은 높은 정부 신뢰도와 함께 소득 계층을 가리지 않고 보편적으로 제공되는 복지 혜택이 갖는 시사점이다. 정부 신뢰가 높으면 납세자 전반의 저항 수준이 낮아질 수 있다. 나아가 다른 장들에서 상세히 다루듯, 보편적 복지는 부자들의 납세 저항을 완화시키는 역할을 할 수 있다는 점에 주목할 필요가 있다.

2018년의 39%에 비해 상승했는데, OECD는 코로나19 팬데믹으로 인한 국가 위기 상황에서 '결집 효과(rallying around the flag)'가 있었을 것이라는 분석을 내놨다.

12 부패인식지수는 각국의 전문가나 기업가들이 '해당 국가의 공공 부문이 얼마나 부패했다고 인식하는지'를 지수화한 지표다. 지수는 0부터 100까지의 값을 가지는데, 0에 가까울수록 부패했다고 인식하는 것이며 100에 가까울수록 청렴하다고 본다.

정치 이념과 복지 경쟁

스웨덴식 복지 선진국을 지향하는 분위기의 또 다른 함정은 현실과 동떨어진 정치적 신념이나 표를 의식한 포퓰리즘적 동기에 의해 복지정책이 설계될 가능성이 크다는 점이다. 흔히 공공복지에 대한 입장을 기준으로 진보와 보수를 가르는 경향이 있는데, 이는 미래의 복지정책을 이해하는 데 별 도움이 되지 않는다. 진보는 큰 정부를 지향하고 그 배경에 복지 확대가 있다는 고정관념은 실제 현실과는 거리가 있기 때문이다. 역사적 경험을 통해 보면 정부 크기를 결정하는 핵심 요인은 경제 발전 단계와 시대 조류라는 것이 저자의 생각이다.

우선 개도국은 세금을 거둘 능력이 떨어지기 때문에 예산상의 큰 정부를 갖기 어렵다. 반면 선진국의 경우는 집권당의 정치 이념보다는 특정 시점의 시대정신이 정부 크기를 좌우했다. 2차 대전 이후 공산주의와 대립하는 냉전 체제하에서는 어떤 이념의 정당이 집권하건 큰 정부를 지향하는 복지국가 흐름에서 벗어나기 어려웠다. 반대로 1980년대 이후의 보수주의 조류하에서는 낮은 세율과 규제 완화를 기본으로 하는 작은 정부가 대세였다. 근자에는 글로벌 금융위기로 부각된 불평등 문제, 기후 문제, 코로나 위기 등의 여파로 정부 역할에 대한 관심이 다시 높아지고 있는 추세다.

선진국과의 복지 격차가 여전히 큰 우리나라의 경우 아직은 증세 능력에 의해 정부 크기가 좌우될 가능성이 높지만, 정부지출의 확대를 필요로 하는 시대적 요구에서 벗어나기도 어렵다. 그만큼 증세를 통한 재원 확보가 시급한 과제가 될 것이다. 과세 능력은 정부 신뢰나 효율

등에 바탕을 둔 시민의 납세 의식에 좌우된다는 점을 감안하면, 향후 복지정책의 성패는 집권 정부의 이념보다는 능력에 의해 결정될 것이다.

전문가들 중에는 재원 확보의 어려움을 고려해 스웨덴식의 '고부담-고복지'보다 한 단계 낮은 '중부담-중복지'가 낫다고 말하는 사람이 많다. 하지만 이런 주장은 듣기에는 그럴듯하지만 정책 시사점이 크지 않다. 중간 수준의 복지가 무엇인지를 정의하기 어렵거니와 그마저도 재원 확보가 없으면 무의미한 주문일 뿐이다. 이처럼 복지를 위한 증세의 필요성을 말하기는 쉽지만, 스웨덴처럼 정부 효율과 정부 신뢰가 높지 않은 우리 사정을 감안하면 그 실현 가능성에 대한 냉정한 판단과 실현 가능한 대안이 필요하다. 특히 원칙 없고 복잡한 기존의 누더기 세제로는 2~3%p 정도 조세부담률을 올리기도 쉽지 않을 것이다.

여기서 한 가지 우려되는 것은, 최근의 양극화 추세와 코로나 사태에 편승한 복지 포퓰리즘이 기승을 부릴 가능성이다. 신자유주의, 세계화, 금융자본주의 등으로 상징되는 1980년대 이후의 시대는 2008년 글로벌 금융위기를 계기로 다양한 문제점을 노출했다. 그중 가장 대중의 관심을 끈 것은 최상위 계층으로 부가 집중되는 승자 독식형 불평등 구조다. 예컨대 상위 10%가 성장 과실의 대부분을 가져가는 사회라면 나머지 90%는 기존 경제 질서에 불만을 가질 수밖에 없다. 이처럼 유권자 절대다수가 불평등을 자신의 문제로 인식한다면 정당들은 자신의 정치 이념과 무관하게 복지 확대에 초점을 둘 수밖에 없다.

2019년 말에 시작된 코로나 위기는 그동안 논쟁에 머물렀던 불평등의 실제 모습을 적나라하게 드러냈다. 선진국에 비해 개도국의 피해가 컸고, 한 나라 안에서도 사회적 약자의 희생이 두드러졌다. 다른 나라에 비해 식당 등 영세 자영업자의 숫자가 많은 우리나라의 경우 이들의 피해가 유난히 컸다. 의료 시스템 등 사회 후생을 위한 정부의 역할이 중요함을 새삼 상기시켜준 것도 큰 변화다. 공공 의료 시설의 부족으로 코로나 초기 대응에 큰 어려움을 겪었던 이탈리아의 사례는 적자와 부채를 누적시키며 버티던 국가가 이런 위기에 얼마나 취약한지를 여실히 보여주었다.[13] 적자재정으로 버티는 정부의 경우, 미래를 대비하는 투자보다는 당장의 현금 복지로 정권의 수명을 연장하는 일에 초점을 둘 수밖에 없음이 드러난 것이다.

　이 모든 점을 고려하면 향후 한국의 복지정책이 직면한 도전은 만만치 않다. 신뢰도 낮은 정부의 누더기 세제로는 약간의 증세도 저항에 부딪힐 것이다. 코로나 위기 등으로 부각된 정부의 역할을 아전인수식으로 해석해 멋대로 적자재정을 합리화하는 포퓰리즘도 등장할 것이다. 하지만 세상이 그리 만만치 않다. 당장의 현금 복지에 취약한 근시안적인 유권자가 없지 않겠지만, 무능한 정책이 반복되면서 누적된 부실로 인해 정부 신뢰가 흔들리는 조짐이 보이면 무섭게 돌변하는 것도 그들이다. 결국 진보건 보수건 유능한 정부라야 국민 복지를 향상시킬 수 있다. 복지의 정치적·경제적 측면을 아우를 수 있는 체계적

13　코로나 초기 단계에서 이탈리아는 의료 시설이나 인력 부족으로 엄청난 사상자가 발생했다. 이는 장기간의 재정 적자 여파로 인한 예산 부족으로 공공 의료 시스템이 부실해졌기 때문이다. 코로나19가 발생하기 직전 연도인 2019년 말 이탈리아의 GDP 대비 정부 부채는 154.2%였다(OECD, National Accounts at a Glance).

이고 포괄적인 비전과 이를 실현할 재원 전략이 있어야만 가능한 일이다. 결국 앞으로의 복지 논쟁이나 복지 경쟁의 핵심은 누가 더 많은 복지를 약속하느냐가 아니라 누구의 약속이 지속 가능한 복지의 차원에서 신뢰가 가느냐다.

재난지원금과 금 모으기, 그리고 포퓰리즘

코로나 위기 극복을 계기로 재난지원금 등 현금성 지출이 급증하며 포퓰리즘 논쟁이 뜨거워지고 있다. 그런데 이런 현금 복지 외에도 정책 수단을 겉과 속이 다르게 사용하는 포퓰리즘의 형태는 다양하다. 위기 때 자주 등장하는 '국론 통일'이나 '애국심 마케팅'은 권위주의적 정부가 자신의 실패를 호도하기 위해 자주 쓰는 방식이다. 적자재정을 포함, 향후 다양한 방식으로 등장할 포퓰리즘을 감별하는 방법을 살펴본다.

코로나 위기의 한가운데에서 제공된 2020년의 재난지원금과 1997년의 외환위기 때 일어났던 금 모으기 운동의 공통점과 차이점은 무엇일까. 공통점은 둘 다 위기 시에 일어났다는 점이다. 차이점은 전자는 국가가 시민을 보호하려 한 것이고, 후자는 시민이 국가를 보호하려 했다는 점이다. 여기까지는 쉽다. 만약 두 경우 다 국가 주도의 포퓰리즘이었다고 말하면 어떤 반응이 나올까.

2020년의 재난지원금은 얼어붙은 소비를 풀기 위한 유인책의 측면이 컸지만, 그래도 어려운 상황을 구조한다는 복지지출의 영역에서 벗어나기 어렵다. 그런데 그해 4월 총선이 있기 직전에 일어났던 일이라 복지 포퓰리즘이라는 의혹을 피하기도 어렵다. 포퓰리즘을 복잡하게 해석하는 전문가들도 있지만, 여기서는 어떤 정책 수단을 예견된 목적

이외의 용도로 쓴다는 정도로 정의해보자. 그렇다면 그해의 재난지원금은 복지 구호의 명목 아래 정치적 동기가 잠복한 포퓰리즘적 성격을 띠게 된다.

대체로 이런 인기 영합형 정책은 정파성이 강해 이득을 보는 대칭점에 손해를 보는 진영이 있다. 물론 재난지원금이 선거의 결정적 요인이 됐다 말하기는 어렵지만, 당시 선거에서는 집권당이 압승했고 야당의 의석수는 대폭 줄었다. 좀 더 흔한 포퓰리즘은 집권 세력이 단기적 이득을 추구하며 국가 재정을 방만하게 운영하다 경제를 망가뜨려 온 국민이 피해자가 되는 경우다. 남미의 병자로 불리는 아르헨티나나 베네수엘라의 경험이 대표적 사례라 할 수 있다.[14]

애국심 마케팅과 국론 통일

그런데 시민의 자발적 참여 운동으로 알려진 우리나라의 금 모으기를 정부 주도 포퓰리즘이라 볼 수 있을까. 당연히 통상적인 복지 포퓰리즘과는 성격이 다르다. 하지만 애초에 정부 주도로 행해진 데다 이 운동의 전개 과정이나 결과를 두고 일반적인 인식과 다른 해석이 가능하다면 얘기가 달라진다. 이 점을 설명하려면 재난지원금과 금 모으

---

[14] 두 나라 모두 방만한 재정지출을 기반으로 한 복지 포퓰리즘이 몰락의 원인이다. 한때 경제 강국이던 아르헨티나는 1946년 페론(Perón) 정권이 들어선 후 빠르게 정부지출을 늘렸고, 이 전통은 후속 정권에서도 이어졌다. 재정 적자와 이를 통화 증발로 메우는 정책은 초인플레이션과 외채위기를 반복적으로 초래했다. 석유 매장량 세계 1위인 베네수엘라는 차베스(Chavez), 마두로(Maduro)로 이어지는 포퓰리스트 정권의 무분별한 재정지출로 지금은 자력갱생이 어려울 정도의 빈국으로 추락했다.

기, 두 사례의 또 다른 공통점을 언급할 필요가 있다. 바로 애국심 마케팅이다. 대체로 권위주의적인 정부가 위기에 몰렸을 때 쓰는 수법이다. 즉, 정부의 실패로 위기가 왔는데도 이를 묻고 시민들의 애국심에 호소해 위기에서 벗어나려 하는 동서고금의 비책이다. 과거 독재 정부 시절 가끔씩 등장하던 국민투표 방식이 이런 종류의 정치 작전에 해당한다.

4인 가족 기준으로 100만 원이 지급된 2020년 재난지원금의 경우, 재원의 효율적 배분이라는 측면에서 애초에는 소득 하위 70%의 가계에만 지급하려고 했다. 그러나 70%라는 경계선을 정확히 긋기가 애매했고, 소비 진작이 주목적이라 굳이 계층을 차별할 이유가 있겠느냐는 견해가 득세하며 전 국민 지원으로 돌아선 것이다. 물론 선거 직전이라 가급적 많은 유권자들에게 현금을 지급하려는 정치적 동기가 작동했을 것이라는 합리적 의심 역시 가능한 상황이었다. 어쨌거나 정부는 자기방어를 겸한 그 나름의 묘수를 찾아냈다. 바로 금 모으기 운동의 추억을 소환하며 애국심에 호소한 것이다. 행정상의 어려움으로 일단 전 국민에게 돈을 드리지만 정치적 동기와는 무관하니 여유 있는 분들은 그냥 정부에 다시 '자발적 기부'를 해달라는 당부였다.[15]

그런데 재난지원금을 기부하는 것과 금 모으기 운동에 참여하는 일에는 결정적 차이점이 있다. 재난지원금 기부는 문자 그대로 나에게서 정부로의 현금 이전이다. 그런데 기부를 할 것이면 기부자가 용도를 정하는 것이 맞지 어디에 쓸지도 모르는 국고에 다시 집어넣으라는 것

---

15 정부는 고소득자나 안정적 소득자 등 전체의 10~20% 국민이 지원금을 반납해 최대 2조 원이 국고에 환수될 것이라고 했다. 문재인 대통령이 1호 기부에 나서고, 세액공제 혜택까지 부여하면서 '제2의 금 모으기' 캠페인까지 벌였지만, 결과는 2% 정도로 초라했다.

은 상당히 불편한 주문이다. 게다가 일반적인 기부와는 달리 이 경우에는 마치 지도층에 있는 국민들의 도덕성 테스트를 한다는 느낌을 지우기 어려웠다. 부득이해 기부 옵션을 만들더라도 코로나 피해 자영업자 지원에 쓴다는 식으로 확실한 용도 지정을 하고 별도 계정을 만들어 기부를 부탁했으면 당시 2% 수준으로 나타난 저조한 실적이 다소 나아졌을지 모른다. 국제 기준으로 볼 때 정부 생산성이나 신뢰도가 그다지 높지 않은 우리나라 정부가 줬던 돈을 다시 돌려달라 하는 것은 득보다 실이 큰 선택이었다 할 수 있다.[16]

그런데 이런 재난지원금 기부와 달리 금 모으기의 경우에는 단순 헌납이 아니라 금의 반대급부로 현금을 제공했다. 외환위기 당시 달러 비축액이 부족해 위기가 일어났기 때문에 달러와 다름없는 금이라도 모아보자는 것이 이 운동의 명목상 취지였는데, 실제 금값은 시세에 견주어 넉넉히 쳐주었다. 당시 전국의 며느리들이 장롱에서 썩고 있는 돌반지들을 시어머니 눈치 볼 필요 없이 꺼내 들고 은행으로 달려간 것은 실리와 명분을 함께 얻는 일석이조의 선택이었다.

물론 이런 일회성의 금 모으기가 외환 보유액 확보에 큰 도움이 되기는 어려웠다. 그 대신 국민들의 애국심을 불러일으켜 '국론을 통일'하는 역할을 한 것은 사실이다. 문제는 이런 정부 주도 애국심 마케팅이 서민들의 피눈물을 초래한 정부의 무능을 가리는 역할을 했을 수도 있다는 점이다. 설사 선의로 시작한 캠페인이라 하더라도 국가가 주도

---

16 고용노동부 보도 자료(2020. 12. 29.)에 따르면, 2020년 5월부터 8월까지 정부가 전 국민을 대상으로 지급한 14조 2,357억 원의 긴급재난지원금 중 국민들이 코로나19에 따른 고용 위기를 극복하기 위해 자발적으로 기부한 금액은 2,782억 원으로, 전체 긴급재난지원금의 약 2%를 차지한다.

하는 국민 동원식 정책은 겉으로 드러난 목표와 다른 결과를 초래할 가능성이 있다. 이런 해석이 맞는다면 관제 금 모으기 역시 포퓰리즘적 성격을 갖는다고 볼 수 있다.

포퓰리즘 감별법

사실 우리나라 정치인이나 지도층 인사들이 너무 가볍게 거론하는 '국론 통일'은 선의로 해석할 수 있는 경우도 있지만 권위주의 냄새를 풍길 때가 더 많다. 총칼로 누르는 정부만 권위주의적이라 말하지 않는다. 다수를 압박하는 수단만 다양해졌지 실상은 별로 민주적이지 않은 민주 정부가 세상에 널려 있다. 집권자가 독재 코스프레라도 안 하면 다행이다. 우리도 아직은 민주주의 체제 작동에 필요한 소프트웨어가 많이 부족하다. 그중 하나가 소수 의견에 대한 존중이다. 사람들이 다 제각각의 견해를 가졌기 때문에 소위 국론이라는 것이 분열될 수 있고, 그 결과로 갈등이 발생할 수 있다. 갈등을 억지로 없애기보다는 합리적인 수준으로 최소화하는 것이 현명한 지도자의 태도다. 그 과정에서 자신을 지지하지 않는 소수 유권자의 권리를 존중하는 것은 당연한 의무다.

어떤 형태로 나타나건 포퓰리즘을 추구하는 지도자들은 대부분 권위주의적 성격을 지닌다. 그리고 현금성 복지를 주무기로 삼는다. 분배와 관련된 실책을 감출 때는 부자 때리기 등의 시선 돌리기가 기본 수단이다. 애국심 마케팅이나 여론 몰이 국민투표도 자주 등장하는 메뉴다. 하지만 이런 편법의 수명이 길지 않다는 것은 역사가 증명하고 있다. 민주국가의 유능한 지도자라면 다양한 계층과 가치관의 시민들을 만족시킬 수 있어야 한다. 뭔가 권위로 내리눌러 그들을 침묵하게 만드는 일에 집착하는 지도자들은 국민을 행복하게 만들 수 없다.

노벨상 수상자인 케네스 애로Kenneth Arrow가 제시한 유명한 정리가 있다. 독재가 아닌 사회에서 사회 구성원의 선호를 일관성 있게 집합하는 일은 현실적으로 어렵다는 내용이다. '불가능성 정리Impossibility theorem'라고 불리는 이 이론의 시사점 중 하나는, 구성원들의 선호가 아주 유사한 집단이라면 상대적으로 다수가 만족하는 해결책을 만들 수도 있다는 것이다. 차마 노골적인 독재는 못 하지만 권위주의적인 정부가 공교육이나 정책 홍보를 통해 사람들의 선호를 정부에 유리한 식으로 바꾸려 드는 것은 흔한 현상이다. 한마디로 국론을 통일해보려 애쓰는 것이다.

이런 관점에서 볼 때 우리나라도 포퓰리즘의 유혹이 정치인들을 비껴가지 않을 가능성이 높다. 빠르게 증가하고 있는 복지 수요와 선거에서 이득을 보려는 정치적 동기가 맞물리면 장기적 국익보다는 단기적 사익이 앞설 수 있다. 여기에 코로나 위기가 전개되며 적자재정을 견제하는 여론의 고삐마저 느슨해진 상태다. 한시적 성격의 재난지원금과 달리 구조적 복지 재원은 증세 없이 확보하기 어렵다. 하지만 복지 재원에 필요한 증세는 쉽지 않을뿐더러 득표에도 도움이 되지 않을 것이다. 그렇다면 단기적 편법에 가까운 수단들이 난무할 수 있다. 구체적으로 향후 예상되는 포퓰리즘은 다음 몇 가지 형태로 정리해볼 수 있다.

첫째, 유권자가 당장 피부로 느낄 수 있는 현금성 복지에 초점을 둔 정치권 경쟁이 치열할 것이다. 우리의 경제 발전 수준을 고려할 때 복지 확대는 불가피한 수순이다. 이 경우 시민 개개인의 다양한 복지 욕구를 고루 수용해야 하고 현금성 복지 외에 시민 후생을 증진시키는 다양한 형태의 무형적 복지도 함께 제공해야 한다. 하지만 표를 따지는 정치인의 시각으로는 같은 1만 원이라도 손에 잡히는 현금성 복지의 편익이 커 보일 것이다. 재난 구호 명목의 지원금 제안이 쉴 새 없이 튀어나오는 것도 이런 이유에서일 것이다.

하지만 정작 코로나 위기로 피해를 본 자영업자들에게 필요한 것은 당장의 현금 얼마가 아니라 앞으로 살아갈 대책이다. 대출, 세금, 임대료 등 그들의 사업 환경에 도움이 될 수 있는 구조적 대책을 마련하면서 시간을 잠시 벌어줄 현금 지원을 병행하는 것이 유능한 정부가 할 일이다.

나아가 국격에 걸맞은 문화 수준을 유지하는 것은 선진국의 필수 조건이다. 굳이 조지프 나이Joseph Nye 교수가 제시한 소프트 파워soft power의 중요성을 언급하지 않더라도 장기적 관점에서 문화 복지에 대한 과감한 투자가 있어야 하고, 이에 대한 재원은 별도의 경로로 보장될 수 있어야 한다.[17]

둘째, 부자 때리기가 기승을 부릴 수 있다. 소득분배 정책의 핵심은 중산층의 지갑을 두껍게 하고 저소득층을 구제하는 것이다. 즉, 하위 계층을 상위로 밀어 올리는 일이다. 그런데 이런 과제에 실패했을 때

---

17 조지프 나이가 처음 사용한 소프트 파워는 하드 파워(hard power)와 달리 강제나 강압이 아닌 다른 매력을 통해 상대방의 동의와 협력을 이끌어내는 힘을 의미한다.

정치 세력이 쉽게 선택하는 방식은 부자 탈세 같은 몇 가지 사례를 부각시키며 대중의 감성에 호소하는 '쇼' 정치를 하는 것이다. 그러나 정작 우리나라에 필요한 것은 복지 재원에 대한 부자나 대기업의 기여도를 높이는 일이다.

이 책에서 강조하듯 향후 복지 재원의 핵심은 세금이고, 증세 과정에서 부자나 대기업의 역할은 중요하다. 어느 나라에서나 능력 있는 계층의 세 부담을 높이는 누진과세에 대한 사회적 합의를 이끌어내는 것은 어렵지 않다. 부자들도 이런 기본 원칙 자체를 부인하기는 어렵다. 하지만 이들을 일방적으로 압박한다고 세금이 잘 걷히는 것은 아니다. 조세 회피나 저항의 능력이 일반 납세자보다 우월한 그들이 자발적으로 세금을 더 낼 수 있는 환경을 만들어야 유능한 정부다. 특히 그들도 엄연한 납세자이기 때문에 적절한 반대급부를 요구할 수 있다. 이런 과정을 매끄럽게 처리하며 세금을 더 거둘 수 있는 전략을 모색하는 일이 먼저다. 정치적 동기가 담긴 근시안적 윽박지르기는 정책 효과도 없으면서 세금을 정파적 대립 전선으로 만드는 부메랑으로 돌아올 가능성이 높다.

셋째, 각종 공익광고 등을 통한 애국심 마케팅이다. 코로나 바이러스와 관련된 정보, 담배의 위해성 등 아주 필요한 사안에 대한 정보 제공형 홍보는 중요하다. 그러나 별로 대단치도 않은 응원가 수준의 공익광고에 감동을 받을 정도로 우리 시민 의식이 낮지 않다. 하지만 정적에 대한 네거티브를 금과옥조로 삼는 정치 세력들이 자신을 홍보하기 위해 무슨 일을 할지는 짐작하기 어렵지 않다. 예전처럼 노골적인 정권 홍보는 하기 어렵겠지만 누구나 동의하는 당연한 바른 말씀을 반복하면서 '정부가 하는 일을 늘 옳다'라는 획일적 사고를 시민의 뇌리에 심는 일은 더 심해질 수 있다.

개별 시민이 추구하는 가치는 다양하다. 정책을 펴기 위해 이런 개별 선호를 집합하는 것은 필수적이지만 그 과정에서 갈등이 발생할 수 있는 어려운 과제이기도 하다. 의견 차이나 갈등을 해소하는 첫 단계는 주어진 정책의 편익과 비용에 대한 충분한 설명을 통한 설득이다. 이것이 여의치 않을 때 투표와 같은 정치적 수단을 동원한다.

그런데 정치인들 중에는 의도적으로 갈등을 조장해 유권자 편가르기를 하는 공작 정치를 자연스러운 정치 행태로 생각하는 사람들이 없지 않다. 국론 통일형 하향식 권위주의가 어려운 경우라면 차라리 자기 진영에 가까운 반쪽이라도 표 결집을 하겠다는 일종의 부족주의tribalism다. 주로 세금이나 복지 등 집단 동질성이 있는 정책이 매개로 사용되는 경향이 있다. 이는 정책 수단을 겉과 속이 다른 식으로 사용한다는 차원에서 애국심을 빙자해 억지로 국론을 통일하려는 시도와 다를 바 없는 포퓰리즘적 행태다.

넷째, 재정 적자를 애매한 논리로 호도하려는 시도가 나타날 수 있다. 우리나라는 선진국과의 복지 격차가 작지 않은 상태에서 인구 고령화의 영향까지 겹쳐 구조적인 복지 수요가 빠르게 증가하고 있다. GDP의 8% 수준에 달하는 선진국과의 복지 격차를 메우려면 증세밖에 해답이 없다. 그러나 단기에 조세부담률을 높이기는 어렵다. 불과 2~3%p의 증세를 목표로 삼더라도 지금의 정부 신뢰 수준에서는 납세자 동의가 어려워 보인다. 제대로 된 청사진과 기득권 반발을 잠재울 수 있는 전략을 동반한 조세개혁이 있어야 가능한 과제다. 누군가는 꺼내야 할 과제이지만, 증세라는 방울을 고양이 목에 달 용기 있고 능력 있는 정치인을 찾기는 어렵다. 정치 공약을 뒷받침하기 위한 새로운 목적세 정도로는 충분한 재원을 마련하기도 어려울뿐더러 가뜩이나 누더기 소리를 듣는 세제의 복잡성만 더하게 할 수 있다.

이런 상황에서 당장의 복지 수요를 충족하기 위한 적자재정의 유혹이 고개를 드는 것은 자연스러운 현상이다. 미래 세대를 담보로 삼는 이런 선택이 초래할 위험에 대한 반발이 뒤따르겠지만, 당장의 정치적 이익을 앞세우는 세력에게 많은 것을 기대하기는 어렵다. 더구나 최근에는 코로나 위기의 충격까지 감당해야 하므로 일시적 재정 적자의 필요성까지 부각된 상황이다. 이런 경우일수록 정상적인 복지 증가와 인기 영합적인 복지 약속을 구분하기 어렵다. 선거 브로커형 정치인들이 이런 기회를 놓칠 리 없다. 하지만 여전히 정상과 비정상을 구분할 수 있는 수단이 있다. 바로 얼마나 신뢰할 수 있는 재원 확보 청사진을 보여주느냐다. 우리나라의 조세 저항이 높은 것은 시민의 납세 의식이 낮아서가 아니라 정부의 능력이나 신뢰도가 높지 못한 탓이 크다는 점을 터득하고 합리적인 정부 개혁과 증세 청사진을 내세우는 측이 정상인 것이다.

큰 정부,
이념의 문제가 아니다

일반적 믿음과 달리 실제 정부 크기는 집권당의 이념이 아니라 시대 조류나 과세 능력에 의해 결정된다. 불평등과 기후변화에 대응하기 위한 정부지출, 코로나 위기가 보여준 공공 의료의 필요성 등 시대정신이 '큰 정부'로 바뀌고 있다. 시대 흐름을 읽는 비전과 정부지출을 받쳐줄 재원 마련이 핵심 과제다. 가장 경계해야 할 일은 무능한 정부가 커지는 것이다.

    자본주의 시장경제에서 진보와 보수를 나누는 핵심 기준은 정부 역할이다. 정부의 기본적 역할은 치안이나 국방처럼 국가 유지에 필요한 기능 제공, 공해나 독점 같은 시장 실패를 치유하기 위한 개입, 통화나 재정 수단을 이용한 거시경제정책, 그리고 적절한 수준의 소득분배 유지 등이다. 보수 진영에 비해 진보 진영은 같은 사안이라도 좀 더 적극적인 정부 역할을 주문한다. 통상 이런 차이를 '작은 정부 대 큰 정부'로 요약해 부른다.
    그렇다면 정부 크기는 어느 정도가 적정할까. 딱히 정답이 없는 질문이다. 그런데 생각보다 이 질문에 답을 안다고 자처하는 사람들이 많다. 대부분의 경우 자신의 정치 이념과 정부 크기를 결부시킨다. 공공복지의 중요성을 강조하는 진보 진영의 학자나 정치인들에게는 큰 정부가 정답이고, 시장의 역할을 강조하는 보수 진영 사람들은 정부는 시장의 실패를 보전하는 소극적 역할에 집중해야 한다고 믿는다. 그런데 이런 정치철학의 차이 자체는 별로 문제 될 것이 없다. 현실에서 이념보다 더 중요한 것은 정부의 능력이기 때문이다. 유능하다면 큰 정부가, 무능하다면 작은 정부가 정답이라고 대충 말해도 무리가 없다.[18]

그러나 현실은 이런 논리적 이상형을 좇아가지 않는다. 큰 정부가 유능하다면 나쁠 게 없지만, 무능한 정부가 덩치만 키우는 경우를 더 자주 본다. 반대로, 해야 할 일을 놔두고 정부가 너무 소극적인 역할에 머무는 것도 곤란하다. 문제는 자신들이 무능하다고 인정하는 집권 세력은 매우 드물다는 점이다. 수단 방법을 가리지 않고 자신의 족적을 남기고 싶어 하는 것이 동서고금 위정자들의 일관된 습성이다. 집권 정부의 무능이 바닥까지 드러날 때는 이미 임기가 상당히 지난 뒤여서 돌이키기 힘들 때가 많다.

그래도 민주정치가 정착된 나라에는 선거라는 제동장치가 있다. 유권자들 역시 어느 정도 이념 성향을 띠며 갈리기 때문에 캐스팅보트를 쥐는 것은 대체로 중도 계층이다. 굳이 중위 투표자 정리 median voter theorem의 시사점을 빌리지 않아도 중도층은 숫자도 많고 지지 후보를 바꿀 확률도 높기 때문이다.[19] 이들의 표심을 흔드는 핵심 변수는 정권

---

18 사회적 편익과 비용을 감안한 간단한 수요–공급 체계로 적정 정부 크기를 보여줄 수 있다. 유능한 정부라면 같은 정부 크기라도 편익이 높아 수요곡선이 높아질 것이다. 이 경우 균형점으로 나타나는 적정 정부는 커진다. 사회적 비용은 주로 정부 서비스 재원인 세금과 관련된 효율 비용과 거래 비용을 의미한다.

19 중위 투표자 정리는 몇 가지 가정하에서 다수결 투표는 중위 투표자의 선호가 결과를 좌우한다는 이론이다. 현실 정치에도 자주 응용되는데, 진보와 보수의 대립에서 이념적 중립에 가까운 사람들의 마음을 잡는 것이 선거 결과에 유리하다는 의미다. 이런 예측은 중간 계층 유권자의 숫자가 많다는 점이 전제가 되고, 특히 세금이나 복지 등 정치 이념에 따라 유권자 집단이 갈리는 사안에서 좀 더 타당성을 지닌다.

말기의 여론 흐름이다. 진보건 보수건 집권 후반의 경제 성과가 좋으면 재집권하기 쉽다. 유권자들은 외교나 사회문제보다는 아무래도 경제나 민생과 관련된 문제를 중심으로 정권을 평가한다. 반면 집권 정부의 성적이 부진하다면 선거 결과를 예측하기 쉽지 않다. 중도층은 야당으로 마음이 기울겠지만, 집권 정당은 선거에 도움이 되는 정책 수단을 동원할 수 있기 때문이다.

과거의 경험을 보면, 진보 성향의 집권 정부가 인기가 없어 정권 교체의 위기에 직면했을 때 정부 역할에 대한 논쟁이 불거지는 경향이 있다. 민주당의 지미 카터Jimmy Carter 대통령과 로널드 레이건 공화당 후보가 맞붙었던 1980년의 미국 대선이 좋은 사례다. 결과적으로 이 대선이 이후 수십 년의 보수주의 조류의 물꼬를 트는 계기가 됐다.

한국의 경우에는 진보 성향이었던 노무현 정부 끝 무렵인 2007년 대선이 유사한 경우다. 당시 한국의 경제성장률은 세계 평균에 밑도는 것은 물론이고 아시아 꼴찌 수준으로 처지는데, 집권 정부는 복지 비전 같은 장기 정책에 관심이 많으니 유권자들의 실망감이 작지 않았다. 2005년에 시작한 종합부동산세 역시 실제 과세 폭은 크지 않았지만 '경제는 못 살리며 세금이나 올리는 정부'라는 인식을 확산시켰다. 그 결과, 성장 우선의 실용주의적 정책을 내세운 이명박 대통령 후보가 압승을 거두었다. 물론 사후적으로 보면 당시의 낮은 성장률은 상당 부분 추세적으로 하락하던 잠재성장률을 반영한 것이었다. 또한 보수 정부가 이후의 10년을 지배했지만 정작 우리나라의 GDP 대비 정부 규모는 더 커졌다.[20]

이런 사례들은 정부 크기와 정치 이념의 연관성에 대한 질문으로 이어진다. 이 글에서는 집권 정당의 정치 이념과 정부 크기는 일반적 믿음과는 달리 큰 연관 관계가 없음을 지적한다. 특정 시점에서 보면 진보가 집권하건 보수가 집권하건 정부 크기 차이가 별로 두드러지지 않는다는 말이다. 진보 정당이 큰 정부를 선호하는 것은 맞지만 현실적으로 정부 크기를 결정하는 요인은 따로 있다. 적자재정을 이용한 복지 포퓰리즘을 좌파의 전유물이라 여기는 것도 과장된 관찰이다. 포퓰리즘은 대체로 경제나 정치 발전이 미성숙한 나라에서 잘 나타나는데, 우파 정치인이라고 크게 다를 바 없다. 성숙한 나라에서는 진보 정당이라 해도 싸구려 인기 영합적 정책에 집착하지 않는다. 미국의 경우 정작 적자재정이 심했던 시기는 보수 정권 때였다.[21]

역사적 경험을 보면, 집권 정당의 이념보다는 그 나라의 경제 발전 단계와 그 시점의 시대 조류가 정부 크기를 결정하는 핵심 요인이다. 구체적으로, 선진국에 이르지 못한 나라에서는 경제 발전이 진행되면서 정부 크기가 따라 커지는 경향이 있고, 선진국이 된 다음에는 그 시대를 관통하는 국제적 이념 조류가 정부 크기를 결정하는 주요 변수로 작용한다.

---

20 정부 크기를 좌우하는 광의의 조세부담률(국민부담률)은 2007년에는 23.7%였는데, 보수 집권 10년이 지난 2017년에는 25.4%로 증가했다.

21 민주당 소속 지미 카터 대통령이 집권했던 시기(1977~1980년) GDP 대비 재정 적자 규모는 평균적으로 −2.30%였는데, 이후 공화당 소속인 로널드 레이건(1981~1988년), 조지 H. W. 부시(1989~1992년) 집권기의 평균 재정 적자는 각각 −4.05%, −3.80%로 카터 대통령 임기 때보다 재정 적자가 오히려 증가했다. 이후 정권이 바뀌며 민주당의 빌 클린턴 대통령(1993~2000년)이 집권했는데, 이 시기 재정 적자 평균은 −0.73%로 나타났다(1998~2000년은 재정 흑자). 이후 다시 공화당 소속의 조지 W. 부시 대통령(2001~2008년)이 당선됐고, 이 시기 재정 적자 평균은 −1.92%였다.

시대 조류와 경제 발전 단계

우선 시대 조류부터 살펴보자. 대공황 이후 2차 세계대전을 겪으며 서구 선진국들은 대부분 '복지국가welfare state'라 불리는 수정자본주의 체제로 돌아선다. 애덤 스미스Adam Smith와 같은 근대 자유주의 이론가들은 자본주의 시장경제가 초래할 수 있는 부작용, 즉 소득 격차, 도시 빈곤, 대량 실업 같은 문제는 예견하지 못했다. 자본주의 체제를 비판한 카를 마르크스Karl Marx의 사회주의 사상에 바탕을 둔 공산주의 체제가 냉전 체제(1945~1991년)의 한 축을 이루며 등장하자, 이에 불안감을 느낀 자본주의 국가들은 과감한 복지지출을 수반하는 큰 정부를 선택한다. 대공황의 원인으로 꼽히는 총수요 부족에 대응하기 위한 케인스식 적자재정 역시 정부 역할을 적극적으로 해석하는 시대 조류에 부합한다고 볼 수 있다.

2차 세계대전 이후 수십 년을 관통했던 복지국가 흐름은 1980년대 초반 미국의 레이건 대통령과 영국의 대처 수상이 주도한 보수 혁명이 시작되며 멈춘다. 두 차례의 석유파동과 베트남전쟁 등으로 1970년대의 세계경제는 경기는 침체하는데 물가는 오르는 스태그플레이션stag-flation 현상을 경험하게 된다. 유권자들은 세금은 높은데 성과는 부실한 큰 정부식 국가 경영을 식상해하기 시작했다. 결국 보수주의로의 전환은 몇몇 정치인이 세상을 바꾸었다기보다는 큰 정부를 배척하기 시작한 당시의 시대 조류에 이들이 적절히 올라탔다고 보는 것이 바른 해석이다.

작은 정부가 새로운 시대정신으로 자리 잡으면서 소득세 최고 세율은 70~80%에서 30~40% 수준으로 낮아지고 대대적인 규제 완화 붐이 일어났다. 물론 이 시기 동안 진보와 보수 정권이 교대로 집권한 나라들이 많았지만, 이로 인한 정부 크기의 변화는 상대적으로 미미했다. 미국의 1990년대를 보면 진보 정당인 민주당의 빌 클린턴Bill Clinton이 집권했지만, 주류 이데올로기는 미국식 시장주의를 전 세계로 확산시키는 '신자유주의'였다. 세계를 하나의 통합된 시장으로 보는 '글로벌리제이션' 현상은 단순한 경제 논리를 넘어 그 시대를 대변하는 정치 이념적 특성을 보였다.

다시 수십 년이 지난 2008년, 미국에서 시작된 글로벌 금융위기는 불평등이나 금융 불안 같은 시장 만능주의의 문제점을 부각시키는 계기가 됐다. 탐욕이 지배하는 무절제한 금융 관행에 대한 규제가 다시 강화됐고, 부자 과세 등 소득 격차 해소를 위한 대안에 정책적 관심이 높아졌다. 미국 등 서구 선진국들이 기후변화나 빈곤 퇴치같이 국제 협력이 필요한 문제보다는 자국 내부로 눈을 돌리며 세계주의보다는 국가주의statism 성격의 정책에 대한 관심이 높아지기 시작했다. 급기야 2016년이 되면 '미국 우선주의America First'를 내세운 도널드 트럼프가 미국 대통령으로 당선되고 영국은 유럽연합에서 탈퇴하는 브렉시트를 국민투표로 의결한다.

중국의 부상 역시 미국 중심의 자유주의 세계 질서liberal international order에 변화가 다가오고 있음을 예고했다. 2001년 미국의 묵인하에 세계무역기구World Trade Organization: WTO에 가입한 중국은 '세계의 공장'이던 시절을 넘어 미국과 본격적인 패권 다툼에 나서고 있다. 미국에서는 공화당의 트럼프가 시작한 중국 견제를 민주당의 조 바이든Joe Biden

이 이어가면서 핵심 기술 등을 둘러싼 미중 갈등이 가열되고 있다. 위기 시를 대비해 반도체 같은 핵심 제품을 자국에서 생산하기 위한 정부 지원 역시 본격화되고 있다. 여기에 코로나 위기가 시작되면서 적극적 재정정책에 대한 관심은 더욱 높아졌고, 미국에서는 1930년대 대공황 시대의 뉴딜New Deal 프로그램을 상기시키는 대규모 정부지출이 추진되고 있다. 또한 환경이나 의료, 고령화가 새로운 관심을 받으며 공공지출 증가를 견인하고 있다. 이런 추세가 1960~1970년대식의 큰 정부로 회귀하는 과정인지는 더 두고 봐야겠지만, 시장은 넓히고 정부 개입은 줄이자는 신자유주의적 흐름이 미국에서조차 힘을 잃고 있는 것은 분명해 보인다.

이처럼 국제 질서의 중심에 있는 선진국들의 정부 크기는 집권 정부의 이념보다는 시대 조류가 좌우한다. 물론 같은 선진국이라도 미국처럼 시장경제의 전통이 강한 나라와 스웨덴같이 복지국가의 관행이 정착된 나라 간에는 경제 규모 대비 정부 크기의 차이가 있다. 하지만 기존의 경제통합 수준을 고려할 때 국가적 특성을 뛰어넘는 시대정신을 개별 국가가 부정하기 어렵다. 설사 미국 같은 절대 강국에서 극단에 치우치는 이데올로기의 신봉자가 대통령으로 당선된다 해도 시대를 관통하는 큰 흐름을 막기는 쉽지 않을 것이다.

선진국 중심의 시대 조류는 세계 곳곳으로 전파된다. 하지만 개도국의 정부 크기를 결정하는 더 중요한 변수는 경제 발전 수준이다. 나라마다 편차는 있지만 이들 대부분은 정부 운영에 필요한 조세수입 확보가 여의치 않아 경제 규모 대비 정부 크기가 작다. 세금을 거두는 데 필요한 과세 정보가 충분하지 않고 납세 의식이 낮아 조세 저항이 크기 때문이다. 세수의 확보에는 경제성장 자체도 한몫을 한다. 거둔 세금을 교육이나 사회간접자본에 잘 사용해 성장이 촉진되면 별다른 제도 변화 없이도 세금이 더 걷힌다. 역사적 경험을 보면 세수와 성장의 선순환 고리가 안착된 나라만이 선진국으로 진입했다. 대부분의 개도국은 이런 성장 공식을 실현하지 못한 채 '작은 정부'에 머물게 된다. 이는 이들 나라에서 정부의 영향력이 작다는 의미는 물론 아니다. 예산 말고도 정부가 경제나 사회 영역에 영향을 미칠 수단은 많기 때문이다.

새로운 시대정신: 정부 역할의 부각

그렇다면 한국의 정부 크기는 어떻게 봐야 할까. 아직은 선진국 수준으로 올라선 지 얼마 되지 않기 때문에 앞서 말한 가설 중 경제 발전 단계 쪽의 설명력이 더 크다. 2차 대전 이후 독립한 국가들 중에서 선진국 진입에 성공한 나라는 극소수다. 싱가포르나 홍콩 같은 도시국가를 제외한다면 한국이 거의 유일한 사례다.[22] 정부 크기를 결정하는 조세수입 역시 꾸준히 늘어나 지금은 GDP의 27% 수준을 넘어섰다. OECD 평균에는 6~7%p 정도 못 미치지만, 그래도 다른 개도국들과 확실하게 차별화되는 성과라 할 수 있다.

---

22 2021년 7월 2일에 개최된 제68차 유엔무역개발회의(United Nations Conference on Trade and Development: UNCTAD) 무역개발이사회에서 우리나라의 지위를 그룹 A(아시아·아프리카)에서 그룹 B(선진국)로 변경하는 안이 만장일치로 가결됐다. UNCTAD 사무국은 한국의 선진국으로의 지위 변경이 1964년 UNCTAD의 설립 이래 선진국 그룹으로 최초로 이동한 사례임을 확인했다.

물론 이 과정에서 선진국들이 주도하는 시대 흐름의 영향도 적지 않았지만 그 대부분은 명목상의 제도 변화에 그쳤다. 예를 들어 1980년대 이후 선진국 세제 변화를 반영해 소득세의 최고 세율이 인하됐지만, 소득세의 과세 베이스가 협소하고 전체 세수에서 차지하는 비중이 크지 않은 당시의 조세 구조하에서는 이런 세율 변화가 조세수입에 큰 영향을 주기 어려웠다. 선진국으로 향하는 과정에서 정부 규모를 키우는 핵심 변수인 복지지출 역시 1997~1998년의 외환위기를 거친 이후에야 본격적으로 증가하기 시작했다.

그렇지만 앞으로는 다를 것이다. 여전히 우리 고유의 환경적 특성이 중요하겠지만, 해외시장 의존도가 높은 우리 경제구조를 생각하면 시대 조류의 영향력이 커질 수밖에 없다. 특히 2008년 글로벌 금융위기를 기점으로 미국의 유일 패권주의가 흔들리며 국제 경쟁의 틀이 달라지고 있음을 눈여겨볼 필요가 있다. 세계를 하나의 통합된 시장으로 생각하고 국제분업의 논리에 따라 움직이던 시대에서 지정학적인 요인과 국가 고유의 산업 전략이 부각되는 시대로 옮겨가고 있다. 기술 국가주의의 파고 앞에서 우리나라 고도성장기의 주력 상품이었던 산업정책에 대한 새로운 관심이 생기는 것은 당연한 일이다.

나아가 신자유주의 시대의 어두운 단면인 승자 독식류의 불평등이 심화되며 복지에 대한 관심이 커지고 있다. 유럽은 물론 시장주의 전통이 강한 미국에서조차 '부유세' 논쟁이 벌어진다는 것은 정부 역할에 대한 시대적 요구가 바뀌고 있음을 상징한다. 여기에 2019년 말에 시작된 코로나 위기의 여파가 가세하며 정부의 적극적 역할에 대한 주문이 커지고 있다. 그렇다면 우리나라는 본격적인 복지국가형 큰 정부로 향해 가는 걸까. 여기에는 몇 가지 변수가 있다.

우선 특정 시점에 특정 국가의 정부 크기를 결정하는 것은 지출이 아닌 세금이라는 사실이다. 어느 정부나 하고 싶은 일에 비해 재원이 모자라기 마련이다. 즉, 원하는 지출 수준에 세수가 모자라는 것 자체는 이상할 것이 없는데, 이에 대한 대응이 나라마다 다를 뿐이다. 크게 세 가지 유형으로 나누어볼 수 있다.

첫째, 선진국을 대표하는 미국형이다. 비교적 교과서에 가까운 유형이다. 필요한 경우 재정 적자는 하지만 일반 여론이나 전문가 집단이 포퓰리즘적 행태를 쉽게 용납하지는 않는다. 1980년대의 레이건 정부 때 세금은 낮추고 군비는 늘리는 바람에 GDP의 5%에 가까운 재정 적자가 한동안 지속됐지만, 이후 지출 억제와 증세 등 꾸준한 적자 해소 노력이 있었다. 그 결과, 1990년대 후반으로 들어서면서 정부 재정은 다시 흑자로 돌아선다. 물론 미국의 경우 달러화가 핵심 국제 결제통화이기 때문에 적자재정의 위험도가 다른 나라에 비해 덜하다. 이런 점을 감안해도 재정 적자에 대한 경계심이 가장 자주 제기되는 곳이 미국이다.

둘째, 실패한 경험을 대표하는 남미형이다. 1980년대에 전염병처럼 번진 남미 외채위기의 주범은 방만한 재정 운영과 이를 돈을 찍어 해소하려 했던 무책임한 통화정책이다. 일단 정부지출의 재원을 적자재정으로 해소하는 것은 미국형과 유사하지만, 뒷감당을 하지 못한 사례다. 여기에다 아르헨티나나 베네수엘라의 경우처럼 집권 세력의 무책임한 복지 포퓰리즘의 사례 또한 빈번했다. 근본적으로 정부 재정의 기본을 망각한 결과가 무엇인지를 대표적으로 보여주는 경우다.

셋째, 주어진 세수하에서 지출을 결정하는 외환위기 이전의 한국 사례다. 예산상의 균형을 추구하는 이런 식의 재정 보수주의는 남미의 경험과 비교되면서 한국 고도성장의 비결 중 하나로 꼽힌다.[23] 물론 그렇다고 한국 정부가 할 일을 하지 않았던 것은 아니다. 공식 예산 밖에서 실질적인 재정 활동을 하는 '준재정'의 영역이 매우 넓었는데, 그 핵심에는 금융 통제를 주무기로 한 적극적인 시장 개입이 있었다. 모든 정책에는 득실이 있듯, 이런 방식의 정부 주도형 산업정책은 구조적 비효율을 양산하며 외환위기의 배경이 됐다.

그렇다면 앞으로 증가할 정부 재정 수요를 어떻게 감당해야 할까. 일단 과거의 성공 공식이던 '양입제출'은 더 이상 가능하지 않을 것이다. 금융 통제 방식은 경제 규모가 작은 발전 초기에는 통하지만, 세계 10위권의 경제 규모를 지니며 세계 자본시장에 통합된 현 상황에서는 이런 방식이 유효한 자원 배분 수단이 되기 어렵다. 아직도 과거 관치금융의 잔재가 우리나라 금융 경쟁력을 깎아내리고 있는 실정이다.

지출 확대와 정부 실패

예전보다 경기순환 폭도 커지고 외부 충격도 잦아지는 상황에서는 적절한 수준의 재정 적자는 필요하다. 문제는 1997년 외환위기를 기점으로 조금씩 약해지던 재정 규율이 최근 들어 거의 와해 수준으로

---

[23] J. E. Stiglitz and S. Yusuf(Eds.), "Rethinking the East Asian Miracle"(World Bank Publications, 2001).

망가지고 있다는 점이다. 과거의 정부 주도형 발전 전략이 성공한 데는 관료 스스로 보수적 재정 운영을 자청해 남미식의 정부 실패 확률을 사전적으로 차단한 공로가 크다. 물론 경직적 재정 균형예산이 초래하는 비용도 있지만, 자신 없으면 그냥 스스로 손목을 묶는 전략이 더 유효하다. 덕분에 재정이 무너져 문제를 일으킨 적은 아직 없다. 다른 선진국들의 경험을 참고로 한다면 외부 충격이 와도 아직 더 버틸 수 있는 여력도 있다. 하지만 재정자금이 하늘에서 떨어지는 것도 아니므로 미래를 걱정하는 목소리는 있어야 한다.

코로나 위기와 같은 특수한 상황에서의 과감한 재정지출은 충분히 용인될 수 있지만, 그 이후가 걱정이다. 인구 고령화로 복지지출의 확대가 불가피한 데다 저탄소 환경으로 가는 데 필요한 막대한 예산도 부담이다. 코로나 위기는 우리같이 빠르게 인구 고령화가 진행되는 나라에서 공공 의료가 얼마나 중요한지를 상기시켰다.

이 세 요인만 고려해도 정부지출의 지속적 확대는 이미 피할 수 없는 대세다. 결국 세금을 올리는 방법밖에 재원 대안이 없다. 만일 낮은 정부 신뢰도로 인해 증세가 쉽지 않다면 차입을 통한 정부 재원 충당이라는 유혹이 다가올 수밖에 없을 것이다. 우리나라의 정치 수준과 예전만 못한 관료의 책임 의식을 생각할 때 적자재정을 동반한 복지 포퓰리즘이 등장할 가능성이 높다.

정부 부채 수준이 높은 나라들이 그나마 버텨온 것은 그동안 이자비용이 높지 않았기 때문이다. 하지만 언젠가 저금리 시대가 끝날 것이고, 누적된 부채는 경제 안정을 흔들 수 있다. 언젠가 빚을 갚으려 세금을 올리지 않으면 안 될 시점이 올 것이고, 그 부담을 떠안는 것은 미래 세대다. 정부 실패의 첫걸음은 대부분 고삐 풀린 재정 적자라는 사실을 꼭 겪어봐야 아는 것일까.

나아가 우리 정부가 다가오는 큰 정부 시대를 감당할 정책 능력을 갖추고 있는지도 따져볼 필요가 있다. 정부의 절대 규모가 커지면서 관료주의로 불리는 전통적 유형의 비효율이 커지는 것은 어쩔 수 없다. 걱정스러운 것은 경쟁국에 비해 우리나라의 정부 생산성이 높지 않다는 점이다.[24] 최근 들어 공무원 숫자가 빠르게 늘었다고 걱정하는 목소리가 크지만 이 자체는 걱정거리가 아니다. 치열한 경쟁을 뚫고 들어온 그들은 높은 수준의 인력이다. 문제는 그들이 새 바람을 일으키지 못하고 지대 추구 집단의 일원이 될 가능성이다.[25]

가장 적나라한 예가 공무원연금이다. 국민연금은 기금이 조만간 고갈될 것이라고 경고등이 뜨는데, 이미 오래전에 적자로 돌아선 공무원연금과 군인연금은 국민 세금으로 뒤를 받쳐주고 있다. 선진국 중에 이런 불공정한 제도를 가진 나라가 몇이나 있을까. 이런 상황에서 더 내고 덜 받는 식의 연금 개혁을 민간에게만 강요하는 것이 통할까. 아마 대다수 공무원들은 심정적으로 이런 문제의식에 공감할 것이다. 그러나 집단 이익의 차원으로 가면 익명성이라는 보험이 있기에 뒤로 숨어도 된다는 도덕적 해이가 발생한다. 관료주의의 어쩔 수 없는 속성

---

24 세계경제포럼(World Economic Forum)의 《세계 경쟁력 보고서(The Global Competitive Yearbook)》에서는 공공 부문 성과(public-sector performance)를 정부 규제가 기업 활동에 초래하는 부담(Burden of government regulation), 법체계의 효율성(분쟁 해결 측면)(Efficiency of legal framework in settling disputes), 온라인 행정 서비스(E-Participation)로 나누어 평가한다. 2019년 기준 한국의 세 지표 평균 점수는 63.9로 싱가포르 85.9, 핀란드 82.5, 홍콩 82.3, 스위스 76.0, 미국 75.8에 비해 낮다.

25 지대는 정상 이윤 이상의 수익을 의미하는데, 좋은 지대와 나쁜 지대가 섞여 있다. 그런데 '지대 추구 행위(rent-seeking behavior)'는 통상 부정적인 의미로 사용된다.

이다. 2010년 시작된 남유럽 위기의 주역인 그리스는 경쟁력 약화를 외국에서 빌린 돈을 재원으로 하는 재정 확대로 메우려다 문제를 키웠다. 그런데 통상적인 정부지출보다는 공무원 숫자를 늘리는 방식에 치중했고, 이는 다시 공적 연금의 부실로 이어졌다.

관료주의의 숨은 속성 중 하나는 유인 정책보다 규제 정책을 선호한다는 것이다. 어떤 정책이건 비용보다 편익이 크다면 채택될 수 있다. 즉, 좋은 규제는 얼마든지 있다. 그러나 규제는 기득권을 형성하기 쉽고, 이는 다시 지대 추구와 부패의 원인이 된다. 한번 정착되면 돌이키기가 쉽지 않은 것도 이런 정치적 이해관계 때문이다. 향후 환경, 의료, 일자리, 복지 등 정부 영역이 더 커지면서 관료나 정치인이 외부의 이익집단에 포획될 가능성도 높아진다. 이 경우 '이익은 소수가 누리고 비용은 일반 납세자 다수가 부담하는 현상privatize the gains, socialize the losses'이 나타나기 쉽다. 정책 환경이 바뀌어 존재 가치가 없는 규제가 대못이 박힌 것처럼 살아남는 것도 이것을 없애면 특정 집단의 혜택이나 해당 관료의 일자리가 사라지기 때문이다.

정부의 시장 개입은 두 가지 방식으로 나뉜다. 하나는 이미 벌어진 시장 실패를 치유하기 위한 것이고, 다른 하나는 시장 실패가 일어날 가능성을 줄이기 위해 미리 시장 제도를 보완하는 것이다. 독점이나 공해를 사후적으로 벌하는 것도 필요하지만, 그 이전에 공정한 경쟁 환경과 환경친화적인 제도를 만드는 것이 더 중요하다. 시장 실패가 만연할 때 정부 개입의 정당성이 커지는 것은 사실이지만, 유능한 정부는 정부 개입의 필요성을 사전적으로 줄이는 일에 초점을 둔다. 반면 무능한 정부는 시장을 이기려 드는 일에 집중하다 시장 실패 확률을 높인다. 이어지는 정부 개입 역시 실패할 가능성이 높다.

포스트 코로나 시대의 핵심 키워드는 정부의 능력이다. 정부 역할이 커진 것이 기회가 아니라 위험이 될 수도 있다. 이제는 시장 대 정부라는 대립각으로 보수와 진보를 가늠하던 시대는 지났다. 기후변화, 복지 확대, 지정학적 갈등에 대처할 수 있는 공급망 조정 등 정부의 정책 능력을 시험하는 요인이 한둘이 아니다.

이는 냉전 시대의 진보 이념을 장착한 과거형 정치인들의 실속 없는 큰 정부 타령으로 해결될 사안이 아니다. 어차피 진보, 보수 어느 진영이 집권하건 이 거대한 시대 조류에 올라타려면 정확한 목표 설정과 적절한 정책 수단을 동원할 수 있는 유능한 정부만이 해답이다.

2부
세금의 절반은 정치다

저소득 근로자도
세금 많이 낸다

"저소득 근로자들은 세금을 거의 안 낸다", "봉급생활자는 자영업자에 비해 불공평한 대접을 받는다"처럼 당신이 믿어온 세금에 관한 고정관념들은 오류가 부지기수다. 과연 그러한가? 여기서는 기존 주류 의견과 배치되는 매우 논쟁적인 이슈들을 다룬다. 특히 조세정책의 불문율처럼 굳어진 '낮은 세율, 넓은 과세'에 대한 맹목적 과신과 소득세 중심 조세 논쟁의 문제점을 지적한다.

어느 분야나 다수가 믿는 고정관념이 있기 마련이다. 문제는 이것이 틀릴 때다. 조세 분야만큼 틀린 고정관념이 많은 분야도 드물다. 특히 외국에서 정립된 명제가 여과 없이 국내로 수입된 경우가 더욱 그렇다.

우리나라 거의 모든 전문가가 동의하는 '낮은 세율, 넓은 과세 베이스low rate, broad base'가 그 대표 사례다. 경전의 문구처럼 인용되는 이 구절은 일반적인 타당성은 높지만 우리의 제도나 환경을 고려할 때 조심스럽게 접근해야 할 여지가 적지 않다.

이와는 별개로 국내에서 자생적으로 생겨난 논리나 해석 중에도 오류가 적지 않다. "소득 있는 곳에 세금 있다", "근로소득자의 40% 정도가 세금을 내지 않는다", "자영업자에 비해 봉급생활자는 불공평한 대접을 받는다" 등 언론이나 전문가 논의에서 당연한 진실처럼 여기는 명제들 중 맞는 것이 별로 없어 보인다.

1980년대 초반은 서구 선진국들이 큰 정부에서 벗어나 작은 정부로 향하는 보수 혁명이 시작되던 시점이다. 그 이전의 시대 흐름인 복지국가를 상징하던 고세율 누진소득세가 갖는 문제점에 대한 공감대가 이루어졌고, 이는 대대적인 세제 개혁 열풍으로 이어진다. 당시 개인소득세 최고 세율은 70%를 상회하고 법인세율도 50%에 근접하다 보니, 개인이나 기업은 세 부담을 줄이는 데 힘을 쏟을 수밖에 없었다. 또한 납세자의 반발을 반영한 이런저런 공제나 감면 조항이 늘어나면서 세제는 복잡해지고 공정성 또한 감소했다. 그 결과, 세제의 재분배 효과는 기대만큼 크지 않으면서 자원 배분을 왜곡해 성장만 해친다는 것이 대다수 전문가의 진단이었다.

이후 세제 개혁 과정을 거치며 같은 세금을 거둘 때 발생하는 왜곡 효과를 최소화하자는 논리가 '세율은 낮게, 과세 베이스는 넓게'라는 단순 명료한 공식으로 정리되어 전 세계로 퍼져나갔다. 우리 정부도 이 추세를 따라 소득세 최고 세율을 선진국 수준으로 낮추었고, 전문가들은 이 새로운 조세원칙을 금과옥조로 여기며 정책 제안을 했다. 하지만 여기에는 세 가지 함정이 있다.

첫째, 1980년대 당시 선진국들은 이미 경제가 성숙했고 조세부담률도 충분히 높은 상태였다. 따라서 그들의 개혁은 '세수 중립성revenue-neutral', 즉 세수 크기는 변화가 없는 상태에서 비효율을 줄인다는 데 초점이 있었다. 반면 우리는 다른 개도국들과 마찬가지로 경제 발전에 필요한 조세수입을 늘려가야 할 상황이었다. 1990년 기준 우리나라의 조세부담률은 사회보장세를 합쳐도 18.6%로서 OECD 국가 평균인 30.8%에 한참 못 미쳤다. 같은 제도 변화라도 세수를 고정한 상태로 하는 것과 세수 증대를 전제로 하는 것은 차원이 다른 얘기다.

둘째, 우리나라 세수 구조는 선진국과 대비해 개인소득세 비중은 낮고 법인세나 소비세 비중이 높았다. 세수 확보에 필요한 조세 정보를 구하기 어렵고 납세자의 저항도 상대적으로 높은 소득세를 핵심 세원으로 삼기 어려웠다. 따라서 소득 과세 중심으로 진행된 선진국의 제도 변화를 그대로 적용하는 데는 한계가 있었다. 1990년 기준 한국의 총조세 대비 개인소득세 비중은 20%로 OECD 평균인 26.6%에 한참 못 미친 반면, 법인소득세의 비중은 12.8%로 OECD 평균인 8%보다 훨씬 높았다. 일반소비세 비중 역시 18.7%로, 소폭이기는 하지만 OECD 평균인 18.5%보다 높은 편이었다. 다시 말해 명목상으로는 서구 선진국의 소득세율 변화를 따라갔지만, 실제 조세수입을 결정하는 과세 베이스의 구성은 크게 달라지지 않았다.

셋째, 우리나라 소득세 과세 베이스가 협소한 것은 맞지만, 선진국과 결정적으로 다른 점이 하나 있었다. 소위 '조세지출'이라 불리는 공제나 면제 항목 외에 세금을 통째로 회피할 수 있는 지하경제의 영역이 컸다. 1991년 기준 우리나라 지하경제 규모는 GDP의 30%에 근접하는 규모로(29.3%), 이는 당시 OECD 국가 평균인 19.6%의 1.5배에 가까운 수치다. 따라서 선진국 조세개혁의 핵심이었던 소득세 공제 축소보다는 현금 경제를 줄이는 것이 과세 베이스를 넓히는 데 있어 우선순위였다.

다행스럽게도 당시의 정책 결정자들은 애매한 서구 논리보다 우리 현실이나 제도를 반영하는 실용주의적 접근법을 택했다. 우리 실정에 맞게 신용카드 사용 확대에 초점을 맞추거나 조세 저항을 줄일 수 있는 거래세나 목적세를 적극 활용했다. 경쟁력을 위해 법인세를 낮추라는 전문가 의견보다는 소수 대기업에 집중된 경제력을 고려해 법인세수를 쉽게 포기하지 않은 것도 실보다 득이 큰 선택이었다.

이후 금융 부문의 성숙과 과세 행정의 전산화로 조세 정보 확보가 쉬워지면서 GDP 대비 세수입은 꾸준히 증가해 지금은 27%대로 올라와 있다. 관세의 세수 비중이 1990년의 9.9%에서 2019년의 1.6%로 줄고, 사회보장성 세금이 느는 등 조세 구조 역시 선진국형으로 진화하는 과정이다. 그러나 아직도 선진국 조세제도와 대비해 몇 가지 차이가 있다.

첫째, 세 부담 수준이다. 2019년 기준 27.3%인 현재의 조세부담률은 OECD 평균인 33.4%에 비해 6%p 정도 모자란다. 따라잡기 쉽지 않은 격차다. 빠르게 진행되고 있는 인구 고령화와 정치권의 복지 경쟁으로 복지지출은 빠르게 늘고 있지만, 그 재원을 세금으로 마련하는 일이 만만치 않을 것이다. 정부의 역량을 믿었던 과거와 달리 정부 신뢰가 높지 못한 현 실정에서는 약간의 증세 노력도 저항에 부딪힐 가능성이 크다.

둘째, 조세 구조를 보면 여전히 개도국적 요소가 많이 남아 있다. 특히 지하경제 비중은 신용카드 사용의 확산으로 많이 줄었는데도 여전히 GDP의 20% 수준으로 다른 선진국에 비해 높은 편이다. 개인소득세의 비중은 선진국 대비 여전히 낮은 편이고, 반대로 법인소득세 의존도는 높다.[1] 이런 차이가 단순히 경제 성숙도의 문제인지 아니면 우리 고유의 환경적 요인 탓인지를 구분할 수 있어야 올바른 정책 선택이 나올 수 있다.

예나 지금이나 다른 나라의 제도나 정책을 여과 없이 적용하는 것은 위험한 선택이다. 세계시장의 통합이 한층 가속화된 현시점에서 법인세 부담에 따른 경쟁력 약화를 걱정할 수는 있다. 그러나 경쟁력의 핵심은 투자 유인이 반영된 실효세율이지 명목세율이 아니다. 요즘처럼 세율 격차를 이용한 다국적기업의 조세 회피가 흔해진 상황에서는 법정 법인세율을 홍콩이나 싱가포르 수준으로 낮추기보다 국제 평균과 유사하게 맞추는 것이 합리적이다. 그 대신 기업의 경쟁력을 좌우하는 실효세율은 얼마든지 조세 유인으로 조정할 수 있다.[2]

특히 선진국과 다른 경로를 겪어온 우리 현실에서 서구식 공식에 집착해 갑자기 소득세 감면 조항을 대폭 줄이려 들면 정작 힘 있는 세력은 세원 자체를 이동시키는 방식으로 빠져나가고 중산층이나 저소득층만 피해를 볼 가능성이 있다. 이보다는 고소득 계층이나 대기업의 조세 회피에 초점을 두면서 지하경제를 줄여가는 것이 세수 확대나 공평성 증대에 부합하는 우선적 대안이다. 즉, 법인세건 소득세건 '낮은 세율, 넓은 과세 베이스'라는 원칙 자체는 타당성이 크지만, 조세 환경이 다른 우리가 서구 국가의 정책을 여과 없이 수입하는 것은 기대만

1　개인소득세가 총세수에서 차지하는 비중은 1990년의 20%에서 2019년의 17.5%로 약간 감소했고, 법인세수의 비중은 1990년 12.8%에서 15.7%로 증가했다. 물론 GDP 대비 전체 세수가 늘었기 때문에 이 항목들의 GDP 대비 크기는 증가했다.

2　조세 유인에 관한 자세한 논의는 J. Jun, "Tax Incentives and Tax Base Protection in Developing Countries" in *Tax Policy for Sustainable Development in Asia and the Pacific*(UNESCAP, 2018) 참조.

큼 실효성은 높지 않으면서 부작용이 따를 수 있다는 의미다.

소득세 중심의 조세 논쟁

좀 더 일반적으로는 우리 현실과 거리가 있는 소득세 중심의 조세 논쟁 관행부터 고쳐야 한다. 그렇지 않으면 조세를 둘러싼 잘못된 고정관념이 쉽게 사라지지 않을 것이다. 선진국과 달리 개도국은 소득세를 부과하는 데 필요한 정보를 파악하기 어렵고, 설사 소득 파악이 이루어진다 해도 납세자 저항을 의식하지 않을 수 없다. 따라서 처음부터 소비세와 같은 간접세의 비중이 높을 수밖에 없다. 한국 역시 예외가 아니었다. 고도성장 과정에서 세 부담 수준은 꾸준히 높아졌지만, 그 중심에 소득세가 있었다고 보기 어렵다. 그런데도 한국의 조세 논쟁은 지나칠 정도로 소득세 중심으로 진행되는 경향이 있다. 자연 현실적 타당성이 부족한 주장이 등장하기 쉽다.

그 대표적인 사례 중 하나가 우리나라 근로소득자의 하위 40% 정도는 세금을 별로 내지 않는다는 주장이다. 별 검증 없이 전문가나 언론인 사이에서 반복적으로 인용된 까닭에 당연한 사실처럼 받아들여지지만 한마디로 틀린 얘기다. 앞서 말했듯이, 우리나라 전체 세수에서 소득세가 차지하는 비중은 높지 않다. 그 대신 부가가치세, 유류세 등 각종 소비세의 비중이 높고, 거래세나 다른 세금에 얹혀 부과되는 숨은 조세의 비중도 크다. 나아가 각종 부담금 등 실질적인 세금이라 볼 수 있는 준조세 수준도 낮지 않다. 따라서 설사 소득세를 내지 않는 소득자라 하더라도 다른 세금 부담까지 낮다고 보기 어렵다.

소득세가 핵심 세원이라면 가급적 다수가 소득세를 내야 한다는 말이 어느 정도 타당성을 가진다. 폭넓은 중산층으로부터 십시일반식 납세가 가능하다면 세수 기반의 안정성 측면에서 최선이기 때문이다. 하지만 이는 어디까지나 이상일 뿐이다. 현실에서는 경제력이 집중되어 있기 때문에 어느 나라나 부자나 대기업이 부담하는 몫이 크다. 그런데 부자는 조세 회피나 조세 저항 능력이 뛰어나기 때문에 쉽게 세금을 거두기 어려울 수 있다. 실제 다른 나라들을 보아도 정도의 차이는 있지만 저소득 계층이 소득세를 내는 비중은 높지 않다. 만일 소득세만으로 국가 재정을 유지하기 어렵다면 다른 세원을 찾는 것은 당연한 수순이다.

이런 차원에서 "소득 있는 곳에 세금 있다"라는 말은 세금을 정부의 절대 권한으로 여기는 행정 편의적 주장일 뿐이다. 소득이 있는데도 세금을 매기는 것이 적절치 않은 경우는 얼마든지 있을 수 있다. 또한 같은 소득을 가진 두 사람이 같은 세금을 내야 할 이유도 없다. 효율과 형평의 기준에 따라 얼마든지 납세액이 달라질 수 있다. 나아가 세금을 왜 소득에만 매겨야 하는가. 소비, 재산, 거래는 기본이고, 상황에 따라 얼마든지 새로운 세원이 발굴될 수도 있다. 17세기에 영국 정부가 창문세를 매겼을 때는 그 나름으로 진지한 고민 끝에 내린 결정일 것이다.[3]

나아가 납세자 주권과 조세 형평의 관점에서 볼 때도 직접세인 소

---

[3] 이론적으로 가장 우월한 조세는 능력에 따라 액수가 다른 인두세를 매기는 '차등적 정액세'다. 토지세로 유명한 헨리 조지(Henry George)도 기존의 복잡한 소득세나 소비세를 지대 과세로 대체하려고 했다.

득세에 집착하는 사고는 바람직하지 않다. 법적으로는 세금이 정부의 일방적 권한처럼 보이지만, 정치적으로는 납세자와 국가 간의 사회계약 중 하나일 뿐이다. 그런데 선진국 중에서 우리나라만큼 납세자 주권이 무시되는 경우를 찾기 어렵다. 납세자는 자신이 낸 세금과 그 반대급부로 돌려받는 정부 서비스를 비교할 권리가 있다. 나아가 자신과 다른 사람이 낸 세금을 비교하며 공정성을 따질 수도 있다. 이런 과정에서 소득세에 대한 납세자의 불만이 많다면 정부는 소득세 이외의 다른 세원에서 해답을 찾는 것이 맞다. 또한 납세자 주권을 인정한다면, 세원만 발굴하면 당연히 정부가 과세를 할 권리가 있다는 국가주의적 사고 역시 버려야 한다. 세금의 종류가 무엇이건 액수가 얼마이건 주권자인 국민을 설득하지 못한다면 저항이 불가피하다. 정작 우리나라 조세 논쟁에서 가장 필요한 구호는 듣도 보도 못한 억지 논리가 아니라 민주국가라면 어디에서나 통용되어야 하는 "대표 없이 과세 없다No taxation without representation"라는 명제다.

자영업자 들볶는 선무당들

소득세 분야에서 왜곡된 사고가 지배하는 또 하나의 영역은 자영업자 과세 문제다. 특히 자영업자는 소득 파악이 어려워 탈세의 확률이 높다는 점을 들어 '유리 지갑'인 봉급생활자와의 '수평적 형평성'을 문제 삼는다. 즉, 똑같은 소득인데 자영업자가 세금을 덜 내는 것은 불공평하다는 것이다. 학계의 다수 의견인 이 주장은 두 가지 측면에서 오류가 있다.

첫째, 단순한 소득이 수평적 형평을 가늠할 좋은 잣대가 아닐 수 있다. 수평적 형평이란 비슷한 위치의 납세자가 같은 세금을 내야 한다는 의미다. 하루 정해진 시간을 근무하고 법에서 정한 근로자 권익을 누리는 집단과 별다른 보호 장치 없이 하루 종일 일하며 같은 소득을 버는 집단을 동일하게 취급하기 어렵다. 따라서 눈에 보이는 소득만으로 수평적 형평성을 판단하는 것은 위험한 선택이 될 수도 있다.

예를 들어 하루 8시간 일하고 연 5,000만 원의 봉급을 받는 근로자의 경우 퇴근하면 여가를 누리며 자신의 효용을 높일 수 있다. 반면 같은 소득을 벌지만 거의 종일 쉬지 않고 일해야 하는 자영업자가 있다면, 이 둘을 같은 수준에 놓고 비교할 수 있을까. 일해서 번 소득으로 소비를 하면 효용이 높아지는 것처럼, 여가 자체도 효용을 주기 때문에 영세 자영업자를 봉급생활자와 단순 비교하는 것은 오류일 수 있다. 같은 이치로 부모에게 물려받은 건물 임대료로 같은 액수의 소득을 벌면서 거의 종일 골프장에 가서 사는 사람을 봉급생활자나 자영업자와 한 잣대로 비교할 수는 없는 일이다.

둘째, 재분배 논리라 볼 수 있는 '수직적 형평성'의 관점에서 볼 때도 영세 자영업자는 대부분 보호받아야 할 계층에 속한다. 이들에게는 장부 기입에 드는 거래 비용 자체가 큰 부담일 수 있다. 영세 자영업자들이 장부 기입을 하지 않고 현금 거래에 의존하면서 소득을 과소 보고한다고 못마땅해하는 의견이 많지만, 이에 앞서 그들을 봉급생활자나 건물주와 같은 소득 계층처럼 취급하는 것이 적정한지부터 따져봐야 한다. 설사 이들이 법에 어긋나는 소득 탈루를 한다 하더라도 그것을 단속할 실익과 명분은 생각만큼 강하지 않을 수 있다.

따라서 자영업자의 현금 거래를 문제 삼으려면 고소득 계층에 초점을 맞출 필요가 있다. 어차피 세금은 소득이나 재산을 따라가기 마련이다. 영세 사업자의 거래 비용을 줄여 주기 위한 간이과세제도를 문제 삼는 전문가가 많지만, 이 제도야말로 현실적인 제약을 고려한 합리적인 차선책이라 볼 수 있다.[4] 장부 기입이 힘든 사업자를 무리하게 몰아붙이면 이들은 지하경제로 숨는다. 그들이 탈세를 해보았자 고소득 자영업자의 경우와 규모 면에서 비교가 되지 않는다. 별로 세수 효과도 없는 무리한 정책을 펴다가 오히려 비공식 부문을 크게 만들기보다는 현실에 맞는 적절한 균형을 유지하는 과도기적 관점을 갖는 것이 더 바람직하다. 장기적으로는 사업자 스스로 장부 기입을 하게 유도하는 한편 거래 투명성을 확보할 제도적 장치를 확대해가는 것이 정답이다.

요컨대 정부가 만드는 제도는 경제적 효율 못지않게 그 사회의 분배 정의에 부합하는 형평의 요소를 갖추어야 한다. 형평성의 경우 어디에서나 타당한 보편적 정답이 없기 때문에 특정 시대와 장소에 부합하는 기준을 찾아야 한다. 자영업자의 사례에서 보듯, 특별한 자기방어 장치가 없는 사회적 약자를 보호하지는 못할망정 전문가가 앞장서 애매한 비교 논리를 동원해 이들을 들볶는 사회는 정의롭다 말하기 어

---

4   현행 부가가치세법은 일정한 영세 사업자에게는 실제 매입 세액을 공제하는 대신 업종별 부가가치율을 적용해 부가가치세를 계산하는 좀 더 간편한 과세 방식을 적용하고 있다. 이 경우 실제 매입 자료는 납부 세액 계산에 전혀 영향을 주지 않는다. 2021년부터 직전 연도의 공급대가(매출액)의 합계액이 8,000만 원에 미달하는 사업자가 간이과세자로 분류되고 있다. 우리나라의 간이과세제도와 유사한 제도로 영국의 부가가치세 소매제도와 평균세율과세제도, 독일의 과세평균율제도, 일본의 간이과세제도 등을 들 수 있다.

렵다. 완벽하지는 않더라도 충분히 합리적인 정책이라고 평가받을 수 있는 영세 사업자 지원 제도를 탈세의 온상처럼 몰아가는 것은 바람직하지 않다. 세수 자체가 문제라면 이는 부유한 자영업자나 경제력이 집중되어 있는 대기업 차원에서 해결할 일이다.

세금의 절반은
정치다

세금은 정부의 일방적 권한이 아니라 국가와 시민의 사회계약이다. 행정 편의주의가 아니라 납세자 주권이 우선시되는 사회가 되려면 조세 형평을 규정하는 원칙이 분명해야 한다. 수직적 형평과 수평적 형평 같은 능력원칙 외에 혜택을 받는 사람이 부담을 지는 식의 편익원칙도 중요하다. 특히 편익원칙은 한국형 부자 과세의 당위성과 실현 가능성을 따질 핵심 근거가 된다.

정상적인 시장경제에서 시민의 사유재산을 강제로 가져가는 주체는 정부와 강도밖에 없다. 미개한 나라로 가면 이 양자의 구분이 애매할 때도 있다. 조세정책의 경우 표면적으로는 경제 논리에 의해 합리성이 유지되는 듯해도, 그 이면에는 정부와 납세자 간의 관계 설정이 깔려 있다. 나라 살림의 재원을 마련해야 하는 정부로서는 다른 정책에 앞서 세금부터 거두어야 한다. 반면 납세자는 자신이 내는 세금에 비해 돌려받는 정부 서비스가 부족하다 여기면 반발할 것이다. 그런데 정부가 세금의 반대급부로 제공하는 서비스의 상당 부분은 국방이나 치안 등 납세자가 피부로 느끼기 어려운 것이 많다. 그래서 정부는 억울할 수 있다. 그럼에도 납세자를 설득해 세금을 내게 할 수 있어야 유능한 정부다.

설사 정부 서비스 자체에는 수긍하더라도 남들이 내는 세금에 대해 불만을 느낄 수도 있다. 잘사는 사람이 세금을 충분히 내지 않는다면 불쾌할 것이고, 비슷한 처지의 다른 사람이 자기보다 세금을 덜 내면 억울할 것이다. 공정하지 않다 느끼기 때문이다. 그런데 이런 식의 공정은 누가 기준을 정해주는 것이 아니라 납세자 스스로 느끼는 것이기 때문에 갈등이 발생하기 쉽다. 부자가 얼마나 더 세금을 내야 하는지, 비슷한 처지를 어떻게 정의하는지를 객관적으로 정하기가 쉽지 않기 때문이다. 설사 이런 문제들이 상당 부분 해소된다 해도 세금을 웃으며 내는 사람은 많지 않다. 다수의 시민이 '못마땅하지만 그래도 세금은 낸다' 정도의 납세 의식을 가진 나라라면 대단한 선진국이다.

세금의 절반은 정치다. 납세자 외에도 다양한 이해 당사자가 존재한다. 정치인은 한 표라도 더 얻는 데 유리한 방향으로 세금을 이용하려 들고, 관료는 예산 확보를 위한 세수 늘리기에 초점을 둔다. 교과서에 나오는 정부는 국민 후생을 절대 선으로 여기지만, 현실의 정부 구성원들은 자신들의 이해관계를 따질 수밖에 없다. 이처럼 세금은 누구나 관심이 있고 누구나 한마디씩 하는 주제다. 돈이 걸려 있어서 그런지 만족하는 사람보다 불만인 사람이 많다. 살면서 가장 피하고 싶은 것이 '죽음과 세금death and tax'이라는 말이 동서고금을 관통하는 진리가 된 지 오래다.

능력원칙과 조세 형평

그렇다면 이런 조세의 정치성까지 고려한 합리적 조세원칙은 무엇일까. 사회 후생의 관점에서는 자원 배분의 효율을 해치는 왜곡 효과를 최소화하는 방식으로 세수를 확보하고 동시에 적절한 재분배 기능도 갖는 세금이 정답이지만, 현실에서는 정부와 납세자 간의 명시적·암묵적 타협에 의해 세금이 결정된다. 법적으로는 세금이 정부의 일방적 권한처럼 보이지만, 정치적으로는 국가 운영 재원의 형성을 위해 정부와 시민이 맺는 일종의 사회계약이다. 정부 권한의 원천이 시민의 동의에 있다고 본다면, 납세자 주권이 모든 조세원칙의 근원이 된다.

실제 일반 논쟁에서 널리 인용되는 조세원칙인 능력원칙ability to pay principle과 편익원칙benefit principle은 납세자의 입장에서 정의되는 것들이다. 전자는 납세자의 세금 부담 능력을 기준으로 과세를 하자는 것이다. 후자는 세금을 내는 사람이 곧 그로 인한 수혜자가 되는 것이 공평하다고 보는 관점이다. 거의 대부분의 기존 조세 논쟁은 능력원칙을 중심으로 행해진다. 이는 다시 유사한 위치에 있는 사람들은 유사한 수준의 세금을 내야 한다는 수평적 형평성horizontal equity과 세 부담 능력의 차이에 따라 세금도 달리 매겨야 한다는 수직적 형평성vertical equity으로 나누어진다.

조세를 재분배 수단으로 생각한다면 능력에 따라 세금 부담을 차별화하자는 수직적 형평의 원칙에 반대하기 어렵다. 그런데 재분배의 강도를 표시하는 세율 체계의 누진도를 어느 수준으로 정할지는 쉽지 않은 문제다. 예컨대 소득세의 누진도를 높이면 재분배 효과는 높아지겠지만, 납세자의 절세 노력에 따르는 왜곡 비용이 커질 수 있다. 높은 세율은 노동 공급, 저축, 투자 등 가계나 기업의 행동만 바꾸는 것이 아니라, 이들이 세원 자체를 지하경제나 해외로 이동하게 할 유인이 될 수 있다. 이는 결국 효율과 형평의 가치가 충돌하는 경우라 할 수 있고, 어디가 적절한 타협점인지는 시대와 장소에 따라 달라질 수밖에 없다. 1980년대의 세제 개혁은 누진세율의 비효율에 초점이 맞춰진 반면, 최근에는 상위 계층으로 부와 소득이 몰리는 불평등 추세를 배경으로 부자 과세에 대한 관심이 다시 높아지고 있다.

물론 효율과 형평의 가치가 덜 충돌하는 대안도 존재한다. 구체적으로 재분배는 지출 측면에서도 행해지기 때문에 조세 누진도에만 집착할 이유가 없다. 즉, 재분배 정책은 조세와 이전지출을 하나로 묶어 tax-transfer scheme 생각하는 것이 맞는다. 이 두 측면 중 어느 쪽에 비중을 둘지는 해당 국가의 여건에 따라 결정될 사안이지 어떤 고정된 기준이 있는 것은 아니다. 예를 들어 기존 누진소득세 체계가 비과세나 감면 등 허점loopholes이 많아 재분배 효과도 크지 않으며 왜곡 효과만 양산한다면, 차라리 세율을 낮추고 지출 측면의 재분배 효과에 집중하는 편이 나을 수 있다. 한 걸음 더 나아가 소득세 대신 소비세의 비중을 늘릴 수도 있다. 많은 나라에서, 세율 누진도는 떨어지지만 효율성 측면에서 우월한 부가가치세를 사용하는 것도 세수를 일단 높이려는 의도다.

특히 조세 정보가 부족한 데다 시민의 납세 의식도 높지 않은 개도국의 경우 누진소득세를 조세제도의 근간으로 유지하는 것은 위험한 선택일 수 있다. 납세 의식도 높지 않은 데다 현금 경제 등 빠져나갈 구멍이 많아 세수 증가나 재분배 효과는 크지 않으면서 조세 회피, 부패, 비효율만 급증할 수 있기 때문이다. 우리나라의 경우도 소득세에 관한 한 아직은 선진국보다 개도국적 요소가 더 두드러진다고 말할 수 있다.

이런 관찰에도 불구하고 많은 나라들이 고세율 누진소득세 체계를 쉽게 포기하지 않은 것은 이것이 정치적으로 유용하기 때문이다. 즉, 다수의 저소득층에게 제공되는 복지지출보다 소수의 부자에게 초점을 맞추는 누진세 체계가 훨씬 더 눈에 잘 띄고 대중 호소력도 더 클 수 있다. 우리나라 정치인들 역시 이 점을 놓칠 리 없다. 소득세율이 야금야금 올라가는 현상이 단순히 세수 목적 때문만이 아닐 수 있다는 것이다.

조세 형평의 또 다른 차원인 수평적 형평은 비슷한 능력의 납세자를 비교하는 것이다. 납세자들이 조세 형평에 대해 갖는 관심은 자신보다 잘사는 사람보다 유사한 수준의 사람과의 비교에서 더 예민하게 나타날 수 있다. 여러 측면에서 나와 다를 게 없는 사람이 나보다 세금을 덜 낸다면, 나보다 잘사는 사람이 세금을 좀 덜 내는 경우보다 훨씬 더 직접적인 박탈감으로 다가올 수 있다.

문제는 나와 비슷한 납세자를 어떻게 정의하느냐다. 일반적으로 사용되는 지표는 소득이다. 즉, 같은 소득이면 종류와 관계없이 같은 세금을 내야 한다는 것이다. 그러나 소득이 능력의 정확한 지표가 아닐 수도 있다는 점을 인식해야 한다. 같은 소득이라도 하루에 잠자고 남은 시간 중 대부분을 일하는 사람과 몇 시간만 일하고 나머지는 여가로 즐기는 사람을 같은 잣대로 비교하기는 어렵다.

조세의 수평적 형평성과 관련해 우리나라에서 자주 등장하는 사례는 '유리 지갑'인 봉급생활자에 비해 같은 소득의 자영업자가 세금을 덜 낸다는 사실이다. 스스로 과세 정보를 세무 당국에 제공하는 자영업자의 경우, 매출을 축소 보고할 유인이 있다. 하지만 이런 측면 하나만으로 모든 자영업자에게 불공정의 굴레를 씌우는 것은 곤란하다. 영세한 자영업자 상당수는 일반 봉급생활자가 누리는 법적 보호도 없이 거의 하루 종일 일한다. 따라서 여가라는 다른 효용의 경로를 무시한 채 단순 소득만으로 사람들을 비교하는 것은 적절치 않다.[5]

이런 한계점에도 불구하고 소득은 능력을 기준으로 하는 조세 형평을 따지는 가장 기본적인 잣대라 할 수 있다. 다만 장기적 관점에서 보면 소비가 소득보다 생활수준을 더 정확히 대변할 수 있다는 측면이 있다. 소득은 들쭉날쭉할 수 있어도 소비는 대체로 평탄하다consumption smoothing는 명제를 받아들인다면 소득보다 소비가 좀 더 안정적인 능력 지표라 말할 수 있다. 이런 관찰은 소비세는 세율 누진도가 약하기 때문에 소득세보다 불공평하다는 생각을 어느 정도 중화시키는 역할을 한다. 또한 화폐단위로 측정되는 소득과 달리 소비는 해당 재화나 서비스의 특성에 따라 차별화가 가능하다. 즉, 필수품은 과세 품목에서 빼주고 사치품은 높은 세율로 과세할 수도 있다.

---

5 M. Feldstein, "On the Theory of Tax Reform", *Journal of Public Economics*(1976)는 이런 점에 착안해 소득이 아니라 실제 누리는 효용을 기준으로 수평적 형평을 정의해야 한다고 제안했다.

편익원칙과 납세자 주권

이상에서 언급한 수직적 형평과 수평적 형평은 납세자의 부담 능력과 연관된 것이다. 또한 나와 남의 세금 크기를 비교하는 상대적인 관점의 문제다. 반면 또 다른 과세 원칙인 편익원칙은 내가 낸 세금과 그 반대급부인 정부 서비스를 비교하는 직접적인 비용-편익의 문제다. 납세자가 세금에 합당한 대가를 받느냐를 따지는 또 다른 차원의 공정성 기준이라 볼 수 있다. 세금을 낸 사람이 곧 그 수혜자가 된다는 의미에서 수익자부담의 원칙이라 부르기도 한다. 모든 거래가 그렇듯, 남는 장사가 아니면 거래가 이루어지지 않는다. 세금 역시 마찬가지다. 당장은 법적 구속력 때문에 세금을 내더라도 납세자는 정부가 제공하는 서비스에 관심을 가질 수밖에 없다.

그런데 통상적인 조세 논쟁은 주로 능력원칙을 중심으로 행해진다. 아마 개인 납세자가 느끼는 정부 서비스의 가치를 구체화하기가 쉽지 않아서일 것이다. 다시 말해 비용인 조세는 현금 액수로 수치화할 수 있지만, 편익인 정부 서비스는 무형적인 경우도 많기 때문에 추정이 애매할 수 있다. 반면 납세자 간의 비교는 눈에 보이는 세금 액수를 기준으로 하기 때문에 어떤 주장을 펴기가 쉬울 수 있다.

그러나 이런 관행은 적절치 않다. 진정한 납세자 주권은 납세자와 정부의 관계 설정을 통해 확립된다. 이 경우 세금과 그 반대급부인 정부 서비스의 질을 비교하는 것은 필수다. 이것이 전제로 되어야 납세자 간의 비교인 수직적 형평이나 수평적 형평도 의미를 갖는다. 실제로 납세자들은 생각만큼 남들을 의식하지 않을 수 있다. 상대적 빈곤

감은 유효한 개념이지만, 내가 처한 상황에 따라 정도가 다를 수 있다.

예를 들어 경기가 호황이면 사람들의 마음도 푸근해진다. 소득재분배를 위해 세금을 조금 더 낼 여유도 생긴다. 이 경우 나보다 잘사는 사람들은 좀 더 많은 부담을 지기를 기대한다. 반면 경기 침체기에는 상대적 관점보다는 나의 절대적 소득 변화에 더 민감하기 쉽다. 따라서 정부가 내 세금을 조금 줄여준다면 일단 반갑다. 나보다 더 잘사는 사람들의 감세 폭이 더 크다 해도 그렇게 배 아파하지 않을 수 있다. 한 예로 1980년대 초 미국의 레이건 정부가 대대적 감세 조치를 했을 때 감세 폭은 부자들이 훨씬 더 컸다. 하지만 경기 침체에 지친 대다수 납세자들은 자신의 세금이 줄어든다는 사실에 더 환호했다.

이론적 관점에서 볼 때도 편익원칙은 공공재 조달의 효율성을 보장하는 명제다. 공원 같은 공공재는 누구나 함께 소비할 수 있지만, 여기에서 느끼는 편익은 사람마다 다르다. 그렇다면 공원을 자주 이용하는 사람이 더 많은 비용 부담을 하는 것이 자원 배분의 관점에서 합리적인 선택이다. 수요자의 구매 시그널에 공급자가 맞추어가는 것이 시장원리이듯, 납세자가 원하는 수준의 서비스를 정부가 제공하는 것이 효율적이라는 의미다. 물론 현실에서는 무임승차자 free rider 문제 때문에 공공재의 효율적 조달이 어려울 수 있다. 즉, 공원을 이용하는 편익이 사람마다 다른데 이것을 정확히 측정하기 어렵고, 사람들은 세금의 근거가 되는 자신의 편익을 솔직하게 말하지 않을 것이라는 의미다.

그런데 현실 정책에서는 편익원칙의 이론적 효율성보다는 정치적 시사점이 더 돋보인다. 수요자의 소비 시그널에 공급자인 생산자가 반응하는 것을 소비자 주권이라 부르듯, 납세자의 수요에 정부 서비스가 대응하는 것을 납세자 주권이라 부를 수 있다. 이 책에서 반복적으로 강조하듯 조세는 국가와 시민 간의 사회계약이기 때문에 관련된 정책은 암묵적으로라도 시민의 동의가 바탕이 되어야 한다는 의미다. 국가주의나 전체주의가 아닌 진정한 민주국가라면 정치인이나 관료는 납세자 주권을 존중하는 자세를 가져야 한다.

구체적인 조세정책의 차원에서 보면 편익원칙은 특정 세금과 지출 항목을 연계시키는 목적세 방식을 통해 실현된다. 예를 들어 도로세는 도로를 사용하는 사람이 내고, 수도 요금은 수도를 사용하는 사람이 낸다는 의미다. 이처럼 세금과 지출의 연계가 수익자부담의 원칙에 근거해 정밀하게 이루어지는 목적세는 경제적 효율성과 납세자 주권을 동시에 달성할 수 있는 이상적인 경우다.

그런데 실제 사례로 나타나는 목적세를 보면 경제적 합리성보다는 납세자 저항을 줄이는 수단으로 사용되는 경우가 대부분이다. 예를 들어 교육세는 납세자와 수혜자가 직접적으로 연계되어 있지 않다. 그럼에도 불구하고 이런 목적세는 정부 재정의 책임성과 투명성을 어느 정도 보장할 수 있다는 이점이 있다. 교육세를 내는 사람 입장에서는 본인이 직접적 수혜자는 아니지만 자신이 낸 세금이 어디에 쓰일지는 알 수 있다. 넓은 의미에서의 납세자 주권과 연결되는 것이다. 이런 정치적 관점에서 보면 정부가 세금을 다 모아 한 단지에 넣고 자신들이 정한 우선순위에 따라 지출하는 교과서적 방식이 반드시 우월한 것은 아니니다.

부자 과세에 대한 시사점

이상의 조세원칙들은 주먹구구로 진행되고 있는 부자 과세 논쟁을 체계적으로 정비해주는 역할을 할 수 있다. 기존 논쟁을 보면 부자들이 다른 계층에 비해 이미 세금을 많이 내는데 더 내라 하는 것은 가혹하다는 주장과, 부자는 능력이 있으니 당연히 세금을 더 내야 한다는 주장이 정파적 이념 라인을 따라 부딪치는 경향이 있다. 한마디로 이 두 주장 모두 맞는다고 보기 어렵다. 부자의 세금 부담이 높은 것은 그만큼 경제력이 집중되어 있기 때문이다. 정도의 차이는 있지만 다른 나라도 부자들이 세금을 많이 낸다. 또한 부자에게 능력원칙만 내세우며 세금을 강요하는 것은 정치적 저항을 부를 수 있다. 그들이 자발적으로 세금을 낼 수 있는 동기부여 방식을 더 생각할 필요가 있다.

이런 관점에서 볼 때 적절한 부자 과세는 능력원칙과 편익원칙을 함께 결합했을 때 최적의 결과가 나올 수 있다. 능력원칙은 누구나 합의할 수 있는 부분이지만, 편익원칙의 시사점은 그동안 별로 얘기된 적이 없었다. 우리나라의 경우 일반인들이 낸 세금을 바탕으로 경제가 발전했고 도시가 개발됐다. 그 결과로 땅값이 올라 불로소득이 생긴 경우라면 넓은 의미의 편익원칙에 따라 과세권을 주장할 수 있다.

비슷한 논리로, 국민 세금을 재원으로 한 정부 지원에 힘입어 성장한 재벌 기업의 경우 자체적인 노력으로 성장한 기업에 비해 사회적 책임이 클 수 있다. 다시 말해 사회가 부자들에게 쉽게 돈 벌 수 있는 환경을 제공했다면 그 대가는 그들이 부담하는 것이 수익자부담의 원칙에 맞는다고 할 수 있다.

문제는 실현 가능성이다. 부자나 대기업은 조세 회피나 저항의 능력이 탁월하기 때문에 정부의 의도대로 세금을 거두기가 쉽지 않다. 특히 우리나라 주택 시장은 전세 시장이 매매 시장과 결합된 이중구조이기 때문에 재산세가 세입자에게 전가되기 쉽다. 또한 대기업의 경우 해외로의 세원 이전 등 조세 회피의 기회가 많다. 또한 조세 전가나 회피의 기회가 막힌다 해도 그들은 정치적 힘을 발휘해 제도 자체를 바꾸려는 시도를 멈추지 않을 것이다.

따라서 부자 과세를 성공적으로 시행하려면 한편으로 사회적 합의를 위한 논리 개발을 강화해야 하고, 다른 한편으로 부자들의 자발적인 납세가 늘 수 있는 환경을 조성할 필요가 있다. 우선 교과서식 능력원칙만으로 밀어붙이는 부자 과세는 실패하기 쉽다. 앞서 언급했듯이, 쉽게 돈을 벌었다면 그것을 가능하게 해준 사회에 대한 책임도 큰 것이다. 국민 세금으로 성장한 재벌과 경제 발전의 산물로 불로소득이 생긴 부동산 부자들이 세금을 충분히 내고 있느냐를 묻는 것은 일반 납세자들의 당연한 권리다. 이런 수익자부담의 원칙을 능력원칙과 함께 사용하면 부자 과세의 사회적 합의를 구하기가 훨씬 쉬워질 수 있다.

이런 당위성을 바탕으로 부자들의 조세 회피나 저항을 줄일 수 있는 방안도 생각해야 한다. 부자들도 자신이 내는 세금이 저소득층을 위해 사용되는 것을 반대하지는 않을 것이다. 다만 자신이 내는 세금의 반대급부로서 좋은 정부 서비스를 받기 원하는 것은 다른 계층과 마찬가지다. 스웨덴의 조세부담률이 한때 GDP의 50%에 근접했을 정도로 높을 수 있었던 배경에는 높은 정부 신뢰와 부자에게도 혜택이 돌아가는 보편적 복지 수단이 있었다. 즉, 부자들 스스로 능력원칙을 인정해 자발적 납세를 하는 것도 필요하지만, 그들의 납세자 주권을 인정하면서 적절한 혜택을 제공하는 것은 정부가 할 일이다. 이처럼 편익원칙은 부자 과세의 당위성 확립과 실현 가능성 향상이라는 두 가지 목표를 이루는데 유용한 방안이 될 수 있다.

세금을 피하는
세 가지 수단

어떻게 하면 세금을 피할 수 있을까. 혹은 조금이라도 줄일 수 있을까. 매년 연말정산 철마다 누구나 해봤을 법한 생각이다. 현실에서 세금을 줄이는 방법은 수백 가지가 넘겠지만, 크게 다음 세 유형으로 정리할 수 있다. 세금을 남에게 미루는 '조세 전가', 지하경제나 현금 거래 등 조세를 통째로 피하는 '조세 회피', 그리고 정치적이고 집합적인 반발인 '조세 저항'이 그것이다.

사람이 살면서 가장 피하고 싶은 것이 '죽음과 세금'이라 했다. 세금이 죽음과 동격으로 취급되는 것은 그만큼 피하기 어렵다는 얘기다. 그렇다고 방법이 없지는 않다. 크게 세 가지 유형으로 세금 줄이는 법을 정리할 수 있다. 구체적으로, 남에게 세금을 적당히 떠넘기는 '조세 전가', 행동 변화를 통해 세금을 줄여보려는 '조세 회피', 그리고 정치적 힘을 동원해 세금을 막아보려는 '조세 저항'이 그것이다. 이 중 어떤 방법이 최선인지는 납세자가 처한 상황에 따라 달라진다. 또한 세금을 피하다 보면 합법과 불법의 경계가 애매한 경우도 적지 않다. 그리고 조세 회피는 개별적인 차원에서 행해지는 데 비해 조세 저항은 집합적 성격을 띨 때가 많다. 뭉쳐야 목소리가 커지기 때문이다.

경제학을 처음 배울 때 접하는 개념 중 하나가 '명목 대 실질'이다.

전자는 눈에 보이는 것이고 후자는 실제 느끼는 것이다. 내 소득이 1,000만 원으로 고정되어 있는 상태에서 물가가 두 배로 뛴다면 이 명목소득의 실질 구매력은 절반으로 떨어질 것이다. 즉, 명목소득은 변함이 없어도 실질소득은 물가와 반비례해 낮아진다. 한 나라의 경제 규모를 나타내는 GDP의 경우 통상 우리가 접하는 수치는 명목 개념이다. 하지만 경제성장률은 이 수치가 아니라 물가 변화를 조정한 실질 GDP의 변화로 측정한다.

정부가 내 소득 1,000만 원의 50%를 세금으로 가져간다 하자. 아마 조세 저항이 심하다 못해 폭동이 일어날 것이다. 그런데 세금 대신 돈을 찍어 정부 재원으로 사용하면 어떨까. 물가가 올라 사람들의 실질 구매력은 줄어들 것이다. 사실상 세금인 셈이다. 이런 '인플레이션 조세'는 당장의 저항을 피할 수 있다는 매력은 있지만, 사람들이 진상을 파악한 다음에는 사재기 같은 대응을 하기 때문에 결국 안 하느니만 못한 파국으로 이어질 수 있다.

대부분의 거래는 명목 수치로 표시되는데, 그 배경에는 가격이 고정되어 있다는 신뢰가 있다. 매년 2~3% 정도 안정적으로 물가가 오르면 별문제가 되지 않는다. 하지만 이런 신뢰가 한번 깨지면 연 1,000%가 넘는 초인플레이션hyperinflation이 뒤따를 수 있다. 무능한 정부일수록 자신이 시장을 속일 수 있다고 생각하는 경향이 있다. 하지만 눈에 보이는 것이 다는 아니라는 사실을 가장 정확히 아는 것은 현실을 살아가는 납세자들이다.

조세 전가: 세금 떠넘기기

세금의 경우도 법령에서 정해진 것과 실제 내가 부담하는 것 사이에는 차이가 있다. 명목적으로는 내가 세금 고지서 액수를 납부하더라도 실질적으로 그 부담을 남에게 전가할 수 있다. 경제 원론만 봐도 주어진 세금의 최종 부담을 누가 지느냐를 따지는 조세귀착tax incidence 이론이 나온다.

쉬운 예를 들어보자. 맥주 한 병이 2,000원인데 시장 공급자, 즉 생산자에게 병당 100원의 세금이 부과됐다고 하자. 세금은 생산원가의 증가를 의미하므로 공급자는 가격을 올리려 든다. 세금을 가격 인상이라는 방식으로 시장 수요자인 소비자에게 떠넘기려는 것이다. 그런데 가격을 올리면 수요가 떨어지는 것이 통상적인 원리이므로 100원 전부를 가격에 반영하기는 어렵다. 만일 맥주 수요자들이 가격 변화에 예민하게 반응한다면 가격을 많이 올리기 어렵다. 교과서에서는 이를 수요곡선이 탄력적인 경우라 부른다.

반대로 수요자들이 맥주를 너무 좋아해 소비 패턴을 쉽게 못 바꾼다면 가격 인상이 수월할 것이다. 수요곡선이 가격 변화에 전혀 반응하지 않는 특수한 경우라면 100원 전부를 맥주 가격에 포함시킬 수 있을 것이다.

위 예에서는 공급곡선의 탄력성은 고정시키고 수요곡선의 탄력성 차이가 조세 전가에 미치는 효과를 보았지만, 현실에서는 공급 탄력성도 유사한 영향을 준다. 간단히 말해, 어차피 100원이라는 세금을 누군가가 나누어 부담해야 한다면 상대적으로 쉽게 행동을 바꿀 수 있는 쪽이 유리하다. 이상의 기본적인 틀은 어느 시장에서나 적용할 수 있다. 기업에 부과된 세금은 노동자의 임금을 낮추는 방식으로 전가될 수 있다. 물론 노동자들이 여기 아니더라도 일할 데 많다고 떠난다면 세금 떠넘기기가 어려울 것이다. 노동 공급이 탄력적인 경우다.

최근 수년간 급격히 요동치고 있는 부동산 시장에 대한 세금의 영향도 이런 기본 틀로 개략적인 분석이 가능하다. 일단 정부가 의도한 설정은 간단하다. 집을 보유할 때 발생하는 세금을 올리면 수요가 줄어 시장가격은 떨어질 것이라 본 것이다. 대출 규제 등 다른 수요 억제책을 함께 사용한 것도 잘 알려진 사실이다. 하지만 주택 수요를 결정하는 요인은 훨씬 더 다양하다. 대다수 사람에겐 집 한 채를 갖는 것이 단순한 주거 이상의 의미를 지닌다. 일단 집값이 오른다는 믿음이 있으면 그 예상 자체가 중요한 수요 증가 요인이 된다. 나아가 우리나라처럼 집 보유 여부가 암묵적으로 신분을 결정하는 사회에서는 무리해서라도 집을 사겠다는 의지가 클 수 있다. 정부 정책의 수요 감소 효과를 상쇄할 수요 증가 요인이 있다는 말이다.

여기에다 정부 정책 자체도 기대만큼 효과가 크지 않을 수 있다. 대출 제한 같은 금융 규제는 압박은 되지만 절대적이지는 않다. 다른 자산을 팔 수도 있고, 전세를 끼고 집을 사는 소위 '갭 투자'로 금융 부담을 줄일 수도 있다. 그렇다면 보유세 인상 효과는 어떨까? 만일 집을 사려는 사람이 미래의 세금 부담을 덜 무겁게 느낀다면 정책 효과는 줄어들 것이다. 여기서 눈여겨봐야 하는 것이 우리나라에서 유난히 발달한 전세 시장이다. 집 수요자의 일부는 전세 시장에서 공급자가 된다. 집이 있어 전세를 놓을 수는 있지만, 부득이하면 거두어들일 수도 있다. 즉, 공급이 탄력적이라는 말이다. 반면 당장 살아야 할 곳을 구해야 하는 세입자는 절박한 경우가 많을 것이다. 즉, 수요는 상대적으로 비탄력적이라 볼 수 있다. 이 경우 집주인은 전셋값이나 임대료 상승을 통해 자신에게 부과된 세금의 상당 부분을 전가시킬 수 있다.

조세 전가에 관한 기본 이론만 사용한 이 정도의 분석으로도 보유세 인상이 집값 안정은커녕 전세 시장만 들쑤실 수 있음을 알 수 있다. 실제 현실도 이 패턴에서 크게 벗어나지 못했다. 물론 여기에 추가해 일관성 없는 주먹구구식 부동산 정책이 남발되다 보니, 시장은 혼탁해지고 정책 신뢰는 떨어지면서 승자는 소수이고 패자가 다수인 게임이 전개된 것이다. 여기서 잊지 말아야 할 것은, 부동산 가격 폭등의 수혜자 중 하나가 세금을 거둬간 정부라는 사실이다.

조세 회피: 합법과 불법 사이

조세 전가는 민간 경제주체 간의 거래를 통해 이루어진다. 그런데 이 방식이 여의치 않으면 정부를 직접 상대하며 세금을 줄이는 길밖에 없다. 조세 저항은 대개 노골적으로 불만이 표시되는 정치과정이지만, 조세 회피는 다양한 형식을 띤다. 그래서 합법성 여부를 기준으로 절세tax avoidance와 탈세tax evasion로 나누기도 하지만, 아주 엄밀한 정의라 보기는 어렵다. 개인이나 기업의 입장에서 세금 절감은 모든 수단을 포함한다. 따라서 조세 회피라는 용어를 합법적·불법적 수단을 모두 포함하는 넓은 개념으로 사용할 수도 있다. 통상적으로는, 자연스러운 경제행위로 볼 수 있는 조세 회피와 과세 베이스 자체를 숨기는 불법적인 조세 회피를 구분하는 정도면 충분하다.

일단 주어진 법 규정 내에서 세금을 절감하는 방식부터 생각해보자. 소득세나 소비세가 부과됐을 때, 가계나 기업의 일반적 반응은 노동, 소비, 저축, 투자 등의 의사 결정을 바꾸는 것이다. 소주에 세금이 부과되면 맥주를 택할 수 있고, 개인소득세가 과하면 일 대신 여가 시간을, 저축 대신 소비를 늘릴 수도 있다.[6] 법인소득세는 기업들의 자본 비용을 높여 투자에 부정적 효과를 미친다. 좀 더 기술적으로 말하면, 경제주체들은 주어진 가격을 전제로 최선의 선택을 하는데 세금으로 인해 상대가격 체계가 바뀌면 새로운 최적을 찾아 나서는 것이다. 이런 합리적 행동 변화는 탈법적인 조세 회피와는 차이가 있다.

이처럼 세금이 가격 유인을 변화시켜 경제주체의 행동을 바꾸게 되면 원래 정착했던 '최선의 상태'에서 벗어나기 때문에 비효율이 생긴다고 말한다. 조세의 왜곡 효과나 효율 비용은 이런 의미다. 일반적으로 경제주체들이 행동을 바꿀 유인과 여지가 큰 조세제도일수록 비효율이 크다. 이런저런 명목으로 세금을 줄여주는 면제나 공제 조항이 늘어나며 제도가 복잡해지면, 이를 활용한 절세 방법이 적지 않을 것이다.

문제는 제도가 복잡해지면 경제주체의 통상적인 의사 결정을 왜곡해 효율 비용을 발생시키는 수준을 넘어서 과세 베이스 자체를 숨기는 불법적 조세 회피 가능성 역시 높아진다는 것이다. 나아가 부패나 지

---

6 물론 세금으로 인한 가격 변화에는 대체효과와 소득효과가 함께 작용한다. 임금에 대한 세금이 높아졌을 때 전보다 가난해졌다고 느끼면 오히려 일을 더할 수도 있다.

대 추구 같은 정치적 성격의 사회적 비용도 늘게 된다.

우리나라의 경우 지하경제, 그림자 경제, 현금 경제 등으로 불리는 비공식 부문이 경제 발전 수준에 비해 큰 편이다. 2017년 기준 우리나라 비공식 부문의 크기는 GDP의 21.8%에 달한다. 같은 시기의 선진국 평균은 14%였다. 1991년 한국의 지하경제 규모는 GDP 대비 29.3%로 매우 높았다. 지난 30여 년간 꾸준히 감소해왔지만 여전히 선진국에 비해 높은 편이다.

우리나라의 비공식 부문이 다른 선진국에 비해 큰 데는 여러 요인이 있겠지만, 특히 다음 두 가지가 중요하다. 첫째, 금융 부문의 발달이 아직도 미흡하다. 조세 정보를 확보할 수 있는 핵심 근거는 각종 금융 거래다. 일반적으로 금융 시스템이 발달할수록 현금을 사용하는 기회비용이 커진다.

세계경제포럼World Economic Forum에서 매년 발간하는 〈세계 경쟁력 보고서The Global Competitive Yearbook〉에 따르면, 우리나라 금융 시스템은 100점 만점에 84.4점 수준이다. 이는 홍콩(91.4), 싱가포르(91.3), 미국(91), 스위스(89.7), 영국(88.1) 등 다른 선진국에 비해 낮은 수준이다. 총부가가치에서 금융보험업이 차지하는 비중 또한 다른 선진국에 비해 낮다. 2019년 기준 한국 수치는 5.9%로 홍콩(21.2%), 싱가포르(14.1%), 스위스(10%), 영국(8.2%), 미국(7.9%) 등 다른 선진국에 뒤처진다.

둘째, 노동 인력에서 자영업자가 차지하는 비중이 큰 것과 관련이 있다. 영세 자영업자는 비록 공식 부문에 등록되어 있다 하더라도 쉽게 비공식 부문으로 이동할 수 있다. 통계청 자료에 의하면, 전체 취업자 중 자영업자 및 그 가족 인력이 차지하는 비중은 2020년 기준

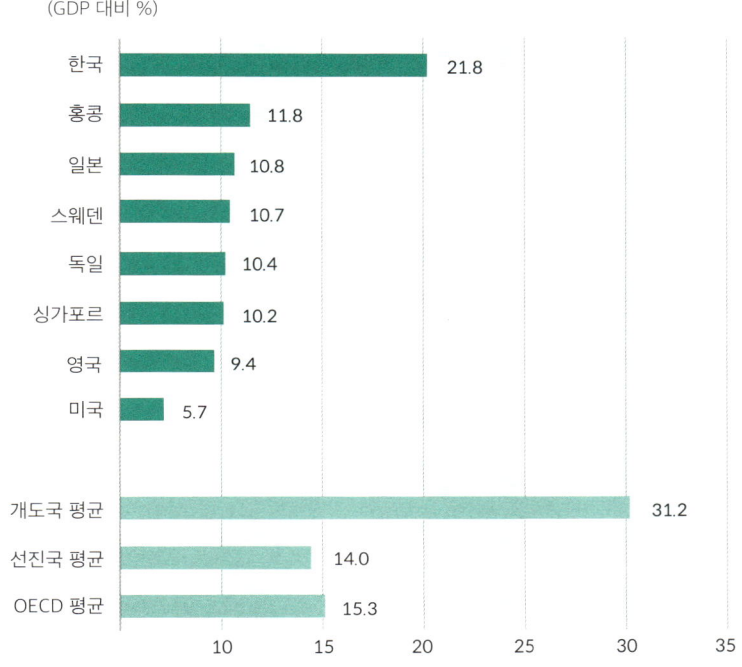

주요국의 지하경제 규모

한국의 지하경제는 신용카드 사용 확대의 효과로 예전에 비해 많이 줄었지만 여전히 다른 선진국에 비해 비중이 높다. 자료: Medina and Schneider(2020).

24.4%로 OECD 평균인 16% 수준을 훨씬 웃돈다. 과거에는 이 비중이 훨씬 더 컸는데(1980년에는 52.8%), 최근 들어 많이 감소한 것이 이 정도 수준이다. 비공식 부문까지 합쳐서 생각할 경우 자영업자가 전체 취업자에서 차지하는 비중은 훨씬 높을 것이다.

조세 회피의 관점에서 볼 때, 정책 당국이 우선적으로 초점을 두어야 하는 쪽은 고소득 자영업자다. 앞에서도 언급했지만, 영세 자영업자의 경우 수직적 형평성 차원의 배려가 필요하다. 물론 이들 역시 자발적으로 장부 기입 문화에 익숙해져 현금 경제에서 탈피하도록 유도할 필요가 있다. 신용카드 사용의 확산으로 현금 경제가 자연스럽게 줄고 있는 것처럼, 때로는 같은 목적의 정책이라도 시간을 두고 장기적 관점으로 접근하는 편이 나을 때가 있다.

지하경제와 달리 공식 부문에서의 조세 회피는 주로 제도적 허점을 통해 이루어진다. 대개 법에서 정해놓은 세율 차이를 이용해 세금 부담이 낮은 쪽으로 세원을 이전하는 방식을 사용한다. 대표적인 사례로는 개인소득과 법인소득 간의 소득 이전과 다국적기업의 국가 간 이윤 조정profit shifting이 있다.

조세 이론에서 자주 등장하는 논점 중 하나는 자본소득의 이중과세 문제다. 법인소득은 기업 차원에서 일차로 과세한 다음 남은 순소득이 주식으로 배당되는데, 이때 개인소득세를 한 번 더 매긴다는 의미다. 하지만 개인소득은 탈세의 가능성이 높기 때문에 선제적으로 과세한다는 의미에서 법인세를 완전히 없애지는 않는다. 물론 법인 자체를 독립적 인격으로 생각해 과세한다는 다른 논리들도 있다. 어쨌든 많은 나라의 제도를 보면 법인소득세율이 개인소득세율보다 낮다. 이 경우 회사 주인이나 경영진은 자신의 개인소득을 법인 안에 머물게 하는 방식으로 세금을 절감할 수 있다.

대기업의 경우, 임원진이 봉급 대신 스톡옵션 등으로 보상을 받는 사례가 이 경우에 해당한다. 기장의무가 약한 소기업의 경우, 기업 소유자가 자신의 임금을 굳이 봉급 형태로 받지 않고 필요할 때 법인 경비 형태로 사용하기도 한다. 한국의 경우 소유와 경영의 구분이 잘되어 있지 않고 소규모 법인은 낮은 세율로 과세되기 때문에 이런 유형의 조세 회피가 일어날 가능성이 높다. 물론 불법과 합법의 경계가 애매할 수 있는 사례다.

2022년 현재 개인소득세 최고 세율은 45%이며 여기에 지방소득세 10%를 추가하면 49.5%에 이른다. 한편 법인소득세 최고 세율은 25%이고 최저 세율은 10%인데, 지방소득세 10%를 가산하면 실질적인 세율은 각각 27.5%, 11%가 된다. 대기업 경영진의 경우 개인소득과 법인소득의 최고 세율 격차가 22%p, 법인세 최저 세율의 적용을 받는 중소기업의 소유주는 세율 격차가 38.5%p에 달한다. 회사 소유주나 임원이 자신의 노동소득을 법인 내에 잔류시켜 더 낮은 세율로 과세되게 할 유인이 충분히 크다. 실제로 한국의 법인세가 전체 세수에서 차지하는 비중이 높은 것은 경제력 집중에 따른 문제도 있지만 이런 소득 이전의 영향도 어느 정도 있을 것이다.

세원 이전은 국제적으로도 일어난다. 국제 자본 이동에 관한 규제가 사라지면서 국가 간 법인세율 차이를 이용한 자본 흐름이 늘고 있다. 특히 다국적기업의 경우 실제 생산 활동과 무관하게 관련 기업 간의 이전가격transfer price을 조작해 고세율 국가에서 저세율 국가로 회계적 이윤을 이전하기도 한다. 국제적 조세 회피는 개인 차원에서도 이루어진다. 프랑스 등 몇몇 유럽 국가에서 부유세를 부과했을 때, 상당수 부자들이 인근 국가로 거주지를 옮겼다. 물론 이 경우는 합법적 선택이지만, 비밀 보장이 되는 스위스 은행이나 카리브해에 밀집해 있는 조세 피난처로 돈을 숨기는 것은 탈세에 가깝다.

조세 저항: 선거의 힘

우리나라에서 정부 정책에 항의할 때 흔히 쓰는 수단이 관련 정부 청사 앞에서 시위를 하는 것이다. 단체로 모이기도 하지만 일인 시위도 흔한 풍경이다. 그런데 세금 문제로 이런 시위가 벌어졌다는 얘기는 별로 들어본 적이 없다. 몇 가지 이유가 있을 것이다.

우선 사람들이 항의하기 힘들 정도로 조세제도가 큰 허점이 없을 가능성을 생각해보자. 세금을 좋아하는 사람이 누가 있겠느냐마는 그래도 이 정도는 참을 만하다고 생각하는 사람이 다수라면 조세를 반대하는 목소리가 크지 않을 수 있다. 아마 스웨덴처럼 복지제도가 잘 갖추어지고 정부 신뢰도가 높은 나라가 이런 사례에 가까울 것이다. 물론 우리에게는 먼 나라 얘기다.

우리나라의 경우 다른 선진국에 비해 지하경제가 크고 공식 부문에서의 조세 회피 기회도 많다. 즉, 개별적인 방식으로 세금을 줄일 수 있다면, 효과가 있다는 보장도 없고 경우에 따라 정치적 부담이 될 수도 있는 집단행동을 굳이 할 필요가 있을까. 예를 들어 기업이 세금에 반대하는 시위를 한다는 것은 우리나라 정치 풍토에서 상상하기 힘든 일이다.

그렇다면 불법적인 탈세를 하지 않는 대다수 납세자들은 어떻게 불만을 표시할까. 개별적이고 은밀하게 이루어지는 조세 회피와 달리 조세 저항은 목소리를 합쳐야 힘을 받는다. 자연히 언론을 통한 여론전의 형태를 띠는 경우가 많다. 이 경우 언론의 정치 성향에 따라 납세자의 진정한 선호가 왜곡될 수 있다는 함정이 있다. 특히 이념 성향에 따라 호불호가 갈리는 재산세나 법인세 같은 경우, 언론 자체가 갈라져 싸움을 벌이는 경우가 적지 않다.

다음으로 생각할 수 있는 통로는 시민단체다. 이 집단 역시 정치 이념의 영향에서 완전히 벗어나기는 힘들지만, 그래도 정책 실패를 지적하는 차원에서는 가장 효과적인 통로라 할 수 있다. 분야별로 전문성을 갖춘 구성원들이 존재하는 단체일수록 신뢰도가 높아진다. 특별한 개혁 없이 복잡하게 진화되어온 우리나라 조세제도에 대해 부분적인 사안별로 합리적인 개선책을 제안하는 것만으로도 시민단체의 역할이 컸다고 볼 수 있다.

그런데 아무리 언론이나 시민단체가 바람직한 제안을 한다 하더라도 이런 여론이 정치적 힘이 되기 위해서는 집단행동이 필요하다. 조세 저항의 대표적 사례로는 주민 투표로 재산세 인상의 상한을 정한 미국 캘리포니아주의 '주민 발의 13 Proposition 13'이다. 그 배경을 보면 증세 자체에 대한 반감도 있었지만, 내가 낸 세금이 다른 지역의 공공 서비스에 사용되는 데 대한 불만이 컸다. 앞에서 강조했듯, 세금은 정부의 일방통행적 권한이 아니라 납세자 주권을 기반으로 하는 사회계약이다.

납세자 주권의 핵심 내용 중 하나는 내가 낸 세금만큼 돌려받을 수 있어야 한다는 편익원칙이다. 이런 수익자부담 개념은 납세자와 수혜자의 범주를 얼마나 넓게 잡느냐에 따라 해석이 달라질 수 있다. 가장 보편적인 경우는 특정 세목과 특정 지출을 연결하는 목적세의 형태다. 좀 더 범위를 넓혀 보면 지방정부 단위의 재산세가 이 원칙에 부합한다. 주민이 낸 세금으로 우리 지역이 발전하면 그 혜택은 해당 주민이 돌려받는다는 식의 논리다. 이 책에서는 우리나라의 특수한 상황을 고려해 불로소득 지대나 특혜성 독점 지대에까지 편익논리를 확장해 적용했다.

결국 납세자 주권의 궁극적 표현 방식은 선거가 될 것이다. 어차피 계층이나 이념에 따라 조세에 대한 견해가 갈린다면 집합적으로 의사결정을 할 수밖에 없다. 물론 세금을 좋아하는 유권자는 드물기 때문에 선거 때 증세 논의가 나오기는 어렵다. 그렇다고 대책 없는 감세만 약속하는 인기 영합적 정책을 액면 그대로 받아들일 수도 없다. 조세 문제는 유능한 정부 못지않게 현명한 시민이 필요한 영역이다.

험난한
복지 증세의 길

과거 조세정책의 목표는 성장 재원 확보였고, 결과는 성공적이었다. 지금부터는 복지 증세가 관건이다. 하지만 기존의 누더기 세제가 초래하는 비효율과 불공평 때문에 약간의 증세에도 우리가 감당해야 할 정치적·경제적 비용이 클 수 있다. 서구 수준의 복지국가로 가기 위한 최대 고비 중 하나인 증세 문제를 해결하려면 어떻게 해야 할까.

경제가 안정적으로 성장하려면 노동·자본·기술과 같은 생산요소의 축적이 있어야 하고, 이를 잘 결합할 수 있는 주변 여건이 마련되어야 한다. 이때 정부가 할 일은 도로·철도·항만 같은 사회간접자본을 제공하거나 좋은 인적 자본을 길러낼 교육 시스템을 만드는 것이다. 기초 과학 연구나 기업 R&D에 대한 지원을 통해 경제 전반의 기술 수준을 끌어올리는 것도 정부의 몫이다. 때로는 이런저런 보조금을 지급해 투자 유인을 북돋우고 수출 경쟁력을 유지하는 일까지 한다. 그런데 이런 정부 지원이 가능하려면 재원이 필요하다. 성장 재원의 핵심은 조세다.

경제 발전에 성공한 나라들을 보면 거의 예외 없이 성장이 지속되며 조세수입도 높아지는 선순환 고리를 형성한다. 다시 말해 자원 배분의 효율을 덜 해치는 방식으로 세금을 걷은 다음 이를 적절히 사용해 경제가 성장하면, 딱히 제도를 바꾸지 않아도 세수는 늘어난다. 이는 다시 성장 재원으로 투입되면서 경제가 발전한다. 반면 이런 선순환 고리에 안착하지 못한 나라들을 보면 정부 재원을 확보하는 과정에서 무리한 증세나 무책임한 차입에 의존하는 경우가 많다. 그 결과로 경제 위기가 찾아오는 것은 물론 정권이 뒤바뀌는 경우도 어렵지 않게 볼 수 있다.

그렇다면 우리나라의 조세정책은 어떤 평가를 받을 수 있을까. 홍콩이나 싱가포르 같은 도시국가를 제외하면 지난 수십 년 동안 개도국에서 선진국으로 진입한 경우는 대한민국이 거의 유일하다. 이 기간 동안 우리의 경제 규모 대비 세수도 꾸준히 증가했다. 사회보장성 부담금을 포함하는 조세 부담 수준은 1970년대 초반에는 GDP의 12% 정도에 불과했는데, 2020년에 이르면 그 두 배가 훨씬 넘는 28%에 접근한다. 이 정도 성과이면 다른 선진국들의 경로를 따라 세수와 성장의 선순환 고리에 진입했다고 평가할 수 있다.

그런데 다른 개도국에 비해 납세 기반이 특별히 탄탄하지도 않았던 한국이 세수 확보에 성공한 비결은 무엇일까. 어느 나라나 발전 초기에는 정부의 조세 정보 수집 능력이 떨어지는 데다 국민들의 납세 의식도 부족해 조세 회피나 조세 저항이 만연하기 쉽다. 한국이 남미 등 다른 개도국처럼 적자재정에 의존하지 않으면서 그 나름의 성장 재원 확보에 성공한 데에는 여러 요인이 복합적으로 작용했다. 꾸준한 성장의 결과로 세수가 늘어난 것도 있지만, 이것만으로 조세정책의 성과를 설명하기 어렵다. 무엇보다 납세자 저항을 완화시키고 과세 정보의 제약을 극복할 한국 나름의 현실적 방안을 찾은 것이 핵심이다. 그렇다면 다른 개도국과 구분되는 한국 고유의 과세 전략은 무엇이었을까.

실용주의적 과세

일단 서구 선진국의 이론이나 경험을 배경으로 한 교과서적 처방과 달리 소득세에 대한 집착을 버리고 다양한 원천의 세원을 모색한 점이 눈에 띈다. 이 중 가장 핵심적인 것이 법인세와 목적세에 대한 의존도다. 조세 정보가 부족한 발전 초기의 경우 개인소득세보다 법인소득세 비중이 높을 수 있다. 서비스업 비중이 높은 일반 사업자에 비해 제조업 기업은 생산 시설을 감추기 어렵기 때문에 조세 회피가 쉽지 않다. 나아가 금융거래가 활발한 나라일수록 조세 정보 확보가 용이하다. 금융거래는 과세와 관련된 가장 확실한 증거를 남기기 때문이다. 특히 우리나라 제조업의 주축인 대기업은 중소기업에 비해 금융기관 이용을 피하기가 어려웠을 것이다.

그런데 이런 일반적 관찰로는 설명이 되지 않을 정도로 우리나라 세수 구조에서 법인세가 차지하는 비중은 높았다. 한 가지 주목할 점은, 우리나라의 성장 과정에서 외국 기업의 존재가 미미했다는 사실이다. 당시 학계의 정설에 따르면 외국인 투자를 통해 자본과 기술을 공급받는 것이 경제 발전의 필수 조건이었다. 그런데 외국 기업의 경우 아무리 이윤을 내도 세금을 거두기가 어렵다. 이들을 유치하는 과정에서 세금 감면을 전제로 하는 경우가 많고, 설사 그렇지 않은 경우라 하더라도 이전가격조작 등 다양한 조세 회피 수단 덕분에 이들의 실질세 부담은 매우 낮다. 한국의 경우 외국 기업 대신 토종 재벌을 기르는 방식으로 성장 전략을 짰는데, 그 부수 효과로서 법인세가 안정적 세수 기반의 역할을 할 수 있었다. 소수의 제조 대기업에 경제력이 집중되어 있는 우리의 경제구조하에서는 법인세 관련 조세 정보를 확보하기가 쉬웠을 것이다.

또한 한국은 특정 세목으로부터의 수입을 특정 지출 항목에 연계시키는 목적세 방식을 효과적으로 활용한 나라다. 예를 들면, 교육세를 걷어 교육 분야에 지출하는 것이다. 목적세는 다른 나라에서도 흔히 볼 수 있기 때문에 그 자체가 새로울 것은 없다. 잘못 사용하면 세제를 복잡하게 만들어 비효율과 지대 추구의 온상이 될 수도 있다. 모든 세금을 한데 모아 우선순위에 따라 지출하는 교과서식 정부 회계에 익숙한 학자들은 칸막이식 예산이 초래하는 경직성을 이유로 목적세에 비판적이다. 하지만 GDP 대비 세수가 15~25% 수준이었던 수십 년 동안 이런 유형의 세목들이 GDP의 3%에 달하는 세수를 꾸준히 제공했다면 얘기가 달라진다. 한국의 경우 명목상의 목적세 말고도 세수와 지출을 연계한 항목이 많으며, 이를 합치면 세수의 35% 수준에 달한다.[7]

---

7   우리나라는 1975년 방위세를 도입했고, GDP의 2~2.5% 내외의 수입을 확보했다. 1991년부터 방위세를 폐지한 후 교육세 등 목적세 수입이 GDP의 1% 내외로 감소했으나, 1994년 교통에너지환경세와 농어촌특별세를 신설하여 다시 GDP의 2~3% 내외의 세수를 확보하고 있다. 한국의 목적세를 체계적으로 분석한 R. M. Bird and J. Jun, "Earmarking in Theory and Korean Practice", in S. L. H. Phua(ed.), *Excise Taxation in Asia*(National University of Singapore, 2007)에 따르면, 우리나라 세수의 35% 정도가 특정 용도에 지정되어 있다. 이 중 수익자부담 원칙에 근거한 목적세는 교통에너지환경세 정도인데, 그마저도 연계의 강도가 강하다고 보기 어렵다.

물론 한국에서 관찰되는 조세와 지출의 연계는 수익자부담의 원칙에 근거하는 이상적인 경우는 아니다. 하지만 이것이 정부 활동의 투명성과 책임성을 담보해 조세 저항을 완화시킨 역할을 한 것은 분명하다. 이 외에도 한국 정부는 기존 세금에 추가로 덧붙이는 부가세나 세금 회피가 어려운 거래세 등 조세 회피나 저항을 피해갈 수 있는 다양한 방식을 사용했다. 물론 이 과정에서 제도가 복잡해지고 이에 따른 비효율과 불공평 역시 늘어났다.

문제는 앞으로다. 경제가 성숙해가면서 복지 수요가 늘어나는 것은 이상할 것이 없지만, 정치권의 복지 경쟁이 치열해지고 인구구조의 고령화가 빠르게 진행되면서 복지지출이 가파르게 증가하고 있다. 한국의 경우 1980년대 초반 총지출의 10%에 불과하던 복지지출 비중은 2019년에 이미 40%에 근접했으며(37.8%), 이는 GDP의 12.2%에 달하는 규모다. 하지만 이 수치는 OECD 평균인 20%의 절반을 조금 넘는 수준에 불과하다. 이 복지 격차를 전부 증세로 감당하려면 현재의 조세 부담 수준인 GDP 대비 27~28%에서 약 30%에 가까운 증세가 이루어져야 한다. 5%p 정도의 조세부담률 상승을 기준으로 해도 여전히 약 20% 정도의 증세가 필요할 것이다. 성장률이 급격히 높아지거나 대담한 조세개혁 같은 획기적인 변화가 없다면 거의 불가능한 선택이다.

복지 증세의 조건

다시 말해 기존의 제도와 정책 관행을 바꾸지 않는 한 세수와 성장의 선순환 구조를 유지하며 세금을 올리기가 쉽지 않을 것이다. 크게 두 가지 영역의 개선이 필요하다. 첫째, 정부 효율을 높여야 한다. 정부 효율이 높아지면 같은 세금으로 더 많은 일을 할 수 있고, 같은 일을 하는 데 전보다 더 적은 세금이 필요할 것이다. 이를 위해서는 조세제도에 수반되는 각종 사회적 비용을 줄여야 한다. 이런 낭비적 요소만 줄여도 실질적인 증세 효과가 상당할 수 있다. 또한 지출 생산성이 높아지면 같은 세수로도 더 많은 효과를 낼 수 있다. 둘째, 정부의 신뢰도를 높여야 한다. 정부 활동의 일관성, 투명성, 책임성이 향상되면 정부 정책에 대한 신뢰도 역시 따라 오르며 납세자 저항을 낮출 수 있다.

모든 경제정책은 비용을 창출한다. 사회적 비용에는 통상적인 거래에 나타나는 회계적 비용을 벗어나는 다른 자원의 사용도 포함된다. 예를 들어 영화 관람에는 1만 원이라는 입장료에 추가해 두 시간이라는 시간 비용도 들어간다. 공해 제품의 총비용은 시장가격에다 공해가 사회에 미치는 손실까지 합쳐야 한다. 이처럼 경제주체 당사자들이 느끼는 비용과 사회 전체가 부담하는 비용 간에 격차가 있는 경우가 많다. 조세의 영역에는 그 어떤 분야보다도 비회계적인 비용의 종류가 다양하고, 또 그 부작용도 크다.

세금을 거두는 과정에서 추가적으로 발생하는 조세 비용tax costs은 경제주체들의 행동을 왜곡시키는 과정에서 발생하는 효율 비용efficiency cost과[8] 세금을 부과하고 납부하는 과정에서 발생하는 거래 비용인 행정 비용administrative cost 및 납세자 비용compliance cost으로 나눌 수 있다. 이 중 거래 비용은 조세 행정이 발달할수록 줄어든다. 반면 세수 한 단위당 효율 비용은 조세 부담의 수준이 높아질수록 기하급수적으로 증가하는 것으로 알려져 있다.[9] 또한 복잡한 조세제도하에서는 조세 부담을 줄이려는 노력이 더 활발해지기 때문에 비효율이 더 커질 수 있다. 조세제도는 정치적 이해관계를 반영하는 경우가 많기 때문에, 경제 규모가 커지면 복잡해지기 쉽다. 따라서 선진국이라 해서 효율 비용이 낮다고 말하기 어렵다. 제도가 복잡해지면 기득권을 확보하거나 유지하려는 지대 추구 행위나 불법으로 세금을 줄이려는 탈세나 부패의 가능성 역시 높아진다.

그런데 현실에서는 이런 보이지 않는 조세 비용을 감안하지 않고 정책 결정이 이루어지는 경우가 많다. 세금은 100이 걷히는데 조세 비용이 50인 경우와 세금은 90인데 조세 비용이 30인 경우 중 하나를 고르라면 정책 담당자는 당장 눈에 보이는 세수가 높은 전자를 택할 가능성이 높다. 하지만 자원 배분의 효율성 관점에서는 세수 대비 사회적 비용이 작은 후자가 나은 선택이다. 이처럼 조세는 경제적 합리성보다는 단기적 필요에 의해 선택이 이루어지기 쉬운 정책 분야다.

우리나라의 조세 부담은 아직 선진국 평균에 못 미친다 해도

---

8   노동, 소비, 저축, 투자, 재무구조 등 가계나 기업의 의사 결정에 영향을 미치는 핵심 변수는 이들이 직면하는 시장가격이다. 만일 세금이 상품 가격, 임금, 이자율 등 가격 변수에 영향을 준다면 경제주체들의 행동도 바뀔 것이다. 행동 변화 이전의 상태를 효율적이라 본다면, 그 이후는 세금으로 인한 효율 비용이 발생한 덜 효율적인 상태라 볼 수 있다. 이런 효율 비용은 눈에 보이지 않기 때문에 그 크기가 어느 수준인지 잘라 말하기 어렵다. 이 분야의 기존 연구를 종합해보면 제도가 복잡할수록, 기존 조세 부담이 클수록 세금 한 단위의 효율 비용이 크다고 예측할 수 있다.

9   대부분의 재정학 교재에 '하버거 삼각형(Harberger triangle)'이라는 별칭으로 나와 있듯, 세금으로 인한 비효율 공식은 세율의 제곱의 함수로 표시된다.

10~20% 수준에 머무는 개도국에 비해서는 높은 편이다. 따라서 같은 액수의 증세라 하더라도 효율 비용이 예전보다 훨씬 높을 수 있다. 또한 지난 수십 년 변변한 조세개혁 없이 땜질식 부분 개편만 있었던 탓에 누더기라는 소리를 들을 정도로 제도는 복잡해졌다. 실증적 측정이 쉽지는 않지만 세금 1만 원 걷는 데 수반되는 사회적 비용이 5,000원 넘게 나온다 해도 이상할 것이 없다.

주어진 세수와 결부된 지출 생산성 역시 걱정스러운 부분이다. 정부 예산이 주로 교육이나 사회간접자본 등 성장 인프라에 쓰였던 과거 고도성장기에 비해 앞으로는 복지지출이 예산의 상당 부분을 차지하게 될 것이다. 이 경우 지출 한 단위당 생산성이 높지 않을 가능성이 크다. 물론 복지지출이 저소득층의 인적 자원 향상이나 정치 갈등 해소에 도움을 주어 성장 잠재력을 높일 수 있다. 그러나 아무래도 기술 개발이나 사회간접자본 같은 예산 항목보다 평균적인 성장 기여도가 높지는 않을 것이다.

이처럼 세수 한 단위당 조세 비용은 증가하고 지출 생산성은 떨어진다면 세금 한 단위의 가성비는 예전보다 낮아진다는 결론이 나온다. 그만큼 정부 효율이 떨어진다는 의미다. 즉, 같은 일을 하는 데 전보다 더 많은 세금을 거두어야 한다. 해결책은 단순하다. 복지지출의 효율을 높이고 조세의 사회적 비용을 줄여야 한다. 다른 정부 서비스에 비해 노동 집약적이고 전달 체계가 복잡한 복지지출의 경우 상대적으로 생산성이 낮을 수 있다. 따라서 당장의 실현 가능성은 낮다 해도 기본소득 같은 단순한 복지 체제의 장점을 고려할 필요가 있다. 조세 비용을 줄이기 위해서는 일관성 있는 원칙은 보이지 않고 복잡한 이해관계

부패인식지수와 정부 신뢰도

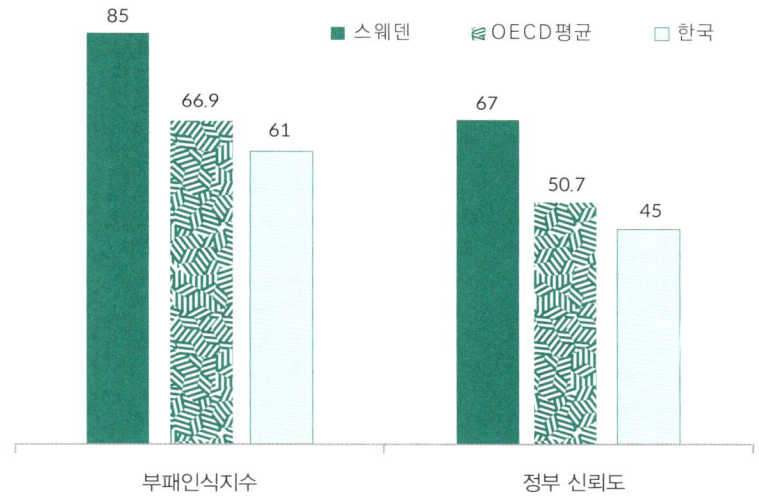

부패인식지수는 0~100 사이의 값을 갖는데 부패했다고 인식할수록 0에 가깝다. 정부 신뢰도는 "당신은 중앙정부를 신뢰하십니까?"라는 질문에 대해 "그렇다"라고 대답한 국민의 비율을 %로 나타낸 것이다. 자료: Transparency International; World Gallup Poll, 2020.

가 얽혀 있는 기존 조세제도를 획기적으로 개혁해야 한다.

이상에서 언급한 경제적 비용과는 별도로 증세가 초래하는 정치적 비용 또한 만만치 않을 수 있다. 납세자가 반대하는 증세는 어차피 어렵다. 과거의 납세자들은 평균적으로 고도성장의 혜택을 많이 받았기 때문에 세금 대비 정부 서비스라는 비용-편익 계산에 따르는 불만이 상대적으로 덜했을 것이다. 또한 권위주의적 정부들이 심어놓은 '정부는 절대 선'이라는 관념이 대중의 뇌리를 지배하며 정부 신뢰도 역시 높은 편이었다.

하지만 지금은 사정이 다르다. 민주화가 진행되면서 시민들은 세금이 정부의 일방통행적 권한이 아니라 자신들과의 암묵적 합의에 의해 결정되어야 하는 대상이라는 것을 인식하기 시작했다. 특히 지금처럼 복잡하고 원칙 없는 조세제도하에서는 자신이 내는 세금이 공평한지 의심하는 납세자가 많을 수 있다. 실제 국제 통계에 나타난 한국 정부의 신뢰도는 선진국보다 낮다. 내가 낸 세금만큼 정부 서비스를 돌려받지 못한다고 느끼는 시민들이 많다는 의미다.

어쩌면 우리가 선진국 문턱을 넘어 국가 위상을 확실하게 높이기 위해 넘어야 할 고비 중에 가장 중요한 것이 성장을 해치지 않으며 복지 증세에 성공하는 일일 것이다. 이를 위해서는 무엇보다 조세정책의 초점과 전략이 분명해야 한다. 궁극적인 해법은 획기적인 조세개혁을 이루는 것이다. 조세의 사회적 비용을 줄이고 세금 사용의 투명성과 책임성을 높이려면 이 길밖에 없다. 이를 위해서는 무엇보다 우리 현실에 맞는 청사진이 필요하고, 이를 바탕으로 한 논쟁이 활발해져야 한다. 또한 조세개혁으로 인해 사라질 기득권을 둘러싼 저항을 극복할 수 있어야 한다. 경제 논리와 정치 논리를 포괄하는 확실한 원칙과 전략 없이는 쉽지 않은 과제다.

누더기 세제의
개혁이 먼저다

복잡한 세제는 이유 여하를 막론하고 득보다 실이 크다. 비효율과 불공평의 온상이 됨은 물론 부패와 지대 추구의 경로로 작용하기 쉽다. 같은 자산이나 소득이라도 다르게 과세되면 공정성 시비도 불가피하다. 문제는 기존 제도의 개혁이 쉽지 않다는 점이다. 우리 고유의 제도나 환경에 바탕을 둔 제대로 된 청사진과 실행 전략이 개혁의 필요조건이다.

미국은 누가 뭐래도 세계 최강국이다. 군사력과 경제력은 물론 문화, 예술, 대학 교육, 스포츠도 정상급이다. 하지만 다른 분야로 가면 '선진국이 뭐 이래'라는 말이 나오는 경우가 많다. 조세제도도 그중의 하나다. 우선 지나치게 복잡하다. 애초에는 몇 가지 원칙을 갖고 만들었겠지만, 시간이 흐르면서 다양한 이해관계가 반영될 수밖에 없었을 것이다. 그래도 좋은 점이 두 가지 있다. 하나는 학계를 중심으로 제도 개선에 대한 논쟁이 끊이지 않는 것이고, 다른 하나는 납세자 주권에 대한 시민 의식이 높다는 점이다.

우리나라 조세제도는 어떨까. 우선 미국 못지않게 복잡하다. 제도를 관통하는 원칙도 잘 보이지 않는다. 학계의 토론도 부실하고, 주류 의견 중엔 '미국식 정답'을 빌려온 것들이 적지 않다. 조세는 그 어느 분야보다도 토종의 가치와 제도를 배경으로 하는 건설적 논쟁이 절실한 분야인데도 그렇다. 가장 아쉬운 부분은, 납세자들의 권익을 대변할 목소리가 현저하게 약하다는 점이다. 소수 시민단체가 활동을 하지만, 대다수 전문가와 핵심 여론층이 침묵하는 상황에서 그 존재감이 잘 느껴지지 않는다. 세금은 정부의 고유 권한이라는 잘못된 고정관념 역시 한몫을 한다.

복잡한 세제는 이유 여하를 막론하고 득보다 실이 크다. 비효율과 불공평의 온상이 됨은 물론 부패와 지대 추구의 경로로 작용하기 쉽다. 같은 자산이나 소득이라도 다르게 과세되면 공정성 시비도 불가피하다. 덕 보는 사람은 복잡한 제도를 관리하며 자리를 지키는 공무원과 납세자들을 대신해 세금을 줄여주는 전문 업종 종사자들일 것이다. 그런데 최근에는 조세 실무 최전선에 있는 세무사들마저도 제도가 너무 복잡해 자신들도 뭐가 뭔지 모르겠다고 하소연하는 경우가 적지 않다.[10]

한국의 조세제도는 1977년의 부가가치세 도입 이후 별다른 개혁 없이 단기적 필요에 따른 부분적인 개편만 반복됐기 때문에, 복잡해진 것은 별로 이상한 일이 아니다. 아쉬운 것은, 대부분의 정권들이 세제를 그저 세수를 걷는 수단 정도로 치부하며 개혁의 의지를 보이지 않았다는 것이다. 그나마 노무현 정부 때 그 나름의 세제 개혁 시도가 있었지만 청사진과 전략 부재로 실패했다.[11]

---

10 2019년부터 양도세를 포기한 세무사라는 의미로 '양포세'라는 단어가 언론에 많이 등장하기 시작했다. 2021년 1월 중 《매일경제》가 한국세무사회에 등록된 세무사 205명을 대상으로 설문 조사를 진행한 결과, 98.5%는 "수시로 바뀌는 정부 세법 때문에 세무 업무에 어려움이 있다"라고 토로했다.

빠르게 늘고 있는 복지 수요를 충족하기 위해 상당한 수준의 증세가 불가피해 보이지만, 이에 따른 경제적 비용과 정치적 저항을 기존 제도로는 감당하기 어렵다. 합리적인 청사진을 바탕으로 한 근본적 조세개혁만이 해답이다. 그러려면 개혁의 방향과 전략에 대한 논쟁부터 시작해야 한다. 납세자 저항이 증세의 중요한 장애물이라면, 처음부터 납세자 입장을 제대로 이해하면서 조세를 논의해야 한다. 바로 미국에서 배워야 할 두 가지 점이다.

세 가지 개혁 원칙

우리나라 조세정책은 지나치게 많은 목표를 추구하며 초점을 잃었다. 이런 원칙 없는 체제하에서 세금을 올리려 들면 이에 수반되는 경제적·정치적 부작용이 필요 이상으로 클 수 있다. 제도가 복잡하다 보니 세금을 부과하고 납부하는 과정에서 발생하는 거래 비용인 행정 비용과 납세자 비용이 클 수 있다. 또한 세금으로 인한 상대가격 변화에 대응하거나 세금 자체를 줄이기 위한 가계나 기업의 다양한 행동 변화가 초래하는 효율 비용 또한 만만치 않을 것이다. 이와는 별도로 기득권의 고착화에 따른 지대 추구나 부패 문제도 심각할 수 있다. 나아가 제도의 투명성, 책임성 부족으로 인한 정부 신뢰의 하락은 공정성 시비를 불러일으키며 조세 회피나 조세 저항을 부추길 수 있다.

---

11   2005년 '중장기 세제 개혁 방안'을 발표, 정부혁신위 내에 조세개혁특별위원회 설치, 재정경제부 내에 조세개혁실무기획단을 설치하는 등 그 나름대로 체계적인 방식의 조세개혁을 시도했지만, 몇몇 제안에 대한 정치적 저항이 거세지자 중도 포기했다.

이런 상황에서의 해법은 개혁밖에 없다. 개혁에는 승자와 패자가 있기 마련이다. 손해 보는 측에는 기득권 세력이 포진해 있을 가능성이 크다. 특히 조세개혁은 이해 당사자가 국민 개개인이기 때문에 경제 논리만으로 정치적 장벽을 넘기 어려울 수 있다. 그만큼 목표와 전략이 분명해야 한다. 우선 다음 세 가지 원칙부터 고려할 필요가 있다.

첫째, 조세개혁의 성공을 위해서는 목표를 분명히 해야 한다. 가장 기본적인 목표는 우리에게 필요한 복지 증세의 수준을 적시하는 일이다. 앞서 본 바와 같이 서구 선진국과의 복지 격차는 대략 GDP의 8% 수준이다. 사회보장성 부담금을 포함하는 광의의 조세부담률이 2020년 기준 28% 정도임을 감안하면 현재 수준에서 대략 30% 가까운 증세를 해야 서구 선진국의 복지 수준을 따라잡을 수 있다. 하지만 정부 효율이나 신뢰 수준이 높지 못한 상황에서 이 정도의 증세가 이루어질 확률은 거의 없다. 이보다는 장기적으로 5%p 수준의 조세부담률 증가를 목표로 삼는 것이 합리적이다. 물론 이 역시 평균적으로 20% 정도의 세 부담 증가를 필요로 하므로 당장 이루기는 어렵다. 하지만 개혁은 자주 하기 어렵기 때문에 이 정도 목표는 잡아야 하고, 그래야 기존 선진국 수준에 어느 정도 근접하게 된다. 또한 개혁이 성공적이면 납세자들이 실제 느끼는 체감 증세는 훨씬 덜할 수도 있다.

다시 말해 20%의 세수 증가가 반드시 기존 납세자 모두의 세금 부담이 20% 증가함을 의미하는 것은 아니다. 우선 다양한 개혁 조치를 통해 사회적 비용을 줄이면 그 자체로 상당한 증세 효과가 발생한다. 예를 들어 납세자는 100을 내는데 정부가 사용할 수 있는 재원은 80이라면, 이런 낭비만 줄여도 세수는 증가할 수 있다.

또한 증세가 모든 납세자에게 동일한 비율로 이루어지지 않는다. 당위성에 비해 낮게 과세되고 있던 몇몇 영역의 개혁이 성공하면 일반 납세자의 부담 증가는 생각만큼 크지 않을 수 있다. 저항이 강해 쉽지 않은 선택이기는 하지만, 통상적인 투자 수익 수준을 넘어 불로소득형 지대가 누적됐다고 판단되는 재산소득은 더 과세할 여지가 있다. 구글, 아마존, 넷플릭스 등 무형자산 중심의 다국적기업 수익도 잠재적인 추가 세원이 될 수 있다.[12]

나아가 조세개혁의 결과로 제도의 투명성과 형평성이 회복되면 증세에 대한 일반 납세자의 저항 또한 줄어들 수 있다. 즉, 이들이 어느 정도의 증세를 용인해준다면 복지 재원 확보를 위한 좀 더 포괄적인 증세 노력이 동력을 얻어 목표 조세부담률에 도달하기가 쉬워질 수 있다. 물론 개혁의 과정에서 기득권을 상실하는 계층의 반발은 불가피할 것이다. 이들이 사회에서 권력을 행사하던 주류 엘리트라면 더 소란스러울 것이다. 따라서 애초에 목표를 단순하게 설정하고 이에 대한 사회적 합의부터 도출하는 것이 개혁을 성공시키기 위한 첫걸음이다.

둘째, 조세개혁의 청사진은 우리 고유의 정책 목표와 경제구조에 부합해야 한다. 우리보다 앞서나간 선진국의 경험이나 이에 바탕을 둔 기존 이론은 당연히 중요한 참고 사항이지만, 이를 여과 없이 수입해 우리 환경에 적용하면 부작용이 클 수 있다. 기존 제도를 개혁하는 것은 이론적 차원에서 좋은 제도를 설계하는 것과는 차원이 다르다. 조

---

[12] 2021년 10월 8일 OECD와 주요 20개국 포괄적 이행 체계(G20 IF)는 국제적 조세 회피 방지를 위한 총회에서 136개국의 동의를 얻어 디지털세 최종 합의안을 발표했다. 이에 따라 다국적기업이 세금 일부를 본사 소재지가 아닌, 매출이 발생한 나라에 내도록 하는 디지털세가 2023년부터 도입된다. 연간 기준 매출액 200억 유로(약 27조 원) 이상 기업은 영업이익률 10%를 초과하는 이익의 4분의 1에 대한 세금을 해외에 내야 한다.

세의 정치성과 역사성을 고려하면 무엇보다 한국의 조세 환경을 이해할 필요가 있다.

우선 조세정책의 초점이 과거와 다르다. 성장이 핵심 과제였던 과거에는 사회간접자본이나 교육 등 성장 재원을 위한 예산도 필요했지만, 가계 저축이나 기업 투자를 위한 조세 유인에도 정책적 관심이 높았다. 그런데 앞으로는 복지 수요를 감당하는 것이 핵심 목표이므로, 세수 자체에 대한 의존도가 높다. 나아가 1980년대에 있었던 서구 선진국의 개혁과도 차별화할 필요가 있다. 그 당시에는 제도의 비효율을 제거하는 것이 주목적이어서 세수 중립성을 전제로 개혁이 이루어졌다. 반면 우리나라는 세수 증가가 핵심 목표다.

또한 우리나라는 소수 제조 대기업에 경제력이 집중된 특수한 경제구조를 가지고 있어 다른 나라들에 비해 법인세의 비중이 높고, 그중에서도 소수 재벌 기업에 부담이 집중되어 있다. 이 기업들이 수출에서 차지하는 비중이 크기 때문에 이들에 대한 과세가 경쟁력 하락으로 이어질 수 있다는 우려도 있지만, 기술혁신이 아니라 특혜로 누적된 지대에 대한 과세는 효율 비용이 크지 않을 수 있다. 나아가 빠른 속도의 성장과 수도권 중심의 개발로 인해 급등한 부동산 가격 역시 이동성이 낮은 지대를 포함한다. 이런 유형의 지대에 대한 과세는 효율 비용을 초래하지 않으면서 분배 정의를 실현하는 수단이 될 수 있다. 그러나 소득이나 소비와 달리 현금 흐름이 수반되지 않는 재산에 대한 과세는 정치적 저항이 크다는 점을 고려해야 한다.

셋째, 개혁 청사진이 정치적으로 수용될 수 있는 전략을 마련하는 것이다. 한국의 정치구조는 인물 및 지역이 좌우하는 경향이 커서 선진국형 책임 정당 체제라 보기 어렵다. 미국이나 영국의 사례에서 보듯 교대로 집권하는 양당 체제에서는 정권을 내주더라도 재집권할 가능성이 높기 때문에 포퓰리즘적 성향이 덜한 반면, 여러 세력 간의 합종연횡으로 이루어진 정부의 경우 남유럽이나 남미의 경험이 말해주듯 근시안적인 정책이 남발되기 쉽다. 우리의 실질적 정치 행태는 후자에 가깝다 볼 수 있기 때문에, 먼 장래를 내다보는 개혁이 쉽게 이루어지기 어렵다. 이런 환경일수록 개혁의 여론을 조성하기에 도움이 되는 대안이 많아야 하고, 이를 둘러싼 논쟁이 활발해야 한다.

특히 개혁 청사진을 마련할 때부터 경제적 합리성과 정치적 수용성을 함께 고려하는 것이 바람직하다. 정치인들은 가시적이고 대중 호소력이 높은 대안을 선호하기 쉬운데, 이것이 경제 논리에 부합하지 않는다면 애초에 그 점을 적시해두는 것이 여론 결집에 유리하다. 예를 들어 재분배 정책을 펼 때 정치인은 세수를 높여 복지지출을 늘리는 방안보다는 조세 부담의 누진도를 강화하는 방식을 선호한다. 전자는 다수의 서민들에게 혜택이 퍼져 있지만, 후자는 소수의 부자에게 부담이 집중되어 있어 정치 홍보 효과가 클 수 있다. 또한 같은 액수의 세금 변화를 놓고 세율과 과세 베이스 중 어느 쪽을 선택해 개정할지도 정치적 고려 대상이 된다. 증세인 경우에는 세율 변화 없이 소득공제를 축소하고, 감세인 경우에는 세율을 낮추는 것이 정치 홍보에 유리하다. 이런 정치 논리까지 감안하면서 경제 논리를 세워야 최적의 해법이 나온다.

이상의 원칙을 바탕으로 좀 더 구체적인 전략이 담긴 청사진을 구상할 수 있다. 이 문제를 다룬 저자의 다른 책에서는 크게 네 가지 핵심 전략을 제안하고 있다.[13] 첫째, 세제를 대폭 단순화해 사회적 비용을 줄이고, 둘째, 세원을 다양하게 해 어느 한 세목에 높은 세율을 책정하지 않아도 세수가 충분히 확보되게 하며, 셋째, 적절한 조세-지출 연계를 통해 정부 활동의 효율성, 투명성 및 책임성을 높이고, 마지막으로, 효율과 형평 기준에 모두 부합하는 지대 과세를 합리적으로 설계하는 일이 그것이다. 물론 이 외에도 조세제도를 개선할 다양한 경로가 존재하지만, 여기서 제시한 것만 제대로 추진해도 앞서 언급한 개혁 목표를 달성할 수 있을 것이다. 아래에서는 이 중 가장 기본 과제인 세제 단순화 문제를 중점적으로 다룬다.

세제 단순화

우리나라 조세제도를 개혁할 여러 방안 중 하나만 고르라 하면 단연코 기존 제도를 대폭 단순화하는 것이다. 사실 이것만 충실히 수행해 조세의 경제적·정치적 비용을 줄인다면 별다른 세율 인상 없이도 상당한 수준의 세수 증가를 가져올 수 있다.

기존 논의에서는 별로 언급되지 않은 측면이지만, 조세의 사회적 비용을 축소하면 이것만으로도 상당한 증세 효과를 올릴 수 있다. 효율 비용의 경우 측정이 쉽지 않아 실증 증거가 많지 않지만, 미국의 사례를 보면 1달러의 세금 징수에 40~50센트 수준의 비용이 발생한다

---

13 전주성, 《한국의 조세정책: 절반의 성공, 불안한 미래》(출간 준비 중).

고 한다. 한국과 같이 세제의 투명성과 일관성이 부족한 경우라면 이 비용을 더 높게 예측할 수도 있다. 예를 들어 기존 제도가 미국의 추정치처럼 세금 1만 원당 4,000원 정도의 효율 비용을 초래한다고 가정해보자. 만일 조세개혁을 통해 그 크기를 절반으로 줄일 수 있다면, 대략 기준 세수당 20% 정도의 실질적인 증세 효과를 가진다고 가늠할 수 있다. 여기에다 거래 비용이나 정치적 비용의 감소까지 감안하면 실질적인 증세 효과는 더 클 수 있다.

나아가 어느 정도 증세가 이루어진다 해도 모든 납세자가 동일하게 부담을 나눠 질 필요는 없다. 세금은 주어진 과세 베이스에 세율이 곱해지는 방식으로 산출되는데, 소득공제나 투자 유인과 같은 조세 보조금은 특정 집단에 집중되어 있다. 또한 조세 회피로 인한 세수 손실도 어차피 세금 부담이 크지 않을 영세 자영업보다는 고소득 자영업자나 대기업의 실질적 비중이 크다. 따라서 실효성이 낮은 공제 항목을 폐지하고 조세 회피를 줄이는 정책을 펴면, 상대적으로 소수 집단에 영향을 주면서 세수도 확보하고 조세 비용도 줄일 수 있다. 물론 이 과정에서 이익집단들의 저항이 나타나겠지만, 이는 집권 정치 세력이 감당할 몫이다.

조세제도의 단순화 방식은 간단하다. 일단 조세정책의 목표를 줄여 앞서 언급한 세수 확보에 초점을 두어야 하고, 다음으로 모든 세목에 있어 세율과 과세 베이스를 최대한 단순화시켜야 한다. 과세 단계, 조세지출, 비공식 경제를 줄이고 최고 세율을 조율하는 방안의 구체적인 내용은 이 글의 범주를 넘어서지만, 한번 개혁을 하면 수십 년은 간다는 생각으로 그 규모나 방식이 획기적이어야 한다.

세제 단순화의 가장 기본적인 목표는 사회적 비용을 줄이는 것이다. 우선 단순화를 통해 세금을 부과하고 납부하는 과정에서 발생하는 거래 비용인 행정 비용과 납세자 비용이 현저하게 줄어들 것이다. 또한 세제가 투명해지면 정부 활동에 대한 납세자의 인식이 향상되어 조세 저항의 강도가 낮아지며, 복잡한 세제를 촉매로 진행되던 부패나 지대 추구도 줄어들 수 있다. 여기까지는 적어도 이론적 차원의 전문가 합의가 쉽게 이루어질 수 있다.

반면 단순화가 효율 비용에 미치는 효과는 논쟁의 대상이 될 수 있다. 기존 조세 이론에 익숙한 사람들은 정액세와 같은 특수한 경우를 배제한다면 과세 대상의 행동 탄력성에 맞추어 차별적인 세율 책정을 하는 것이 비효율을 최소화하는 방안이라고 여긴다. 교과서에는 상대적으로 탄력성이 높은 재화에 낮은 세율을 부과해야 한다는 램지 법칙 Ramsey rule이 빠지지 않는다. 전문적인 실증 연구에서도 노동 탄력성이 높을수록 적정 소득세율은 낮아져야 한다는 결론이 도출된다. 모두 그 자체로는 맞는 얘기다.

그런데 이런 부류의 이론이 실효성을 가지려면 현실 제도가 상당히 투명해야 한다. 하지만 현행 세제는 지나치게 복잡해 기존 이론에 근거한 미세 조정이 오히려 더 큰 왜곡 비용을 낳을 수 있다. 즉, 효율 비용을 낮추려 제도를 바꾸려다 행정 업무가 복잡해지고 납세자들의 세금 정산을 고통스럽게 만드는 거래 비용이 커질 수 있다. 신용카드 연말정산을 하면 이것을 어디에 썼느냐에 따라 소득공제율이 복잡하게 달라진다. 여기에 현금 영수증까지 들어와 다양한 경우의 수를 만든다. 다행히 우리는 납세 전산화가 잘 이루어져서 이런 거래 비용 부담이 덜하지만, 애초에 이런 복잡한 제도를 만드는 것은 정치적 홍보 효과를 빼고는 실익이 크지 않다. 물론 이 사례는 빙산의 일각일 수도 있다. 부동산 세금 쪽으로 들어가면 세무사들도 두 손을 들고 나온다.

어차피 모든 정책은 편익과 비용이 공존한다. 구조 개혁 역시 이로 인한 이득과 손실의 경중을 따지는 선택일 뿐이다. 세제를 대폭 단순화하는 과정에서 부분적인 효율 상실은 당연히 발생하겠지만, 이런 비용보다 얻는 이득이 훨씬 더 클 것이다. 나아가 세제 단순화의 결과로 정부 정책의 투명성이 회복되면 증세에 대한 일반 납세자의 저항 또한 줄어들 수 있다. 즉, 다수의 납세자가 어느 정도의 증세를 용인해준다면, 부자 과세를 포함한 좀 더 포괄적인 증세 노력이 쉬워질 수 있다.

나아가 세제 단순화는 다양한 사회적 비용을 줄이는 효과 말고도 개혁 자체를 촉진시키는 정치적 효과를 갖는다. 무엇보다 정책 목표가 단순하고 선명해지면 조세개혁의 정치적 의지와 대중적 지지를 구하기가 쉽다. 아무리 좋은 개혁안도 정치적 저항에 부딪히면 좌초하기 쉽다. 이 문제를 해결하려면 일단 많은 사람들이 공감하는 좋은 청사진을 마련하고, 이를 실현시킬 정치적 의지가 있는 집단이 집권해야 한다. 지금처럼 뚜렷한 우선순위 없이 백화점식으로 조세정책의 목표가 나열되어 있으면, 이들 간의 충돌이 불가피하고 그 배경에 있는 이익집단 간의 갈등이 멈추지 않는다.

세제가 단순화되면 형평의 가치가 훼손되지 않나 걱정할 수 있겠지만, 그 반대의 결과가 나올 것이다. 낭비를 줄이면 그만큼 저소득층에게 갈 수 있는 혜택을 커진다. 설사 세율 누진도가 낮아지는 경우라 하더라도 저소득층용 지출은 얼마든지 더 크게 할 수 있다. 어차피 저소득층은 내는 것보다 받는 것이 많기 때문에 이들로부터의 저항은 크지 않을 수 있다. 이보다는 상류 기득권층의 반발이 클 수 있다.

특히 복잡한 조세지출 항목의 경우, 별 실효성도 없으면서 기득권으로 정착된 것들이 많다. 이 대부분은 조세 삭감을 수반하기 때문에 개혁의 일차 기준인 세수 목표와도 충돌한다. 경제 논리로는 이런 항목과 합리성을 지니는 다른 항목을 구분해 처리하는 것이 맞을 것이다. 그러나 지난 수십 년의 경험을 통해 볼 때, 이런 선별적 방식은 정치적 저항에 밀리기 쉽다. 공제의 시한, 즉 일몰규정 sunset clause이 있는 경우라도 제대로 지켜지지 않았다. 따라서 누가 봐도 필요한 경우를 제외하고는 모두 정리한 다음 나중에 필요에 따라 다시 공제 항목을 신설하는 것이 최선의 선택이다. 나만 손해 본다는 인식을 제거하면 그만큼 개혁의 동력은 커질 수 있다.

조세제도가 적당히 복잡하면 이와 관련된 일을 하는 변호사, 회계사, 세무사 등에 대한 고객 수요는 늘 수 있다. 그런데 그 복잡성이 도를 넘어서면 이들의 생산성 또한 낮아질 수 있다. 실제 우리나라 세제의 투명성 부족을 전면에 나서 비판하는 집단이 바로 이들이다. 아무리 세제가 단순화되어도 이들이 전문성을 발휘할 수 있는 영역은 얼마든지 존재할 것이다. 이는 좋은 청사진과 세심한 전략이 있으면 단순화의 동력이 추가적으로 커질 여지가 있음을 시사한다.

3부

양극화 시대, 부자들의 세금 전쟁

로빈 후드 과세가
안 먹히는 이유

자본주의 시장경제에서 소득 격차가 발생하는 것은 자연스럽지만, 2008년의 글로벌 금융위기와 함께 부각된 불평등은 과거와는 다른 모습을 보인다. 무엇보다 최상위 계층만 소득이 늘고 그 이하는 큰 변화가 없거나 과거보다도 못한 '승자 독식' 현상이 두드러진다. 부자들의 재산으로 가난한 사람들을 돕는 로빈 후드식 과세 정책에 관심이 쏠리는 까닭이다. 그러나 부자가 당하고만 있을까. 한국형 부자 과세 논쟁은 이미 막이 올랐다.

부자 과세는 언제나 뜨거운 감자다. 부자는 부러움의 대상이기도 하지만 질시의 표적이 되기도 한다. 특히 부정한 방식으로 부가 축적된다는 인식이 퍼져 있는 사회의 경우, 부자의 재산은 좀 빼앗아도 된다는 여론이 형성될 수 있다. 로빈 후드나 홍길동 같은 의적이 박수를 받는 이유다. 물론 현대사회에서는 법이 우선이다. 부정 축재를 몰수하는 것도 법이 있어야 가능하다. 좀 더 일반적으로는 세금을 통해 부자의 재산을 축낼 수 있다. 부자는 어차피 소수이기 때문에 부자 과세에 대한 사회적 합의를 유도하기도 쉬워 보인다.

그런데 부자의 반격도 만만치 않다. 세금을 회피하거나 세금에 저항하는 능력이 일반인보다 뛰어나다. 물론 이에 앞서 합법적인 방식으로 다른 대상에게 세금을 전가하려 들 것이다. 현실을 관찰하면 부자들의 세금 부담이 기대만큼 높지 못한 경우가 흔하다. 그런데 부자는 숫자는 적지만 친구를 만드는 능력은 탁월하다. 돈의 힘이다. 이러다 보니 어느 사회나 부자들이 세금을 더 내야 한다는 입장과 너무 많이 낸다고 반격하는 입장이 공존하기 쉽다. 자연 중구난방식의 견해와 정책이 등장하게 된다. 우리나라도 예외가 아니다. 우선 몇 가지 흔한 오류부터 지적해보자.

부자 과세에 대한 편견

첫째, 보수 성향의 언론이나 전문가들 중에는 부자를 편드는 사람들이 적지 않다. 그런데 그 근거 중의 하나가 우리나라 부자나 대기업이 이미 세금을 많이 내고 있는데 더 몰아붙이는 것은 과잉 과세라는 것이다. 실제 과세 자료 통계를 보면 종합소득세는 대략 상위 2%, 근로소득세는 상위 5%의 납세자들이 해당 세수의 절반 이상을 부담하고 있다. 법인세의 경우, 2020년 신고 기준 상위 0.01%에 해당하는 84개 기업에만 최고 세율(25%)이 적용됐으며, 이들이 전체 법인세의 약 36.4%를 납부하고 있다. 전체 기업의 0.04%인 약 300여 개 기업이 전체 법인세수의 절반에 가까운 금액을 감당했다.

그래서 어떻다는 걸까. 부자나 대기업이 세금을 많이 내는 것은 조세제도 자체의 문제가 아니라 애초에 소득이나 재산이 이들에게 편중되어 있기 때문이다. 달리 제도가 바뀌지 않아도 사회에서 부자가 차지하는 몫이 커지면 그들이 내는 세금의 비중도 늘어난다. 우리나라의 조세제도가 다른 나라에 비해 특별히 부자에게 가혹하다고 보기 어렵다. 실제 다른 나라를 봐도 부자들의 세금 부담 수준이 높다. 어차피 자본주의 시장경제에서 경제력의 집중은 불가피하고, 그 결과로 부자가 세금을 더 내는 것은 특별한 현상이 아니다. 문제를 삼으려면 제도 자체의 타당성을 따져야 한다.

둘째, 부자 과세에 대한 근거로 '능력원칙'이 주로 인용되는데, 이것만으로 충분하지 않다. 100만 원을 가진 부자와 10만 원을 가진 보통 사람이 있을 때, 전자에게서 1만 원을 받아 후자에게 주면 둘을 합친 전체 효용은 증가한다. 1만 원의 가치가 다르기 때문인데, 이는 돈의 한계효용이 체감한다는 식으로 표현하기도 한다. 소득이 많을수록 세금 부담도 높인다는 누진소득세는 이런 논거 아래 정립된 것이다. 그런데 이는 단지 누진세제 자체의 타당성을 의미하지 실제로 누진도의 정도가 얼마가 되어야 하느냐에 대해서는 말해주지 않는다. 부자 과세의 당위성을 입증하려면 상황에 맞는 논리 개발이 더 필요하다. 우리나라의 경우 기존 논쟁에서 별로 언급되지 않았던 '편익원칙'을 동원할 수 있다.

우리나라 부자들은 일의 대가인 노동소득보다는 재산의 수익인 자본소득이 축적된 경우가 많다. 외국처럼 운동선수나 대기업 CEO의 연봉이 수십억 원을 넘는 경우는 아직 소수에 불과하다. 그 대신 부동산이나 주식이 주 소득원인 자본소득자들의 비중이 높다. 그런데 이들이 부를 축적하는 과정에서 자신들이 노력한 대가 이상으로 사회의 도움을 받았다면 그에 대응하는 사회적 책임을 질 필요가 있다. 예를 들어 우리나라 재벌들은 고도성장 과정에서 국민들이 낸 세금으로 지원

받고, 노동자들의 저임금으로 덕을 봤다. 그만큼 기업의 사회적 책임에 대한 기대가 큰데, 그 핵심은 세금을 잘 내는 것이다. 통상의 조세이론에서 기업 과세는 주로 투자 비용이나 국제경쟁력 차원으로 다루어지지만, 우리나라 재벌 기업의 경우 수익자부담 차원의 과세 정당성이 있는 것이다.

부동산 부자에 대한 과세에도 비슷한 논리를 적용할 수 있다. 경제 발전 과정에서 도시 부동산의 가격이 빠르게 상승했는데, 이로 인한 지대$_{rent}$를 온전히 지주의 몫으로 보는 것은 적절치 않을 수 있다. 흔히 불로소득이라 말하는 것이 이 부분이다. 이런 관점에서 볼 때, 재벌의 독점 지대와 부동산의 토지 지대에 대한 과세의 타당성 자체는 능력원칙과 편익원칙 차원 모두에서 충분하다 볼 수 있다.

셋째, 아무리 부자 과세의 타당성에 대한 사회적 합의가 이루어졌다 하더라도 이것이 실현된다는 보장은 없다. 특히 부자들은 조세 전가는 물론, 조세 회피나 저항 능력도 탁월하다. 따라서 부자를 제외한 다른 납세자들과 정부의 합의만으로 세금을 부과하는 것이 생각만큼 쉽지 않다. 특히 우리나라와 같이 부자나 대기업이 부담하는 세수 비중이 높은 경우, 이들에게 세금을 더 내라고 설득하는 일이 만만치 않을 것이다.

이런 점에 근거해 중산층 등 일반 납세자의 세수 비중을 높여야 한다는 얘기가 나올 수 있다. 중산층이 두꺼워져 십시일반식의 세수 구성이 이루어지면 소수 부자가 감당하는 경우보다 세수 기반이 안정적일 것이다. 하지만 현실은 이런 이상형에서 점차 멀어져 가고 있다. 자본주의 시장경제에서 소득 격차가 발생하는 것은 자연스럽지만,

2008년의 글로벌 금융위기와 함께 부각된 불평등은 과거와는 다른 모습을 보인다. 무엇보다 최상위 계층만 소득이 늘고 그 이하는 큰 변화가 없거나 과거보다도 못한 '승자 독식Winner takes all' 현상이 두드러진다. 복지국가 이념이 쇠퇴하고 작은 정부를 지향하는 시장주의 흐름이 지속된 1980년대 이후 수십 년 동안 평균적인 소득분배 지표인 지니계수Gini coefficient의 변화는 점진적이었지만 소득 상위 1%의 점유율은 크게 증가했다.[1]

이는 앞으로 소득세나 재산세 정책의 초점이 부자에게로 옮겨갈 수밖에 없음을 예견하게 한다. 최근 1960~1970년대의 큰 정부 시절 때와 유사한 고세율 누진소득세에 대한 향수가 되살아나는 것이 우연이라 보기 어렵다. 특히 소위 '슈퍼리치super rich'를 겨냥한 부유세에 대한 관심이 높아지면서 유럽에서 시작된 부자 과세 아이디어는 2020년 미국 대선에 참여한 일부 후보들(버니 샌더스Bernie Sanders, 엘리자베스 워런 Elizabeth Ann Warren)의 공약에까지 등장한다. 그런데 유럽의 부유세 실험은 상당 부분 실패로 돌아갔고, 미국도 온건한 바이든의 당선과 함께 이 문제가 잠잠해졌다.[2]

이론과 현실은 이렇게 다른 것이다. 우리나라는 대기업이 주로 부담하는 법인세 비중이 높다. 기업 과세는 기업 경쟁력과 직결되기 때문에 과세 형평의 기준을 지나치게 강조하기 어렵다. 재산세에 대한

---

1   세계 불평등 데이터베이스(World Inequality Database)에 따르면, 1980년 미국의 최상위 1% 소득 비중(최상위 소득 1% 집단의 소득/총소득)은 10.48%였으나, 2019년에는 18.76%로, 연도별로 약간의 부침이 있긴 했지만 지속적으로 증가하는 추세로 나타났다. 한국의 경우, 1980년 최상위 1%의 소득 비중은 9.53%였으나, 2019년에는 14.71%로, 외환위기를 제외하고 지속적으로 증가했다.

2   부자 과세에 대한 다른 나라의 경험은 1부의 주 2를 참고하라.

과세 역시 서구 경험을 흉내 내며 보유세를 올리자는 애매한 단순 논리만 지배하지, 치밀한 현실 분석에 기초한 과세 전략이 보이지 않는다. 부동산 세금으로 인한 최근 몇 해의 혼란이 그 증거다. 아래에서는 종부세를 중심으로 우리나라 부자 과세의 실전 경험을 평가해본다.

부자 과세가 어려운 이유

종합부동산세는 고액의 부동산을 보유한 사람에게만 부과되는 우리나라의 대표적인 부유세라 할 수 있다. 따라서 실제 납세 대상은 제한적이다. 부동산 가격 상승과 공시 가격 인상으로 과세 대상이 다소 늘었다고 말하는 2021년의 경우에도 인구 대비 2%가 납세 대상이다. 물론 주택을 가진 가구 수 대비로 하면 8%까지도 늘어난다고 하지만, 여전히 90% 이상의 국민은 상관없어 보이는 일이다. 오히려 이로 인한 세수가 복지지출로 쓰이면 환영해야 할 일이다. 정부가 기대하는 효과도 이것이다. 세수도 걷고 과세 형평성도 확보할 수 있다면 일석이조인 셈이다.

그런데 실제 종부세에 대한 일반 여론은 기대만큼 우호적이지 않다. 왜 그럴까. 2005년 종부세가 처음 도입됐을 때, 주택분 과세 대상이 된 개인은 전체 인구의 약 0.08%인 3만 6,000여 명에 불과했다.[3] 그런데 부자가 아닌 사람들도 이 세금에 시큰둥했다. 정부 당국자들은

---

3   2005년의 주택분 종부세 대상자는 법인 포함 3만 6,000여 명이었고, 세수는 391억 원 정도였다. 2021년의 경우 대상자는 94만 7,000여 명으로 26배 증가했고, 예상 세수는 5조 7,000억 원 수준으로 약 145배 정도 늘어났다.

당혹스러울 수밖에 없었다. 당시 저자에게도 이런 궁금증을 묻는 사람들이 많았다. 위에서 언급한 부자 과세의 특성을 바탕으로 대답을 해주었지만 다들 반신반의했다. 정치 논리와 경제 논리가 뒤섞인 세금 문제를 풀어 설명하는 것은 정말 어렵다.

그런데 공교롭게도 2021년 종부세 인상을 두고 예전과 똑같은 질문을 하는 사람들이 많다. 과연 이번 경우는 부자가 아닌 일반 납세자들의 반응이 노무현 정부 때와 다를까. 결론부터 말하자면 그때 못지않게 부정적인 반응이 나올 가능성이 높다. 부자 과세가 그만큼 어렵다는 얘기다. 그 이유를 정리해보자.

첫째, 앞에서도 언급했듯 부자의 조세 회피 능력을 과소평가하면 안 된다. 토지나 주택과 같은 부동산에 대한 세금의 경우 과세 베이스가 고정되어 있어 세원을 감추거나 이동하는 식의 노골적인 회피가 어렵다. 물론 세금이 부담스러우면 매각을 하면 된다. 그런데 양도소득세라 불리는 자본이득에 대한 세금 부담이 만만치 않다. 자본이득세의 경우 현금화된 경우에만 과세가 되고, 또 정권에 따라 바뀌는 경향이 있기 때문에 당장 매각이 필요한 경우가 아니라면 기다리는 방법이 있다. 이를 잠금 효과lock-in effect라 부른다.

나아가 우리나라 부동산 시장의 경우 매우 특이한 형태의 이중구조가 존재한다. 즉, 집을 살 때 전세를 끼고 사는 소위 '갭 투자' 방식이 상당히 보편화되어 있다. 이러다 보니 집 구매자는 주택 시장에서는 수요자, 전세 시장에서는 공급자의 역할을 한다. 이 경우 주택이라는 과세 베이스는 고정되어 있지만 주택에 부과되는 세금은 세입자에게 전가될 수 있다. 월세나 전세를 준 주택에 부과되는 종부세라면 전가가 가능하다는 의미다.

둘째, 재산 과세에 따른 조세 저항 문제다. 재산에 대한 세금은 당장 현금이 없어도 내야 하기 때문에 반발이 클 수 있다. 과세에 필요한 재산 가액의 평가도 논란의 대상이 되기 쉽다. 소득이 있거나 소비를 해야 세금을 내는 소득세 및 소비세에 비해 세금 거두기가 쉽지 않기 때문에, 대부분의 나라에서 재산세의 세수 비중은 그다지 높지 않다. 또한 조세 저항을 완화하기 위해 어느 정도 수익자부담 원칙을 적용할 수 있는 지방세로 두는 경우가 많다. 예를 들어 내가 낸 세금이 우리 지역 교육이나 도로 등에 쓰이고 이로 인해 내 집 값이 올라간다면 납세자 불만은 줄어들 것이다.

일반적으로 세금은 세출과 세입의 연계가 분명하고 그것이 수익자부담 원칙에 근거할수록 납세자의 동의가 쉬워진다. 그런데 종부세는 지방세인 재산세와 달리 중앙정부의 일반회계로 들어갔다가 배분되는 국세이기 때문에, 이 세금으로 인한 편익을 구체적으로 가늠하기 어렵다.

물론 종부세는 어차피 과세 대상이 제한적이라 그 집합적 저항 강도가 크지 않다고 생각할 수 있다. 하지만 이것은 착각일 수 있다. 일단 부자는 여론전에 강하다. 2005년 노무현 정부가 종부세를 도입했던 시절에는 SNS나 인터넷 포털 뉴스가 활성화되지 않은 때여서 종이 신문의 영향력이 컸고, 종부세에 반대하는 보수 언론 몇 곳의 시장점유율이 절대적으로 높았다. 종부세 대상자도 강남권 대형 아파트 보유자로 요즘보다 폭이 좁았고, 세입자로의 전가 문제도 덜 심각했던 때지만 '세금이나 올리는 정부'라는 인식이 광범위하게 퍼졌다.

그런데 지금은 그때와 사정이 많이 다르다. 종이 신문을 보는 사람들은 비중도 줄었고 그 평균 연령대도 높아졌다. 다양한 연령층이 접근하는 인터넷에는 진보와 보수 성향의 매체가 고루 존재한다. 적어도 언론을 통한 여론전은 부자들에게 일방적으로 유리한 것만은 아닐 수 있다. 이런 경우 종부세라는 특정 사안을 계기로 좁게는 재산 과세, 넓게는 조세정책을 둘러싼 정부의 정책 능력 자체가 여론의 시험대에 올라갈 가능성이 크다. 이런 문제를 놓고 부자 진영이 얼마나 힘을 쓸지는 두고 볼 일이다.

셋째, 부자 과세의 이론적 타당성이 작지 않음에도 불과하고 이것이 갖는 경제적 효과에 대한 논란은 현재 진행형이다. 특히 이 세금이 기업가 정신에 미치는 영향에 대한 논쟁이 치열하다. 벤처기업가들의 목표는 평범한 수익이 아니라 일확천금에 가까운 수익이다. 경쟁 시장에서 나타나는 정상 수준을 넘어서는 이윤을 지대라고 부를 때, 모든 지대가 불로소득인 것은 아니다. 기업가 정신과 연관된 좋은 지대와 부모한테 물려받은 부동산에서 발생하는 지대는 구분해야 한다. 문제는 이런 좋은 지대에 대한 과세가 과연 기업가 정신을 해칠 것인가 여부다. 세금을 내고도 충분한 수익이 있다면, 여전히 지대 추구를 목적으로 한 위험부담risk taking을 감수할 가치가 있다. 나아가 특허를 기반으로 확보한 지대는 다른 나라로 옮겨 갈 수도 있다. 이런 논쟁적 사안들을 얼마나 합리적인 정책으로 변환시킬지는 정부 능력에 달려 있다.

넷째, 납세자들이 조세정책을 평가하는 기준은 경기 상태의 영향을 받을 수 있다. 대체로 경기 상승기에는 수직적 형평성 같은 분배 정의에 대한 관심이 높아지는 경향이 있다. 내가 세금을 더 내더라도 부자가 더 많이 내는 것을 선호할 수 있다. 반면 경기 침체기에는 당장 내 손에 들어오는 소득의 절대 크기에 초점을 둔다. 내가 내는 세금이 준다면, 설사 부자의 세금이 더 큰 폭으로 줄더라도 별로 신경 쓰지 않을 수 있다.

또한 이 책에서 강조하듯, 납세자들이 느끼는 정부 신뢰도 역시 증세의 장애물이다. 그런데 경기가 안 좋으면 정부에 대한 신뢰도가 떨어진다. 정부가 유능한 데도 외부 충격이나 경기순환 패턴 때문에 불경기가 올 수 있다. 하지만 일반 시민들은 경기 침체를 정부의 책임으로 치부하기 쉽다. 따라서 증세는 어떤 시점, 어떤 정부하에서 이루어지느냐가 중요하다. 같은 세금이라도 좁게는 경기 상황, 넓게는 정권에 대한 신뢰도 수준에 따라 납세자 반응이 달라지기 때문이다.

만일 이런저런 이유로 정부 신뢰도가 낮아진 상태에서 경기마저 안 좋은 시점에 증세를 한다면 집권 세력에 치명적일 수 있다. 노무현 정부 때의 종부세가 이런 해석에 비교적 어울린다. 복지 비전이나 재정 개혁 등 장기적 관점의 정책 구상이 많았던 정권이었지만, 아시아 하위권의 성장률 탓에 정권의 여론 지지도는 매우 낮았다. 이전보다 낮아진 성장률은 부분적으로 잠재성장률의 하향 추세를 반영한 결과였지만, 대중은 당장 눈에 보이는 것으로 판단한다. 어쨌거나 정권 후반기에 도입한 종부세의 후폭풍은 거셌다. 세수 목적보다는 과세 형평성에 비중을 두었고, 과세 대상이나 세금 전가도 제한적이었지만 "무능하면서 세금이나 올리려는 세력"이라는, 당사자들은 억울할 수 있는 여론이 득세했다.

그렇다면 2021년의 종부세 반응은 어떨까. 이상의 논리를 종합해

보면 긍정적인 반응이 나올 확률은 낮아 보인다. 부자에게 높은 세금을 거두어 가난한 사람에게 나누어 주는 로빈 후드 정신이 겉보기에는 멋있어 보여도 결과는 장담하기 어렵다. 가끔은 실패한 정권의 눈가림 방편인 경우도 있다. 자신들의 실책을 감추려고 부자 몇 명 혼내주기 위해 세금 올리려다 역효과를 낳는 경우도 흔하다. 정말 살기 좋은 나라라면 일반인들의 소득이 꾸준히 증가해야 한다. 나아가 부자들도 자발적으로 세금을 많이 내면 더 바랄 나위가 없을 것이다.

종합부동산세와
헨리 조지의 부활

우리나라 부동산 세금 논쟁의 근거가 되는 헨리 조지의 지대 과세 이론부터 살펴본다. 복잡한 기존 세금을 다 없애고 토지 가치에 세금을 매기자는 그의 이론은 많은 신봉자를 얻었다. 그러나 이것이 현실화되기에는 장벽이 높다. 대한민국에서 가장 열띤 논쟁의 테마로 떠오른 종부세를 바탕으로 한국의 기존 재산 과세 정책을 비판적으로 논한다. 포괄적인 조세개혁의 틀에서 새로운 지대 과세의 대안이 필요하다.

세상에서 가장 이상적인 세금은 무엇일까. 세금을 거두는 데 따르는 왜곡 효과는 없으면서 재분배 효과는 있는 경우일 것이다. 그런데 대부분의 나라에서는 소득이 증가함에 따라 세율이 높아지는 누진소득세가 세제의 근간을 이루는 경우가 많다. 하지만 이런 누진세는 재분배 효과는 있지만 자원 배분의 효율을 해쳐 성장에 부정적 효과를 미친다. 또한 소득에 대한 정보가 부족하거나 납세자 저항이 크면 세금이 잘 걷히지 않을 수 있다. 자연 소비세 등 다른 세금으로 보완하게 되는데, 이러면 세제는 더욱 복잡해진다.

그렇다면 효율 비용은 작으며 형평의 가치까지 추구할 수 있는 좋은 세금은 없을까. 효율 측면만 생각한다면 왜곡 효과가 없는 정액세가 제일이다. 그냥 두당 얼마씩의 인두세 head tax를 매기면 이를 피할 도리가 없다. 맥주 세금이 오르면 소주로 갈아타는 식의 행동 변화가 없을 것이라는 말이다. 그런데 이런 세금을 현실에서 찾기 어려운 이유는 조세의 기본 원칙 중 하나인 능력원칙이 깨지기 때문이다. 재벌 2세와 노숙자가 같은 세금을 낼 수는 없지 않은가. 그래도 단순성과 효율성이라는 매력 때문에 학자들은 정액세에 대한 미련을 버리지 못한다. 물론 이런 자문을 그대로 받아들인 정치인은 낭패를 보기 마련이다. 비교적 최근 사례가 1990년에 있었던 영국의 시도였다.[4] 하지만 바로 폭동이 일어났고, 이 일을 계기로 대처 수상의 10년 집권도 막을 내린다.

정액세의 역진성이 문제라면 능력에 근거한 차별적 정액세를 매기면 어떨까. 납세자 개인의 입장에서는 인두세와 다름없기 때문에 행동을 바꿀 유인이 없다. 게다가 세금이 능력에 따라 차별화되니 재분배 효과도 강하다. 단번에 효율과 형평의 문제를 해결하는 환상적 해법이 아닐 수 없다. 그런데 이론적으로 완벽한 이 대안을 들어본 적도 없는 사람들이 많을 것이다. 현실에서 이런 부류의 세금을 보기가 불가능하기 때문이다. 즉, 사람들의 능력에 대한 정보를 구할 수 없다는 얘기다.

그래서 대부분의 나라는 왜곡 효과가 있어도 과세 형평을 구현할 수 있는 누진세율 체계의 소득세를 버리지 못한다. 경제적 합리성과 정치적 수용성 사이에서 이만한 타협안이 없기 때문이다. 물론 소비세 등 다른 보완책을 마련하기도 하지만, 어차피 완벽한 해법은 아니다. 이러다 보니 납세자 불만이 있기 마련이고, 이에 반응해 이런저런 예

---

4   당시 복잡한 지방 재산세를 인두세로 바꾸었는데, 지방정부별로 세율의 차이는 있었지만 한 지역 내에서는 소득이나 재산과 무관하게 정액세를 거두었다. 1990년에 시도된 이 제도는 정권이 바뀐 다음 해에 바로 폐지됐다.

외 조항을 만들다 보면 세제는 복잡해지고 비효율과 불공평도 커진다. 세월이 흐르며 기존 제도의 부작용이 쌓이면 더 나은 대안을 찾기 위한 노력이 시작된다. 하지만 나라마다 사정이 다르기 때문에 언제 어디서나 어울리는 보편적인 해답을 찾기 어렵다. 이런 경우 기득권이나 정치적 이해관계에 따라 입장이 갈리며 개혁 노력은 무산되기 쉽다.

한 세기도 더 전 사람인 헨리 조지Henry George는 당시 미국의 복잡하고 불공평한 제도를 개선시킬 방법을 생각하던 조세 이론가였다. 그의 이론은 간단하다. 경제 발전의 부산물인 불로소득 지주들의 지대를 과세하고 다른 복잡한 세금들은 다 없애자는 것이다. 소득이나 소비에 대한 세금은 납세자들이 피해나갈 방도가 있지만, 땅은 움직일 수가 없다. 행동 변화가 없으니 효율 비용 문제가 사라진다. 자신들의 노력이라기보다는 성장의 부산물로 생긴 부자 지주들의 불로소득에 과세하니 형평의 문제도 해결된다.

기록을 보면 1879년에 발간된 그의 저서 《진보와 빈곤Progress and Poverty》은 한동안 《성경》 다음으로 많이 팔렸을 정도로 인기가 있었다고 한다. 이는 사람들이 가장 예민하게 여기는 정책 문제 중 하나가 세금이라는 방증이기도 하다. 이 책의 성공으로 그 또한 유명인이 됐지만, 그의 이론이 현실 정책으로 전환된 사례는 흔하지 않다. 미국이나 영국 등에서 몇 차례 시도가 있었지만, 원래의 단순한 형태가 유지되기는 어려웠다. 극단적인 아이디어였던 만큼 강력한 저항이 뒤따랐기 때문이다.

그러나 그의 이론은 세월이 흘러도 죽지 않고 전 세계의 조세 이론가들 사이에서 회자되곤 했다. 효율 비용이 없으면서 공평성도 확보할 수 있는 다른 대안을 현실에서 찾기 어렵기 때문이다. 또한 대부분의 나라에서 산업화와 함께 도시 중심으로 경제 발전이 이루어지면서, 특별한 공헌 없이 엄청난 지대 소득을 올리는 계급에 대한 정치적 반감이 커진 것도 지대 과세의 불씨를 살려놓은 이유였다.

그런데 이분이 어느 순간 우리나라의 부동산 부자 과세의 아버지로 부활하셨다. 노무현 정부 시절 신설된 종부세는 헨리 조지의 이념을 반영한 본격적인 부자 과세 시도라 말할 수 있다. 헨리 조지의 토지세 이론의 배경이 된 토지 공개념도 덩달아 우리나라 정책 논쟁의 전면에 부상했고, 한때 위헌 소송의 대상이 될 정도로 세상을 시끄럽게 했다. 최근에는 기본소득에 대한 재원으로 '국토보유세'라는 정치 공약까지 등장했다.[5]

헨리 조지는 억울하다

대부분의 경제 전문가들은 종부세 도입으로 부동산 과세의 이론적 배경이 부각되기 전까지는 헨리 조지라는 이름을 별로 들어보지 못했을 것이다. 그의 이론이 이미 주류 경제학의 영역에서 벗어난 지 오래기 때문이다. 지난 수십 년의 조세 이론도 대부분 소득세와 소비세를 중심으로 진화됐고, 정책 현장에서도 저항이 큰 재산세의 실질적인 세

---

5 국토보유세는 기존 종부세가 주택에 대한 과세를 포함하고 있어 기대만큼 효율적이고 공평한 결과를 가져오지 않았다는 관찰에서 출발한다. 하지만 이것이 실현 가능한 정책 대안이 되려면, 재산 과세 체계는 물론 우리나라 조세제도 전반의 평가를 기반으로 한 전략 수립이 선행되어야 한다.

수 공헌도가 그리 높지 않았다.[6]

특히 종부세를 반대하는 진영에서는 헨리 조지가 활동했던 시대와 장소가 우리의 현실과 동떨어져 있다는 이유 등을 언급하며 종부세 입안자들의 '아마추어'적 소견을 비판했다.[7] 소득세의 누진도를 높이는 정도라면 그래도 이해해주겠지만, 지대 과세와 같은 과격한 '진보' 사상은 받아들이기 힘들다는 반응이 대세였다. 하지만 헨리 조지가 이 광경을 보았으면 상당히 억울했을 것이다. 정작 자신은 보수 학자들이 탐탁지 않게 여기는 누진소득세 등 복잡한 기존 세목을 없애버리려 했기 때문이다. 실제 그의 이론을 찬양하는 후대 학자들 중에는 밀턴 프리드먼Milton Friedman 같은 대표적 자유주의 사상가도 포함되어 있다. 나아가 토지소유권은 특정인에게 귀속되지 않는다는 사고는 애덤 스미스나 데이비드 리카도David Ricardo 같은 근대 자유주의 사상가들부터 로버트 노직Robert Nozick 같은 현대 철학자에 이르기까지 폭넓은 공감대를 형성하고 있다.

다른 한편으로 헨리 조지는 한국에 있는 그의 신봉자들이 세금 문제를 좀 더 시대 상황에 맞게 적용하지 못한 점도 아쉬워했을 것이다. 세금은 정치성이 농후한 역사의 산물이다. 따라서 19세기 다른 나라

---

[6] 2019년 기준으로 OECD 국가에서 소득세와 소비세가 총세수에서 차지하는 비중은 34%, 32.6%이나 재산세는 5.5%로 소득세와 소비세보다 훨씬 낮은 수준이다. GDP 대비 비중으로 보더라도 소득세와 소비세는 각각 11.3%, 10.8%인 데 반해 재산세는 1.8%만을 차지하고 있다. 한국의 경우, 2019년 기준 소득세와 소비세가 총세수에서 차지하는 비중은 각각 33.2%, 25.8%인 반면, 재산세는 약 11.4%이다. GDP 대비로는 소득세와 소비세는 각각 9.1%, 7.1%를 차지하는데, 재산세는 3.1% 수준이다. 다른 선진국에 비해 재산세의 상대적 비중이 높은 편이다.

[7] 당시 노무현 정부는 복지 비전을 마련하는 등 이전 정부들에서 보지 못했던 다양한 제도적 변화를 추구했다. 이 과정이나 내용을 반대하는 진영에서는 이러한 정책들이 현실감이 떨어진다는 의미에서 '아마추어 정부'라는 별칭을 사용하며 공격했다.

에서 제안된 아이디어를 우리 환경에 그대로 적용하기는 어렵다. 특히 기존 세제에 대한 명확한 이해 없이 과세 형평성 같은 제한된 논리만으로 지대 과세를 적용하는 것은 역효과를 보기 쉽다. 지대 과세의 이론적 장점인 형평과 효율의 가치가 제대로 실현되려면 이것이 '피할 수 없는 세금'이어야 한다. 그러나 앞에서 언급했듯, 우리나라 종부세 대상자들의 조세 회피 및 저항 능력은 상당히 강한 편이다. 설사 정부의 힘으로 세금을 밀어붙인다 해도 이로 인한 부작용이 만만치 않을 것이다.

제대로 된 조세개혁을 하려면 제도 전반의 문제점에 대한 정확한 이해를 바탕으로 납세자의 반응까지 고려한 체계적인 전략이 필요하다. 노무현 정부가 복지제도나 조세제도를 개선하기 위해 노력한 점은 비난받을 일이 아니다. 그러나 개혁 정책은 한번 실패하면 기득권 세력의 반응 또한 체계화되기 때문에, 시간이 걸리더라도 신중하게 접근해야 한다. 이런 관점에서 보면 '세금으로 집값을 잡겠다는' 식의 부동산 정책은 단순한 정책 효과의 차원을 떠나 조세제도의 기본 기능과 작동 방식을 이해하지 못한 시도라 볼 수 있다.

2021년의 재산세 및 종부세 대폭 인상 이후 전개되고 있는 혼란은 지대 과세 정책의 원래 목표가 제대로 설정이 됐는지, 그것을 이루기 위한 수단이 적합한 것이었는지 등 기본적인 질문부터 다시 하게 만든다. 헨리 조지의 지대 과세는 다른 세금을 대체한다는 의미에서 세수 확보의 의미도 있고, 이와 동시에 효율성과 형평성을 증진하겠다는 의도가 분명했다. 문재인 정부의 종부세는 2021년 기준으로 6조 원 수준의 세수를 확보하는 것으로 알려졌다. 이것이 이 정책의 숨은 의도였는지 알 수 없지만, 과세 대상의 수치에 비해서는 상당한 액수다. 다주택자 같은 특정 납세자 집단의 세 부담 증가율을 보면 두세 배를 넘는 경우가 적지 않다.[8]

집값을 안정시키겠다는 목적은 실패로 돌아갔지만 부동산 과세 정책의 승자는 존재한다. 그중에는 예기치 못한 집값 상승으로 덕을 본 투기꾼도 있겠지만, 기대 이상의 세수를 선물로 받은 정부도 포함된다.

그러나 재산 과세가 소득세나 소비세를 대체할 수준의 세수 효과를 갖기는 어렵다. 조세 저항의 장벽이 그만큼 높다는 얘기다. 이보다는 과세 형평성의 추구가 더 우선적인 과제일 것이다. 이 경우 부자들이 세금을 전가하거나 회피할 가능성을 염두에 두어야 한다. 이를 막기 위해서는 우리나라에 특유한 지대 형성 과정부터 살펴보아야 한다.

한국형 지대 과세

그렇다면 우리나라에 적합한 지대 과세는 무엇일까. 이 질문에 대한 답은 우선 지대의 성격을 나누는 일에서 시작될 필요가 있다. 일반적으로 지대는 한정된 생산요소가 있을 때 발생한다. 토지가 대표적인 경우다. 독점이나 한정된 라이선스에서 발생하는 경제적 지대 economic

---

[8] 종부세의 최고 세율은 6%인데, 부가세를 합치면 7.2%다. 비록 기본 공제가 존재한다고 하더라도 재산 가치의 7.2%씩 정부에 세금을 내면 원래 재산 가치의 잠식은 시간문제일 것이다. 현실적으로 이런 세금을 방치하는 납세자는 없을 것이다. 재산과 같은 자본 스톡 과세의 경우 딱 한 번의 '압수형' 과세(expropriation)는 효과가 있지만 반복되면 정책은 신뢰를 잃고 효과도 사라진다. 우리나라 종부세의 급격한 실효세율 인상은 세계 유례가 없는 자연 실험으로 학자들에게는 좋은 연구 사례가 될 것이다.

rent도 마찬가지다. 이 경우 경쟁 시장에서 벌 수 있는 정상 이윤normal return보다 높은 수준의 수익supranormal return이 보장된다. 대부분의 재정학 교과서들은 이런 지대에 대한 과세는 효율 비용을 창출하지 않는다고 가르친다. 세금으로 인한 행동 변화가 없다는 점을 전제로 하기 때문이다. 자연 '좋은 세금'이라는 뉘앙스를 담고 있다. 물론 지대는 대부분 소득 상위 집단에서 발생하기 때문에 조세 형평 차원에서도 우월할 수 있다.

그런데 이런 교과서식 설명은 지대의 성격이 단순하고 특정 국가에 고착된 경우에는 맞지만, 지대의 원천이 다양하고 자본과 생산 시설의 국제 이동이 자유로운 요즘 환경에서는 틀릴 수도 있다. 특히 남다른 가치를 지닌 지적 재산에서 비롯된 지대의 경우 이동성이 있기 때문에, 이에 대한 세금은 더 이상 피할 수 없는 경우가 아니다. 예를 들어 토지 소유주와 달리 자신의 노력으로 기술을 개발해 특허를 낸 벤처 사업가의 경우 자신의 지대에 과도한 세금이 부과되면 세금이 낮은 나라로 이동할 수 있다. 이처럼 이동성이 있는 세원은 과세하기 쉽지 않고 효율 비용만 높일 수 있다. 나아가 이동성이 약한 지대라 하더라도 이것을 얼마나, 어떻게 과세하느냐는 특정 국가의 조세 환경에 따라 그 기준이 달라질 수 있다. 즉, 지대 과세는 효율적이고 공평한 세금이니 좋은 세금이라는 헨리 조지식 정답을 여과 없이 사용할 수는 없는 일이다.

그렇다면 우리나라에 적합한 지대 과세에는 어떤 것이 있을까. 당연히 헨리 조지가 염두에 둔 토지를 포함하는 부동산에 대한 과세가 1순위로 떠오를 것이다. 우리나라는 2차 대전 이후 독립한 수많은 신생국들 중 비교의 대상이 드물 정도로 빠르게 성장한 나라인 만큼, 개인의 노력과 무관한 부동산 가격 인상은 불가피했다. 이 경우 단순히 부동산 부자의 세금 부담 능력이 높으니 세금을 더 매기자는 논리를 넘어서는 과세 당위성이 생길 수 있다. 즉, 편하게 돈을 벌었으니 그만큼 사회 환원의 폭도 커질 수 있다는 얘기다. 일종의 수익자부담 원칙인 셈이다. 기본적 과세 기준 중 하나인 편익원칙은 수도 요금이나 도로세 같은 좁은 의미로만 사용할 때 이론적인 타당성이 높지만, 세금의 정치적 당위성을 논할 때는 얼마든지 넓게 해석할 여지가 있다.

이런 관점에서 보면 특혜를 받고 성장한 재벌들 역시 사회적 책임에서 자유롭지 않다. 고도성장기에 이들에게 제공된 저임금 환경과 각종 지원은 결국 대다수 국민들의 세금과 희생을 바탕으로 이루어진 것이다. 홀로 자수성가해 사업을 성공시킨 경우와는 맥락이 다르다. 따라서 막연한 상법상의 논리만으로 재벌가의 주주 권한을 논하는 것은 정치적 타당성이 높지 않다. 다시 말해 이들이 성장하는 과정에 기여한 다양한 이해관계자들의 몫에 대한 논쟁이 벌어지는 것은 별로 이상할 것이 없는 일이다. 그리고 재벌이 사회적 책임을 수행하는 가장 투명하고 확실한 방식은 세금을 충실히 내는 것이다.

문제는 이런 당위성만으로 조세정책을 입안하기 어렵다는 점이다. 교과서에 나오는 지대 과세와 달리 현실의 지대 과세는 회피와 저항의 대상이 될 수 있다. 재산세의 경우 소득세나 상속세를 포함하는 큰 틀에서 체계를 잡을 필요가 있다. 대기업 과세의 경우 이들의 정치적 힘과 세원 이전 가능성을 염두에 둔 정책이 필요하다.

만일 부자 과세가 실제 세수 효과도 미약하면서 경제주체의 행동 유인을 왜곡하고, 나아가 부자들의 정치적 힘을 약화시키지도 못한다면, 다른 대안이 나올 수 있다. 결국 보편적 정답이 있기보다는 나라별로 해답이 다른 과제다. 이 주제는 뒤에 나오는 15장에서 좀 더 상세히 다룬다.

부동산 세금의
여러 가지 얼굴

주택 보유는 단순한 주거 공간이 아니라 노후 투자처로, 계층 아이덴티티로서의 의미를 갖는다. 그런데 주택 보유와 전세 공급이라는 이중구조를 갖는 우리나라의 경우 부동산 세금이 전가되기 쉽고, 정부 의도와 달리 집값은 더 오르고 부자 대신 서민이 더 고통 받는 결과가 나올 수 있다. '보유세는 올리고 거래세는 낮추자'는 식의 고정관념을 넘어, 어떤 세금의 좋고 나쁨을 평가하고자 한다면 기준부터 생각해야 한다.

좋은 정책은 목표가 선명하고 수단이 적합하다. 정책에 대한 시장의 반응까지 감안해 만든다면 더 바랄 나위가 없다. 물론 현실에서는 예기치 못한 변수가 있기 때문에 좋은 정책이 항상 성공한다고 말하기는 어렵다. 하지만 목표가 산만하고 수단도 애매한 정책은 예외 없이 실패한다. 지난 수년간의 부동산 과세 정책이 대표적 사례다.

부동산 정책만 놓고 본다면 시장 수요에 부합하는 주택을 안정적인 가격에 공급하겠다는 목표가 뚜렷하게 부각된다. 주택의 수급과 가격은 어차피 시장에서 결정되기 때문에, 정부가 할 일은 수요와 공급의 결정 요인에 어떤 정책적인 영향을 줄 수 있는지를 따지는 것이다. 아무리 무모한 정부라도 적정가격을 정해놓고, 거기에 시장 수요와 공급을 꿰맞추려 들지는 않을 것이다.

한편 세금 정책의 경우 가장 기본적인 목표는 정부 활동에 필요한 세수를 가급적 시장 왜곡 없이 거두는 것이다. 주어진 세금 부담을 나누는 과정에서 재분배 효과를 노릴 수도 있다. 나아가 시장의 비효율을 치유하는 '교정적 과세corrective taxation'가 유용할 때도 있다. 주로 공해를 단속하거나 연구 개발을 촉진하기 위한 조세 수단이 여기에 해당된다. 한마디로 세수 확보를 기본으로 하되 효율이나 형평 같은 기본적 평가 기준을 고려하는 것이다.

그렇다면 우리나라의 부동산 세금은 어떤 목표를 지향하는 것이 적정할까? 쉽게 생각해 부동산 정책과 세금 정책의 목표를 합하면 되지 않을까? 우선 지대를 기반으로 하는 재산 과세는 효율과 형평이라는 두 가지 목표를 동시에 이룰 수 있는 '이론적' 매력이 있다. 집값이 많이 오른 경우 세수 증대에 대한 기대도 있을 수 있다. 여기에다 주택 보유세가 주택 수요를 줄여준다면 집값 안정에도 도움이 될 것이다. 최근의 부동산 과세 정책은 이런 논리로 구상됐다고 볼 수 있다. 그런데 그 결과는 목표와 반대로 갔다. 무엇이 문제였을까.

세금으로 집값을 잡을 수 있을까

크게 두 가지 실책이 있었다. 하나는 부동산 시장에 대한 이해 부족이고, 다른 하나는 세금에 대한 이해 부족이다. 이 둘이 결합되면서 목표는 산만해지고 수단은 애매해졌다. 집값 안정이 목표라면 여기에 초점을 맞추면서 최적의 수단을 찾아야 했고, 과세 형평이 목표라면 다른 세금을 포함하는 포괄적 세제의 틀에서 적정 선택을 했어야 했다.

모든 시장이 그렇듯 부동산 시장 역시 수요와 공급에 의해 균형점이 결정된다. 균형가격을 낮추려면 수요를 줄여도 되고 공급을 늘려도 된다. 반면 균형수량은 두 경우가 반대로 움직인다. 전자의 경우 이전보다 주택 공급은 줄어들고, 후자의 경우에는 늘어난다. 그런데 수요 조정은 비교적 단기에 가능할 수 있지만, 공급 조정은 시간이 걸린다. 따라서 당장의 효과를 기대하는 경우 수요 측 정책을 선호할 수 있다. 공급의 경우도 수도권 재건축처럼 비교적 단기에 가능한 선택이 있지만, 이 경우 기득권자들에게 혜택이 간다는 것이 반대 명분일 수 있다. 이유야 어찌 됐건 정부는 공급 확대보다는 수요 감소를 목표로 정했고, 보유세 강화와 대출 규제를 핵심 수단으로 삼았다.

일반적으로 어떤 재화에 대한 수요는 여러 요인에 의해 결정된다. 주택이나 주식 같은 자산 시장은 자동차 같은 일반 재화와 달리 미래에 대한 기대치가 수요와 공급의 흐름을 결정하는 폭이 크다. 자연 기초 펀더멘털fundamental에서 벗어나는 거품이 끼기 쉽다. 우리나라 부동산 시장도 예외는 아니다. 특히 비교적 단기에 고도성장을 이루며 도시 집값이 급등한 우리나라의 경우, 집값은 계속 오를 것이라는 기대치가 상당히 고착화된 측면이 있다. 정부도 이 점을 몰랐을 리 없다. 하지만 강력한 세금과 규제로 가격 기대를 꺾으면 거품이 순식간에 빠지며 확실한 가격 안정을 가져올 수 있으리라 믿었을 것이다. 그러나 시장은 그 반대로 움직였다. '영혼까지 끌어모은' 수요 앞에 대출 규제는 한계가 있었고, 강력한 보유세 역시 힘을 쓰지 못했다.

이 과정에서 아쉬웠던 것은 정책 담당자나 그 주변 전문가들의 세금 인식이다. 세금을 정부의 일방통행적 권한이라 여기며 납세자의 반응을 과소평가한 점이다. 세상에서 가장 피하기 힘든 것이 세금과 죽음이라 하지만, 죽기 직전까지 시도하는 것이 세금 피하기다.

부동산은 소득처럼 지하경제에 숨기도 어렵고 해외로 이전할 수도 없다. 하지만 세금을 남에게 전가할 수 있는 여지는 여전히 남아 있고, 이것이 부족하면 조세 저항이라는 마지막 수단도 존재한다. 무엇보다 우리나라 부동산 시장은 주택 시장과 전세 시장이 연결되는 특이한 이중구조를 지니고 있다. 즉, 집을 새로 장만하는 사람들이 전세를 끼고 들어가는 소위 '갭 투자' 때문에 주택 시장의 수요자가 전세 시장의 공급자가 되는 현상이다. 만일 전세 시장의 수요가 가격 변화에 쉽게 반응하기 어려운 경우라면, 보유세의 상당 부분은 세입자에게 전가될 수 있다. 아무래도 전세 시장에서는 당장 살 곳을 찾아야 하는 수요자가 더 아쉽기 마련이다. 이런 경우 세금이 수요 억제 요인이 되기 어렵다. 또한 집주인들은 선거라는 정치적 저항 수단이 있다. 어차피 버티다 보면 선거가 다가오기 마련이고, 선거공약의 단골 메뉴 중 하나가 세금 인하다.

또 하나 정부가 간과한 것은 주택 소유와 결부된 다른 가치들이다. 첫째, 대다수 중산층에게 주택 보유는 투자 겸 노후 보험 역할을 한다. 집 한 채 가지고 있는 것이 다른 어떤 저축 수단보다 안전한 재산 증식 수단이라는 인식이 확고하게 박혀 있기 때문에, 어설픈 정책 수단으로 이것을 깨기는 어렵다. 또한 이들 대부분은 이런 투자를 노후 보험의 한 수단으로 생각한다. 생계야 어떤 식으로든 유지할 수 있지만, 임대 관행이 정착되지 않은 우리 사회에서 집 없는 노년은 불행할 것이라는 인식이 널리 퍼져 있기 때문이다.

둘째, 우리 사회에서 집은 '계급 인증'이라 볼 수 있다. 집을 가진 사람도 지역에 따라 계층이 정해지고, 집이 없는 사람도 전세와 월세로 구분된다. 따라서 무리해서라도 집을 사려 하는 것이다. 단순한 주거 공간이라면 서구식의 월세형 임대주택으로 충분할 것이다. 그런데도 전세 시장이 쉽게 사라지지 않는 것은 이것이 암묵적 신분 상승과 주택 보유로 향하는 교두보이기 때문이다.

이런 점들을 모아 보면 우리나라 주택 시장을 가격과 수량이라는 단순한 틀로 이해하면 곤란하다는 결론이 나온다. 한 재화의 수요는 그 재화의 가격 말고도 다양한 요인들이 복합적으로 작용해 결정된다는 것은 경제 원론에도 나오는 얘기다. 그런데 이 요인들이 현실에서 갖는 상대적 무게감은 교과서가 설명해줄 수 없다. 나아가 교과서에 나오지 않는 차원의 요인들도 즐비한 것이 현실이다. 따라서 부동산 세금의 효과가 원래 의도와 다르게 나왔다 해도 지나치게 당황할 필요가 없다. 틀리면 고치면 된다. 한두 번 고쳤는데도 안 먹힌다면 겸손하게 근본부터 다시 생각할 필요가 있다. 그런데도 지속적으로 땜질식 변형을 계속하면 정책의 일관성 문제가 등장하게 된다. 일관성이 없는 정책의 경우 신뢰를 잃게 되고, 이는 정책의 내용과 상관없이 정책 효과를 감소시킨다.

보유세는 맞고 거래세는 틀린 걸까

어떤 세금의 좋고 나쁨을 평가하려면 기준부터 제시해야 한다. 세금에 대한 보편적인 기준을 정하기는 쉽지 않다. 시대와 장소에 따라 그 내용이 달라질 수도 있고, 기준 간에 충돌이 생길 수도 있다. 특히 협소한 특정 세목을 평가할 때 사용하는 기준은 전체 세제를 관통하는 기준과 일관성이 있어야 한다. 그런데 우리나라에서는 부동산 세금을 말할 때 '보유세는 올리고, 거래세는 내려라'라는 주장을 공식 암기하듯 말하는 사람들이 많다. 그렇게 말하는 근거도 뭔가 확실한 논리가 있다기보다는 국제 평균이 어떻다는 식의 애매한 말 돌리기가 대부분이다. 결론부터 말해, 이런 특정 세목의 국제 비교는 단순한 참고 사항에 불과할 뿐이다. 특히 재산 과세와 같이 경제적 합리성 못지않게 정치적 수용성을 고려해야 할 사안을 다른 나라와 단순 비교하는 것은 적절치 않다. 개별 국가의 조세제도에 대한 식견도 높지 않은 국제기구 전문가들이 통계 비교를 근거로 몇 마디 한 것을 그대로 따르는 것은 지적 열등감의 표현일 뿐이다.

재산 과세 비중의 국제 비교는 분명한 기준이 서 있지 않으면 오용될 가능성이 높다. 우선 양도소득세를 소득세로 볼지 아니면 거래세로 볼지는 평가 맥락에 따라 달라지므로 기계적인 국제 통계 관행에 집착할 필요가 없다. 상속세나 증여세 등 재산세와 밀접한 관련이 있는 세목도 주시해야 한다. 또한 나라마다 세수의 GDP 대비 비율, 전체 세수에서 재산 과세가 차지하는 비중, 재산 과세에서 특정 세목이 차지하는 비중 등이 다르다. 따라서 특정 세목 하나를 국제 비교 하는 경우 어떤 비율을 쓰느냐에 따라 해석이 달라질 수 있다. 이런 차원에서 부동산 세금의 보유세 비중을 다른 나라와 비교할 때는 전후 맥락을 분명히 할 필요가 있다.

우리나라의 경우 재산에 대한 보유세는 지방정부에 귀속되는 재산세와 중앙정부가 세수입을 관리하는 국세인 종합부동산세가 있다. 반면 재산을 거래할 때 내는 세금에는 자산을 취득할 때 내는 취득세나 등록세, 처분할 때 내는 양도소득세가 있다. 양도소득세의 경우 자본이득에 대한 세금이므로 소득 과세로 분류할 수도 있지만, 실질적인 의미에서 거래 과세로 부를 수 있다. 거래세는 뭔가를 사고파는 납세자 선택의 결과이지만, 보유세는 '가만히 앉아서' 내는 세금이기 때문에 정치적 저항이 크다. 아무리 경제적 효율이 높은 세금이라도 납세자 저항이 심하면 거두기 어렵다. 따라서 정책 담당자의 입장에서는 같은 액수라면 거래세로 거두는 편이 수월하다. 그렇다면 보유세는 어떤 장점이 있기에 다들 미련을 버리지 못하는 걸까.

일단 보유세의 대명사인 재산세는 효율과 형평이라는 기본적인 평가 기준에 부합한다. 통상 세금에 따르는 비효율은 경제주체들이 행동을 바꾸기 때문에 발생하는데, 재산세는 다른 세금에 비해 '피하기 힘들기 때문에' 효율 비용이 작다고 볼 수 있다. 나아가 재산은 대표적인 부의 척도이기 때문에, 분배 정의의 관점에서도 바람직한 과세 대상일 수 있다. 물론 여기까지는 어느 나라에나 통용될 수 있는 일반론이다. 그런데 앞서 본 바와 같이 우리나라 부동산 시장은 전세 시장이 발달된 특이한 구조이기 때문에, 주택 보유세의 상당 부분이 세입자에게 전가될 수 있다. 이는 효율적이지도 형평에 맞지도 않은 결과다. 나아가 부동산 투기를 억제하기 위해 보유세가 필요하다는 논리도 우리나라 주택 수요 결정 요인의 다양성을 고려하면 희망 사항에 불과하다.

한편 우리나라에서 거래세가 발달된 것은 좀 더 큰 틀에서 보아야 이해할 수 있다. 경제 발전 초기의 개도국은 과세 정보가 충분하지 않아 선진국과 같은 소득세 중심의 조세제도는 꿈도 꾸기 어렵다. 또한 납세 의식이 낮아 조세 저항의 강도도 높기 때문에 재산 과세 또한 쉽지 않다. 자연 간접세인 소비세나 거래세가 세수 확보의 중심에 설 수밖에 없다. 다른 세금에 슬쩍 얹혀서 부과되는 부가세도 저항을 의식한 징세 방식이다. 이런 것들마저도 저항을 더 줄이기 위해 목적세의 형태를 띠는 경우가 많다. 과거의 우리 정부는 이런 실용주의적 접근법을 통해 성공적으로 세수 확보를 할 수 있었다. 특히 고도성장 과정에서 도시 집값이 꾸준히 상승하며 거래 빈도가 높아지자, 명목상으로는 '투기 억제'를 내세웠지만 실질적으로는 '투자 수익의 일부를 회수하는' 성격의 거래세를 적극 활용했다. 물론 거래세가 투기 억제에 효과가 있었다 보기는 어렵다. 어차피 세금을 내고도 수익이 남는다면 거래를 멈출 이유가 없기 때문이다.

따라서 보유세와 거래세에 대한 제대로 된 비교를 하려면 각각의 이론적 특징과 우리나라의 제도적 환경을 포괄해서 판단해야 한다. 무엇보다 세수 확보를 전제로 효율과 형평을 따지는 큰 틀에서 시작해야 한다. 막연히 재산 과세 하나만 달랑 놓고 보유세냐 거래세냐 하는 식의 이분법을 적용하는 것은 겉보기에는 선명한 지표 같지만 실질적인 정책 판단에 큰 도움이 되지 않는다. 예컨대 전체 세수에서 재산세 비중을 높이려 한다면 양자의 절대액이 모두 올라갈 수도 있다. 이 과정에서 둘 간의 비율이 바뀔 수도 있다. 하지만 이것은 다른 정책의 증상symptom일 뿐이다.

과세 형평을 위해 보유세를 높인다 하지만 조세 회피나 저항 등 부작용이 큰 경우에는 다른 세목, 나아가 지출 측면에서 얼마든지 분배 정의를 실현할 수 있다. 즉, 보유세 비중 자체가 절대적인 정책 목표가 되기 어렵다는 의미다. 다른 조세 항목과 마찬가지로 재산 과세의 평가도 조세정책을 보는 핵심 기준에서 출발해야 한다. 세수 효과, 자원 배분 왜곡 여부, 조세 형평의 근거가 되는 능력원칙과 편익원칙, 정치적 수용성 등이 그것이다. 다만 상황에 따라 기준 간의 상대적 비중이 바뀔 뿐이다.

우선 세수 문제부터 보자. 재산 과세는 저항 때문에 헨리 조지가 생각했던 것처럼 소득세나 소비세를 대체하는 수준의 세수 효과를 기대하기 어렵다. 어쩌다 부수 효과로 세금이 더 걷힐 수는 있지만, 애초에 세수를 핵심 목표로 잡는 것은 좋은 선택이 아니다. 이보다는 효율 비용이 크지 않다는 전제로 조세 형평 구현에 정책의 초점을 맞추는 것이 나을 것이다. 이런 관점에서 불로소득에 가까운 재산 축적은 얼마든지 과세할 명분이 있다. 다시 말해 세금 부담 여력이 있으니 더 내야 한다는 능력원칙과 쉽게 재산 축적을 했으니 사회적 책임이 있다는 편익원칙이 함께 적용될 수 있다. 그 결과로 보유세 비중이 높아진다면 이를 마다할 이유가 없다.

그러나 아무리 당위성이 있더라도 조세 회피가 쉽거나 저항이 강하면 무리할 필요가 없다. 특히 일방적으로 세금을 급속히 올리는 것은 납세자 주권의 정신에도 어긋난다. 타협할 땐 타협하는 것이 정치다.

이런 관점에서 2021년 같은 급속한 재산 과세 인상은 무모해 보인다. 정책에는 예고 없이 시행하는 것이 좋은 것도 있지만, 점진적으로 시행해 시장을 적응시키는 방식이 나은 것도 있다. 예컨대 최저임금 인상은 찬성하지만 무리하게 밀어붙이는 방식에 동의하지 않는 전문가들이 많은 것도 같은 이유에서다.

이 책에서는 비효율과 불평등으로 얼룩진 누더기 세제를 개혁할 청사진부터 마련하라고 권고한다. 이런 큰 틀에서 효율과 형평의 가치를 따지며, 상속세를 포함한 다른 대안도 고려하며 재산세를 평가해야 한다. 종부세의 단점이 눈에 띄지만, 그렇다고 향후 필요할 수 있는 부자 과세의 시작이라 할 만한 기존 제도를 무조건 없애자는 것도 적절해 보이지 않는다. 향후 복지 증세 과정에서 부자의 기여도가 중요할 수 있음을 인식한다면, 어렵게 정착한 기존 제도의 장점을 살리는 식으로 개선하는 것도 대안이다. 반면 주택과 토지를 분류해 종부세를 개선해 보겠다는 제안도 서두를 필요가 없다. 토지 자체에 초점을 둔 헨리 조지 신봉자들의 심정은 이해하지만, 100년이 넘도록 그의 아이디어가 실현되지 못한 데는 이유가 있는 것이다. 다른 정책도 마찬가지이지만, 국민 세금을 가지고 정책 실험을 하는 것은 어느 쪽이건 자제해야 한다.

이건희 상속세와
이해관계자 자본주의

부자 과세에서 빼놓을 수 없는 주제가 상속세다. 특히 삼성그룹 이건희 전 회장의 상속세 이슈는 전 국민의 관심사였다. 이건희 상속세는 법적인 차원을 넘어 '이해관계자 자본주의'에 기초한 재벌의 사회적 책임 측면이 강했다. 반면 일반 상속세의 경우, 가업과 같은 사업 부문의 상속과 건물이나 토지와 같은 부동산의 상속을 분리할 수 있는 방안을 모색해야 한다.

통계는 유용하기도 하지만 잘못 사용되는 경우도 많다. 그래서 나는 매 학기 초 '통계를 보는 법'이라는 강의를 하며 첫 질문을 던진다. "J 교수의 빚은 500만 원이고 K 학생의 빚은 100만 원이다. 내 돈을 빌려주는 경우 누구를 택할까?" 성질 급한 학생들은 K라고 답한다. 하지만 "J의 연 소득은 5,000만 원이고, K는 500만 원"이라는 정보를 추가하면 J 쪽으로 선호가 몰린다. 그런데 "J의 경우 부채-소득 비율이 빠르게 증가하고 있는 반면 K의 비율은 감소하는 추세다"라는 말을 덧붙이면 학생들은 다시 K에게 가서 붙는다.

이처럼 절대 수치는 상대적 관점에서 해석할 때 의미가 있다. 가계 소득이나 GDP 등 어떤 기준점 대비 비율share을 보는 것은 기본이고, 이 비율의 추세trend를 보는 것도 중요하다. 나아가 비교 가능한 대상과 대비해보는 것도 방법인데, 국가 통계의 경우 국제 비교가 여기에 해당된다. 예를 들어 우리나라 복지지출이 200조 원이라 하면 별 느낌이 없다. 이것이 전체 예산의 40%, GDP의 12%라 하면 훨씬 이해하기 쉽다. 나아가 선진국들은 이 수치가 대략 예산의 50~60%, GDP의 20% 정도라 말하면 더 많은 얘깃거리가 생긴다.

이건희 삼성 회장이 작고한 뒤 그의 유산에 대한 상속세가 13조 원에 달한다는 보고가 나온 다음 여러 언론에서 그 액수를 놓고 과장된 반응을 보였다. 상속세 자체의 문제점을 지적하는 것은 상관없지만, 단지 그 절대 규모를 놓고 가치판단을 하는 것은 적절하지 않다. 13조 원이라는 액수는 어차피 초대형 기업의 대주주였던 이 회장의 위치를 상징할 뿐, 그 이상도 그 이하도 아니다. 이 글에서 직접적으로 다룰 주제는 아니지만, 우리나라 상속세법 자체는 따져볼 여지가 없지 않다. 특히 최고 세율이 60%에 육박한다는 것은 상속재산의 절반 이상을 정부가 가져갈 수도 있다는 것이므로, 세금을 내는 당사자 입장에서는 고통스러울 것이다.

그런데 여기에서 드는 의문이 하나 있다. 다른 상속재산에도 똑같은 법이 적용될 텐데 왜 유난히 이건희 회장의 경우에만 소동에 가까운 논쟁이 벌어지는가다. 물론 액수가 큰 탓도 있겠지만, 이보다는 우리 사회에서 재벌이 차지하는 특수한 위치와 관련이 있을 것이다. 즉, 이 회장의 상속세는 단순히 개인 부자의 문제가 아니라 우리나라의 대표 재벌에 대한 과세라는 인식이 크다. 13조 원이라는 이 회장의 상속세 액수에 시비를 건 언론이나 전문가들도 이를 계기로 우리 경제를 이끌어가는 재벌에 대한 사회의 평가가 지나치게 가혹하다는 평소 주장을 반복하는 경우가 많을 것이다.

재벌의 사회적 책임

대기업 주변 경제 단체의 단골 메뉴 중 하나가 일반 국민들의 반기업 정서에 대한 우려다. 가뜩이나 노사 갈등, 정부 규제 등에 지쳐 보따리 싸서 해외로 나가는 기업이 늘고 있는데, 일반인들의 기업에 대한 인식마저 부정적이라면 기업가 정신은 쇠퇴하고 시장경제의 근간이 흔들린다는 것이다. 그런데 이런 얘기를 듣다 보면 궁금한 점이 한둘이 아니다. 온 국민이 그렇게 기업을 싫어한다면 공공 부문이 커질 것 같은데, 실제 우리 경제를 이끄는 것은 민간 기업들이다. 주로 소수 재벌 기업이 비판의 대상이라고 하지만, 취업을 앞둔 학생들의 직장 선호도를 보면 이들이 상위 순번이다. 경영 투명성과 사회적 책임 부족을 문제 삼지만, 정작 이 분야는 꾸준히 향상되고 있다.

결론부터 말해, 반기업 정서라고 인용되는 현상들은 그 자체로 정형화된 실체라기보다는 대부분 숨어 있는 다른 사안들의 증상이거나, 통계적 사실을 잘못 해석한 결과다. 국민의 기업관을 묻는 설문 조사를 보면 으레 기업의 목적으로서 이윤 추구와 이윤 배분 항목을 병렬로 놓는 질문이 등장한다. 응답자들이 이윤 추구보다는 자신의 현재 위치에 맞추어 이윤의 사회 환원이나 근로자 복지 향상 등에 동그라미를 치는 것은 당연한 일이다. 한마디로 질문이 우매한 것이지 국민이 잔인한 것은 아니다.

자본주의 경제에서 기업의 일차적 목적은 이윤 추구다. 기업에 대한 국민 정서를 제대로 읽으려면 이윤 추구 자체가 아니라 창출한 이윤이 어떻게 주주와 기타 이해 당사자 간에 배분되어야 하는지를 물어야 한다. 그런데 이런 질문은 공평한 분배가 무엇인가를 따지는 것만큼이나 일률적인 해답을 얻기 어렵다. 기업, 곧 이윤의 성격을 보는 시각은 나라마다 다르고, 또 시대에 따라 변한다.

이윤 배분의 문제는 기업의 사회적 책임, 나아가 자본주의의 성격에 대한 논쟁으로 이어진다. 영미식의 '주주 자본주의shareholder capitalism' 하에서는 기업의 이윤 추구가 곧 주주의 이득을 의미하는 것이 보편적인 인식이지만, 유럽 대륙식의 '이해관계자 자본주의stakeholder capitalism' 하에서는 고용인이나 지역사회에 대한 기업의 책임이 강조된다. 물론 영미 기업이라고 사회적 책임을 등한시하고 유럽 기업이라고 주주의 이익을 무시한다는 얘기는 아니다. 사회적 책임의 내용 역시 나라마다 같아야 할 이유가 없다.

우리나라의 경우, 미국에서 공부한 사람들이 많다 보니 영미식 기업관이 곧 진리인 것처럼 여기는 풍조가 있다. 국내의 경제학 교재들도 미국 교과서를 참고한 것이 대부분이므로, 자연 학생들은 기업의 주인은 주주라고 배우게 된다. 기업법상 주주가 기업의 소유주라는 것은 맞지만, 세상에는 다른 법령이나 제도도 있는 것이다. 나라에 따라 기업의 사회적 책임을 강조하는 불문법적 문화가 성문법의 효력을 압도할 수도 있고, 이런저런 정부 규제를 통해 주주 외의 이해 당사자들 입장이 보호될 수도 있다.

역사적 맥락에서 볼 때 기업은 국가의 산물이다. 주식회사가 갖는

유한책임의 특권을 정한 것도 국가이고, 그 대가로 공익적인 서비스를 요구하기 시작한 것도 국가다. 산업혁명을 거치며 철도나 운하처럼 공익성이 크지만 자본 소요도 큰 사업을 감당하기 위해 단순한 조합 형태를 넘어서는 기업이 필요하게 됐다. 즉, 기업의 사회적 공헌은 단순한 이윤 배분 차원의 문제가 아니라 회사 설립의 근거 자체와 밀접한 관계가 있었던 것이다. 애덤 스미스의 나라 영국에서조차 19세기 후반에 이르러서야 의회의 허락 없이 자유롭게 기업을 설립할 수 있게 됐다. 독일, 프랑스, 일본, 미국과 같은 독점자본주의 시대의 후발국들이 영국의 전철을 밟은 것은 그 후의 일이다. 이후 기업과 국가, 주주와 이해 당사자 간의 줄다리기가 끊임없이 지속되며 나라마다 각각의 사회경제 구조에 맞는 기업 문화가 정착됐다.

20세기로 들어서며 영국과 미국에서는 기업의 독립성이 두드러지게 강화된 반면, 유럽 대륙 국가와 일본은 다양한 이해 당사자들의 입장을 강조하는 기업 문화가 정착되어갔다. 이러한 역사적 기초가 진화되어 오늘날 이론적인 측면에서 주주 자본주의와 이해관계자 자본주의를 구분하게 된 것이다. 그러나 현실에서는 영국과 미국에서조차 주주와 다른 이해관계자 간의 줄다리기가 끊임없이 지속됐다. 대형 사업장에는 노조가 형성됐고, 일반 여론의 향배도 정부의 기업 규제에 영향을 미쳤다. 특히 대공황을 거치는 과정에서 기업의 방만한 경영과 노동자 혹사에 관한 비판이 쏟아져 나왔고, 영국 광산 노동자의 참상은 기업의 부도덕성을 대변하는 문화적 상징이 됐다. 그 결과, 노조 활동이 강화됐고 상당수의 기업들이 국유화됐다.

미국과 영국에서 기업의 독립성과 주주의 권한이 본격적으로 강화된 것은 레이건과 대처가 집권하는 1980년대 이후의 일이다. 정치 이념의 보수화에 따른 국가 개입의 축소라는 시대 조류를 바탕으로 주주의 권익에 대한 인식이 커졌고, 이는 다양한 형태의 주주 보호 운동으로 이어졌다. 그러나 동시에 공익을 강조하는 여론 단체의 목소리 역시 커지며 환경보호나 인종, 지역 간 배분 등 사회적 성격의 규제 역시 꾸준히 늘고 있다. 이처럼 자본주의 역사가 오래된 서구 국가들에서도 기업의 사회적 역할에 대한 정답은 사전적으로 정해졌다기보다 사후적으로 조정되는 측면이 강하다.

우리의 경우 과거 정부 주도의 자원 배분을 용이하게 하는 수단으로써 재벌이 육성됐고, 그 과정에서 소수 대기업에 많은 혜택이 주어졌다. 자연히 기업의 사회적 책임에 대한 요구가 클 수밖에 없다. 실제로 우리나라 대기업들은 세금도 많이 내고 사회적 기부도 열심히 하면서 자신들이 누린 특권에 대한 대가를 치르고 있다. 그런데도 근로자나 일반 국민들이 재벌에 대해 부정적인 인식을 가지고 있다면, 이는 크게 보아 다음 두 가지 이유 때문일 것이다.

첫째, 이들이 누린 특권에 비해 사회 환원의 크기가 여전히 충분하지 않다고 생각할 수 있다. 많이 나아졌다고는 하지만 여전히 족벌 체제의 늪에서 벗어나지 못하는 재벌의 행태를 보면서 내가 낸 세금이, 내가 더 받을 수 있었던 임금이 여전히 재벌가의 곳간만 두둑하게 만든 것이 아닌가 하는 의구심을 갖는 것이다. 둘째, 국민들은 기업이 환원하는 이익에서 세금을 낸 자신들에게 돌아오는 몫이 공정하지 않다고 여길 수 있다. 오랜 정경유착의 폐습 탓에 재벌의 환원 이윤 중 상당 부분이 부패한 정치권으로 들어간다고 보는 것이다.

이런 관점에서 보면 우리가 목격하고 있는 것은 반기업 정서가 아니라 반재벌가 정서라 볼 수 있다. 재벌의 성장 과정에서 국민 세금을 바탕으로 한 정부 지원과 근로자의 희생을 담보로 한 이윤 재투자가 있었다는 '원죄'가 충분히 희석되기까지는 여론 집단의 반재벌가 목소리를 잠재우기가 쉽지 않을 것이다. 해법은 단순하다. 일차적으로 족벌 체제로 상징되는 재벌의 지배 구조를 개선하고 경영 투명성을 높여야 한다. 이런 기본적 접근만으로도 재벌에 대한 부정적 인식은 상당 부분 희석될 수 있다.

이와 동시에 기업의 기본적인 사회적 책임인 세금을 제대로 내야 한다. 국민 세금으로 성장한 기업이 탈세와 부패를 의심받는다면 국민 정서가 부드러울 수 없다. 특히 몇몇 재벌가의 사적인 욕심이 바탕이 된 상속세 비리는 정직한 다른 기업들에도 부정적 외부 효과$_{negative\ externality}$를 미칠 수 있다. 즉, 부패 기업인의 일탈로 초래된 반기업 정서의 희생양이 되는 정직한 기업인들은 억울할 것이다. 이건희 회장의 상속세가 13조 원이라는 사실을 굳이 정치적으로 활용하려면, 이제는 우리 재벌도 투명하고 떳떳하게 사회적 책임을 다하고 있다는 점을 강조하는 편이 나을 것이다. 아직도 갈 길이 멀다고 생각하는 시민들이 적지 않은 상황에서 친재벌식의 구차한 여론 몰이는 역효과를 낳을 뿐이다.

불로소득의 병목형 과세

우리나라같이 짧은 기간에 고도성장을 이룬 경우에는 '벼락부자'가 적지 않을 것이고, 그렇게 축적된 부의 정당성과 과세 방식에 대한 사회적 논의는 당연히 필요하다. 하지만 부자이니까 세금을 더 낸다는 식의 단순한 논리 하나만으로는 멀리 가기 어렵다. 이런 능력원칙 외에 사회에서 받은 혜택이 많다면 돌려주는 것이 정당하다는 편익원칙, 세금이 초래할 수 있는 자원 배분 왜곡의 크기, 정치적 저항의 강도와 이를 극복할 방안 등 다양한 기준을 체계적으로 고려해야 정답이 나온다.

일단 개념적 차원에서 좋은 지대와 나쁜 지대를 구분할 필요가 있다. 같은 지대라 하더라도 피와 땀이 서린 정당한 노력의 산물이라면 일반적인 과세의 틀을 적용하면 된다. 나아가 우리 경제에 긍정적 외부 효과positive externality를 미칠 수 있는 기술혁신으로 발생하는 지대 소득이라면 감세의 유인을 줄 수도 있다.

반면 도시 개발로 인한 부동산 가격 폭등으로 불로소득형의 지대가 발생한 경우, 이를 과감하게 과세할 정당성은 차고 넘친다. 일반적으로 토지나 주택 같은 부동 재산은 세원을 감추기 어렵기 때문에 세금을 피하기 어렵다. 소득세나 소비세에서 나타나는 행동 왜곡이 불로소득 지대 과세에서는 심하지 않기 때문에 효율 비용이 작다고 볼 수 있다. 또한 재산 보유의 비중은 상류 계층에 기울어져 있으므로, 재산 과세는 형평의 가치에도 부합한다. 나아가 경제 발전의 재원이 일반 국민의 세금으로 형성됐다는 점을 감안하면, 앞서 언급한 재벌의 사회적 책임처럼 수익자부담을 기반으로 하는 편익원칙을 재산 과세에도 적용할 수 있다.

그런데 부동산 과세의 경우에는 우리 현실의 특수성 때문에 교과서 이론과는 다른 결과를 초래할 수 있다. 즉, 건물주나 집주인이 임대료를 올리는 식으로 세금을 전가할 가능성이 높기 때문에 신중하게 접근해야 한다. 나아가 자산가들의 집합적인 조세 저항을 무시하기도 어렵다.

그런데 상속세는 다르다. 사실상 전가가 불가능한 '피할 수 없는 세금'이기 때문이다. 조세 이론가들이 정치적으로 쉽게 수용되기 힘들다는 것을 알면서도 인두세 같은 정액세에 미련을 못 버리는 것은 피하기 어려운, 단순하면서도 효율적인 세금이기 때문이다. 대부분의 세금은 가계나 기업이 행동을 바꾸어가며 피할 여지가 있다. 노동 공급이나 저축 및 투자 행위를 조정하는 것은 물론 아예 지하로 숨거나 외국으로 세원을 이전할 수도 있다. 그래서 대부분의 정부는 몇 안 되는 '병목 과세'를 놓치지 않으려 한다. 그 대표적인 사례가 항만이나 공항을 이용해야 하는 수입 및 수출 물품에 세금을 매기는 것이다. 그러나 무역자유화의 여파로 관세 수입은 이미 많이 감소했고, 이 추세는 계속 이어질 것이다.

그렇다면 남는 '병목 과세'는 상속세 정도다. 물론 상속세도 재산 과세이므로 당장 현금 마련이 어려울 수 있다. 하지만 조세 저항의 강도는 일반 재산세나 종부세와 비교할 바가 아니다. 상속은 개별적으로 발생하는 사안이기 때문에 집합적으로 힘을 모을 여지가 덜하다. 따라서 향후 상속세법 개정을 논할 때는 국제 비교 중심으로 타당성을 논하는 기존 방식 대신 재산 과세의 큰 틀에서 우리 고유의 현실을 반영하는 방식으로 따져보아야 한다. 자수성가로 이룬 기업을 승계하는 경우 우리 정서나 경제 여건에 맞는 상속세 조정이 가능할 수 있다. 그러나 불로소득으로 졸부가 된 건물주의 자식이 상속재산으로 다시 불로소득을 불려가는 세상은 공정하지 않다. 일반 재산세로 충분한 과세가 되지 않는다면 얼마든지 상속세라는 병목 과세를 생각해볼 수 있는 것이다.

물론 기존 상속세를 평가하는 데는 다른 기준들도 적용되어야 할 것이다. 명목세율은 높지만 공제제도를 통해 실효세율을 조정할 수 있다. 그런데 공제 금액이 명목 수치로 책정되어 있어 물가 상승이나 자산 가격 상승이 실효세율을 올리는 문제가 있다. 특히 부동산 가격의 상승이 가팔라지며 과세 대상이 빠르게 늘어난다는 문제가 있다. 이는 상속세를 부자 과세로 생각할지 여부와 결부된다. 또한 재산세나 종부세, 그리고 증여세와의 연관 관계도 더 따져볼 필요가 있다. 세금으로 인한 행동 유인 변화는 가능하면 줄이는 것이 효율성 측면에서 바람직하기 때문이다. 현금주의로 과세되는 주식이나 재산의 자본이득에 대한 과세도 상속세 설계에 참고할 필요가 있다.

나아가 가업 상속의 경우, 재벌 승계에서 나타났듯, 기업의 주인이 특정 개인이냐 사회냐의 문제로 이어질 수 있다. 이 경우 기업이 성장 과정에서 사회의 도움을 얼마나 받았느냐가 핵심 사안이다. 기업의 주인이 왜 창업자 자손이어야 하느냐는 질문도 가능하지만, 이는 상당 부분 특정 국가의 국민 정서와도 결부된다. 나아가 상속세가 기업가 정신에 주는 영향도 논쟁이 될 수 있는데, 이 경우는 정직한 노력의 결과인 좋은 지대와 단순 불로소득형 지대를 구분하는 데서 해법을 찾아야 한다. 즉, 불로소득에 대한 사회적 책임을 묻는 것이 필요한 것처럼, 혁신적 창업으로 이룬 사회적 공헌에 대한 보상 또한 고려할 가치가 있다 할 수 있다.

한국형 부자 과세의
대안

> 세금의 상당 부분은 부자와 대기업으로부터 나온다. 경제력이 집중되어 있기 때문이다. 그런데 이들은 조세 회피와 저항 능력이 뛰어나므로 무리한 증세 시도를 하면 역효과를 낳을 수 있다. 우리 고유의 제도나 환경에 부합하는 부자 과세 논거를 개발해 사회적 합의를 이룬 다음, 세원의 다양화를 통해 비효율을 분산시키고 저항의 강도를 낮추는 것이 현재로서는 최선의 선택이다.

안정적 세수 기반은 경제 발전의 핵심 동력이다. 이상적인 유형은 중산층이 두꺼워 세수의 대부분이 이들로부터 나오는 경우다. 그러나 지난 수십 년의 소득분배 추이를 보면 부와 소득에서 상위 계층이 차지하는 몫이 커지고 있다. 기업의 경우도 소수 거대 기업으로 경제력이 집중되고 있다. 이런 상황에서 부자나 대기업들로부터 세금을 제대로 거두지 못한다면 정부 재정이 흔들릴지 모른다.

부자 과세에 대한 쟁점은 크게 두 갈래로 나누어 생각할 수 있다. 하나는 이것이 필요한 이유, 즉 당위성의 문제이고, 다른 하나는 이것을 가능하게 하는 방식, 즉 실현 가능성의 문제다. 막연히 부자니까 세금을 더 내야 한다는 상식 수준의 논쟁으로는 사회적 합의를 이끌어내거나 부자들의 저항을 넘어서기 어렵다. 나아가 이 두 문제에 대한 해답은 특정 국가의 정치구조나 경제구조에 의존하는 측면이 크다. 선진국 이론이나 경험의 단순 적용은 득보다 실이 클 수도 있음을 알아야 한다.

부자 과세는 왜 필요한가

부자 과세가 필요한 이유부터 살펴보자. 우선 정부 활동의 재원인 세수 확보 목적을 들 수 있다. 소득이나 부의 분포가 완전 평등에 가까운 유토피아가 아닌 다음에야 부자나 대기업에 경제력이 집중되는 것은 어쩔 수 없다. 따라서 국가 재정을 유지하려면 필요한 세금의 상당 부분은 상위 계층이 부담할 수밖에 없다. 설사 모든 납세자에게 똑같은 세율을 적용해도 상위 계층의 조세 부담이 높을 수밖에 없다. 중요한 것은, 같은 1만 원이라도 이에 대해 부자가 얼마나 세금을 더 내야 하는가의 문제, 즉 세율의 누진도를 정하는 일이다.

이런 이유 때문에 전체 세수에서 부자가 부담하는 비중을 놓고 너무 많은 얘기를 하는 것은 오류에 이르기 쉽다. 예를 들어 부자 10%가 전체 세수의 70%를 감당한다고 할 때 '부자에게 과도한 세금을 물린다'라는 얘기를 할 수 있을까. 이 현상이 부자에게로 경제력이 집중된 탓인지, 아니면 부자에게 적용되는 세율이 높아서인지를 알기 전에는 답을 내기 어렵다. 전자냐 후자냐에 따라 부자가 괘씸해 보일 수도, 딱해 보일 수도 있다.

세제의 누진도는 부자 과세가 필요한 두 번째 이유인 조세 형평성과 연결된다. 대부분의 나라에서는 소득세나 재산세의 세율 체계가 누진적이다. 즉, 소득이나 재산 규모가 커질수록 세율이 높아진다. 그런데 이런 법정세율statutory tax rate이 과세 베이스 한 단위에 부과되는 실제 세금을 의미하지는 않는다. 세율이 적용되는 과세 베이스를 산정할 때 원래 소득이나 재산에서 일정액을 빼주는 소득공제deduction 제도와 이렇게 계산된 세금에서 추가로 얼마를 빼주는 세액공제tax credit 같은 다양한 감면 조항이 있기 때문이다. 따라서 어떤 세제의 실질적 누진도를 따질 때는 법정세율이 아니라 소득공제와 세액공제 등을 모두 고려한 실효세율effective tax rate을 기준으로 삼아야 한다.

그렇다면 누진도는 어떤 기준으로 결정하는 걸까. 가장 자주 언급되는 근거가 소위 '능력원칙'이다. 그런데 능력 있는 사람이 세금도 더 내야 한다는 이 원칙은 상식에는 부응하지만 그 이상의 얘기를 하기는 힘들다. 실제 세제의 누진도를 어떻게 잡을지 결정하기 위해서는 여러 요인을 따져야 한다. 높은 세율이 초래하는 효율 비용은 경제학자들의 핵심 쟁점이다. 득표에 관심이 있는 정치인이라면 법 규정에 정해진 세율 체계에 대한 관심이 높을 것이다. 유권자에게 눈에 보이지 않는 효율 비용이나 실효세율을 설명하기 어렵기 때문이다. 관료들에게는 물론 세수가 일차적 관심 사항이다.

우리나라 부자 과세의 당위성은 능력원칙 외에 '편익원칙'에 의해서도 입증될 수 있다. 이 책에서 여러 차례 언급했듯, 경제 발전 과정에서 도시가 개발되고 부동산 가치가 급상승한 경우 이런 불로소득에 대한 과세의 정당성이 생길 수 있다. 또한 일반인의 세금을 기반으로 정부 지원과 노동자의 저임금 덕에 성장한 재벌 기업의 경우 그만큼

이익을 사회에 돌려줄 책임이 클 수밖에 없다. 단순한 상법상의 논리에 따라 대주주 권한만을 강조하는 것은 국민 정서에 어긋난다.

이처럼 경제 논리와 정치 논리가 뒤섞이는 영역에서는 교과서나 다른 나라 경험이 해답을 줄 수 없다. 구체적 정책 제안을 하기 전에 우리 경제 여건이나 정치 환경에 부합되는 원칙이나 전략부터 마련해야 한다. 무엇보다 우리 환경에서 부자 과세가 왜 필요한지에 대한 선명한 근거가 있어야 사회적 합의가 수월해지고, 부자들의 반발을 뛰어넘을 수 있는 구체적 전략이 있어야 실현 가능성이 높아진다. 특히 선진국에 비해 세수 수준이 낮고 조세 구조가 복잡한 우리 환경에서는 소득세 중심의 선진국 해법을 그대로 따를 수 없다. 우리나라 고유의 제도나 환경을 고려할 때, 우리나라 부자 과세의 핵심 기준은 세원 다양화와 편익원칙이라고 할 수 있다.

세원 다양화와 편익원칙

첫째, 세원을 가급적 다원화할 필요가 있다. 그래야 경제적 비효율과 정치적 저항을 줄일 수 있다. 이 명제는 세제 전반에 걸쳐서도 타당한 말이지만, 부자 과세 영역에서 특히 그렇다. 예를 들어 소득세에 높은 세율을 매기면 납세자 입장에서는 세금을 회피하거나 전가할 유인이 높아지고, 이는 다시 자원 배분의 왜곡을 초래해 효율 비용을 낳는다. 이보다는 같은 세수라도 여러 종류의 세금에서 거두면 그만큼 세율을 낮출 수 있어 비효율을 줄일 수 있다.[9]

나아가 납세 의식이 높지 않거나 정부 신뢰도가 낮아 조세 저항이 높은 나라의 경우, 소득세나 재산세 같은 직접세 종목에 집중하는 것은 위험한 선택이다. 생활수준과 교육 수준이 모두 높은 우리나라의 납세 의식을 개도국과 비교할 수는 없다. 하지만 조세 회피가 이루어지는 지하경제의 규모는 선진국에 비해 큰 편이다. 더 중요한 문제는 선진국은 물론 주변 경쟁국보다도 높지 않은 정부 신뢰도다.[10] 특히 경제 발전과 함께 세금 부담은 늘어가는데 이에 상응해 정부 서비스의 질이 높아지지 않는다면 납세자의 불만은 커질 것이다.

실제 우리나라의 경우 개인소득세가 전체 세수에서 차지하는 비중이 미국이나 스웨덴 같은 소득세 중심 국가에 비해 현저하게 낮다. 그 대신 법인세나 소비세 등 다양한 다른 세목이 고루 세수에 기여하고 있다. 조세 저항을 줄이기 위한 의도가 숨어 있는 목적세, 거래세, 부가세 등의 형태를 띤 세금의 세수 비중도 만만치 않다. 이런 상황에서 소득세율을 70% 수준으로 높이거나 일정 수준 이상의 재산에 높은 실효세율을 부과하는 유럽식의 부유세를 시도하는 것은 상당한 정치적 위험이 뒤따르는 선택이다.

둘째, 우리나라 부자 과세 영역에서는 능력원칙 못지않게 편익원칙을 적용할 여지가 크다. 이는 부자 과세의 당위성을 입증하기 위해서는 물론이고, 부자의 저항을 줄이는 실현 가능성 측면에서도 필요한 원칙이다. 우선 앞서 언급했듯이, 우리나라의 경우 부자들이 부동

---

9   조세의 비효율은 세율의 제곱에 비례해 커지는 것으로 알려져 있다. 예를 들어 6이라는 세금을 한 세목에서 거두면 6의 제곱인 36이 비효율을 상징한다. 반면, '2+2+2'라면 2의 제곱 세 개가 합쳐진 12가 비효율을 의미한다.

10 지하경제나 정부 신뢰도에 관한 내용과 통계는 3장 참조.

산 등을 통해 쉽게 돈을 벌 기회나 재벌 기업에 유리한 사업 환경을 사회가 제공했다 볼 수 있기 때문에, '수익자부담의 원칙'에 근거해 세금을 더 부과할 명분이 생긴다. 능력원칙에다 이 부분을 추가하면 사회적 합의가 쉬워질 것이다.

그런데 아무리 사회적 합의가 있다 해도 부자들의 조세 회피나 저항 능력을 극복하지 못하면 소용없다. 부자들 입장에서는 세금을 순순히 내는 편의 득이 실보다 크다는 계산이 서야 한다. 큰돈이 달려 있는 데다 합법과 불법의 경계를 넘나드는 문제이기 때문에 당연히 복잡한 셈법이 작용하겠지만, 부자들의 저항을 누그러뜨리는 한 가지 방안은 부자들이 피부로 느낄 수 있는 세금의 반대급부를 늘려주는 것이다. 부자 과세의 당위성을 수익자에게 부담을 지우는 데서 찾았다면, 그 실현 가능성은 부담자에게 편익을 돌려주는 방식에서 찾을 수 있다.

부유층을 설득해 더 많은 세금을 내게 유도하는 방편으로서 편익원칙을 사용한 사례는 흔하지 않다. 그나마 먼저 떠오르는 것이 스웨덴식의 보편적 복지다. 물론 스웨덴 부자들이 자국의 조세제도에 다 만족하는 것은 아닐 것이다. 하지만 정부가 국민소득의 40%를 세금으로 가져가려면 힘 있는 상위 계층의 암묵적 동의가 절대적으로 필요하다. 이 나라 정부의 생산성과 신뢰도가 높다는 점도 눈여겨볼 대목이다.

소득 과세와 소비 과세

부자들을 대상으로 하는 과세는 다양한 세원에 걸쳐 이루어질 수 있다. '낮은 세율, 넓은 과세 베이스'를 지향한 1980년대 세제 개혁 이전에는 대부분 선진국의 소득세 최고 세율이 70~80% 수준에 이르렀다. 한마디로 누진적 소득세가 부자 과세였던 셈이다. 소득세 최고 세율이 높아야 40%대인 지금은 재산 과세를 기반으로 한 부유세가 다른 대안으로 등장하고 있다. 하지만 재산은 측정이 쉽지 않은 데다 조세 저항이 크다는 특징이 있다. 현실적으로 가장 중요한 세원인 소득세와 소비세 차원에서 부자 과세를 강화할 방안이 무엇인가부터 따져볼 필요가 있다.

소득세 부자 과세의 기본 방식은 고소득자에게 해당되는 최고 세율을 높이는 것이다. 현재 우리나라 최고 소득세율은 45%인데, 여기에 부가세인 지방소득세(세액의 10%)가 추가되면 실질세율은 49.5%가 된다. 다른 선진국에 비해서도 상당히 높은 수준이다.[11] 신용카드 사용의 확대로 조세 정보 확보 수준은 몰라보게 높아졌지만, 우리나라의 지하경제 비중은 여전히 높은 편이다. 이런 상황에서 세율을 높이는 것은 세수 효과는 크지 않으면서 조세 회피를 조장하고 비효율을 급속히 높이는 결과만 초래할 수 있다.

소득세형 부자 과세와 관련해 특히 관심이 가는 부분은 세율 차이를 이용한 법인세와 소득세 간의 세원 이전이다. 기업 소유주나 대기업 임원의 경우 노동에 대한 대가를 봉급이 아닌 스톡옵션으로 받을 수 있고, 중소기업 대주주 중에는 본인이 직접 경영에 참여하며 사실

---

11   OECD 국가들의 개인소득세 최고 세율 평균은 2020년 기준 42.6%였다. 한편 같은 해 한국은 지방소득세 포함 46.2%였다(42+4.2%). 한국의 경우, 2021년부터 최고 소득세율이 45%로 상승했다. 부가세가 포함되지 않은 KPMG 자료를 보면, 한국의 2021년 개인소득세 최고 세율은 45%이고, OECD 국가 평균은 42.0%다.

상 개인 목적의 용도로 회사 경비를 사용하는 경우가 있다. 이들 모두 개인소득 기준으로 보면 상위 계층에 속한다.

2022년 현재 법인소득세 최고 세율은 25%이고 최저 세율은 10%인데, 지방소득세 10%를 가산하면 실질적인 세율은 각각 27.5%, 11%가 된다. 이는 개인소득세 최고 세율인 49.5%에 비해 현저하게 낮다. 대기업 경영진의 경우 개인소득과 법인소득의 최고 세율 격차가 22%p, 법인세 최저 세율의 적용을 받는 중소기업의 소유주는 세율 격차가 38.5%p에 달한다. 실제로 한국의 법인세수가 전체 세수에서 차지하는 비중이 높은 것은 경제력 집중에 따른 문제도 있지만 이런 소득 이전의 영향도 어느 정도 있을 것이다.

그런데 소득세율이나 법인세율이 현재 수준에 이르게 된 배경에는 나름의 논리가 있기 때문에 이 세율 격차를 줄이는 일이 간단치 않다. 법인세율의 경우 세계 평균 수준인 현재의 명목세율을 더 높이는 것은 요즘 같은 경쟁 환경에서 부담스러운 주문이다. 반면 소득세율은 지하경제와 불필요한 소득공제를 축소해 과세 베이스가 넓어진다는 전제 하에 다소 낮출 수 있는 여지가 있다. 물론 세율 격차 조정 없이 조세회피형 세원 이동을 줄일 수 있는 제도적 장치 역시 필요할 것이다.

고소득자 과세 문제에 있어 고려해야 할 사안 중 하나는 노동의 결실인 노동소득과 자산의 투자 수익으로 나타나는 자본소득을 구분하는 일이다. 수년 전 미국의 갑부인 워런 버핏Warren Buffett이 자신이 비서보다도 세금을 적게 낸다 말해 파장이 인 적이 있었는데, 이는 근본적으로 소득 형태에 따른 과세 방법이 달랐기 때문이다. 주식 부자인 버핏은 자본이득이 주 소득원인데, 이는 현금화될 때까지 과세되지 않기

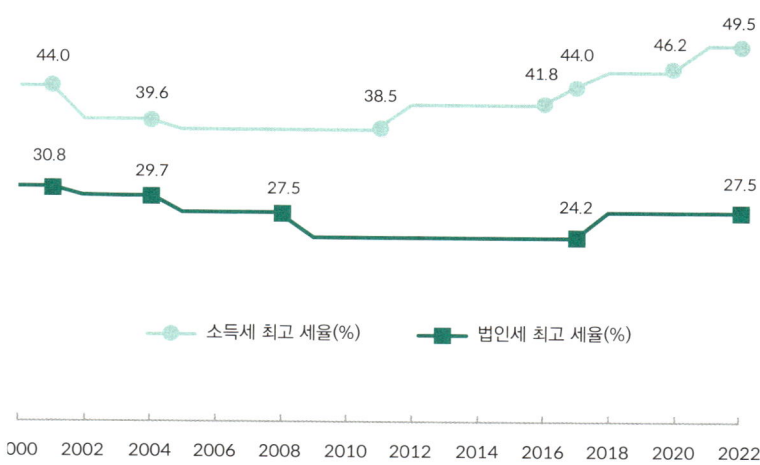

개인소득세 최고 세율 45%와 법인소득세 최고 세율 25%에 지방소득세(세액의 10%)를 추가하면 실질적인 세율은 각각 49.5%와 27.5%가 된다. 지난 10여 년을 보면 개인소득세율의 증가가 눈에 띈다. 양 세원 간의 세율 격차가 커지면 이를 이용한 조세 회피가 늘어날 수 있다. 자료: OECD, Tax database.

때문에 실효세율이 낮다. 물론 그의 비서는 일반 소득세율이 적용되는 봉급이 주 수입원이었을 것이다.

불평등 문제를 다룬 《21세기 자본Le Capital au XXIe siècle》으로 유명해진 토마 피케티Thomas Piketty가 주장한 대로 자본의 수익률이 임금 상승률보다 높다면 장기적으로 총소득이나 부에서 자산가들이 차지하는 몫은 지속적으로 더 늘어날 것이다. 이는 자본축적이 지속되면 한계생산성 체감의 법칙에 따라 자본의 수익률은 낮아지는 반면 더 좋은 기계 장비를 쓰게 되는 노동의 수익률은 높아진다는 경제법칙과 배치되는 내용이다. 그런데 요즘 같은 지식 기반 사회에서는 노동소득 내에서의 편차도 만만치 않다. 이처럼 자본소득뿐만이 아니라 노동소득에서도 부자의 몫이 더 커진다면, 자연 고세율 누진소득세를 부활시키고 동시에 자본소득을 겨냥한 부유세를 신설하자는 주장이 나올 수 있다.

하지만 이 주장은 주류 경제학의 입장과 정면으로 배치된다. 우선 고세율 소득세의 왜곡 효과에 대한 부정적 시각은 학계의 주류 견해로 고착된 지 오래다. 또한 기존 조세 이론은 자본과세를 노동과세에 비해 열등한 세금으로 본다. 노동과세는 노동 공급 결정을 왜곡하고 자본과세는 현재소비와 미래소비의 선택을 왜곡하는데, 국제 자본 이동이 자유로운 상태에서는 자본에 부과된 세금이 노동이나 토지 같은 비이동성 생산요소에 전가된다. 이 경우 자본과세는 저축과 노동 두 측면을 모두 왜곡하게 된다는 것이다. 이런 논쟁의 상세한 설명은 이 글의 범주를 넘어서지만 한국의 경우에는 또 다른 변수가 있다. 나중에 설명할 우리나라 법인세의 특수한 성격이다.

부자 과세에 관한 한 소비세 영역에서 나오는 얘기는 거의 없다. 기본적으로 누진세율을 적용하기 어렵기 때문이다. 우리나라 소비 과세는 단일 세율인 부가가치세와 품목마다 세율이 다른 개별소비세excise tax로 구성된다. 한 가지 생각해볼 수 있는 부자 소비세 대안은 특정 사치품에 대한 세율을 높이는 방안이다. 그런데 이런 세금에 대한 전문가들의 반응은 대체로 차갑다. 우선 가난한 사람의 소비 패턴이 부자와 큰 차이가 없을 수 있다는 점을 든다. 누구나 명품 가방을 사고 싶어 한다는 논리다. 나아가 이런 제품은 수요 탄력성이 높기 때문에 낮은 세율을 적용하는 것이 효율 비용이 덜하다는 점을 강조한다. 탄력성이 높으면 세금에 따른 행동 변화가 크기 때문에 그만큼 왜곡 효과 또한 늘어난다는 의미다.

하지만 소위 램지 법칙으로 불리는 역탄력성 공식은 이론적으로 정치하고 응용의 여지도 많지만 매우 제한된 환경에서만 타당하기 때문에 현실에 그대로 적용하기 어렵다.[12] 특히 우리나라같이 이미 세제가 너무 복잡한 상황에서는 더욱 그렇다. 따라서 이 법칙을 사치세 반대 논리로 삼는 데는 한계가 있다. 차라리 현 제도같이 단일 세율의 부가가치세를 기반으로 하되 부분적으로 개별소비세의 합목적성을 강화하는 편이 옳다.

이론적으로는 세금을 매기는 게 타당한데 현실에서는 쉽지 않은 경우가 많다. 도로를 이용하는 사람에게 수익자부담의 원칙을 근거로 도로세를 매기고 싶은데 이것이 여의치 않을 경우 유류세를 대용물proxy로 생각할 수 있다. 유류세는 또한 석유제품의 독점 지대를 우회적으로 과세하는 역할을 할 수도 있다.

비슷한 논리로 사치세를 여가의 우회 과세 수단으로 설정할 수 있다. 이론적으로 보면 여가도 효용을 높이므로 과세 대상이 될 수 있다. 앞의 수평적 형평성과 자영업자 관련 글에서 강조했듯, 같은 소득이라도 하루 종일 쉬지 않고 일하는 사람과 하루 세 시간 일하고 나머지 시간에는 골프나 요트 같은 여가 생활을 즐기는 사람을 동일하게 취급할 수 없다. 특히 여가를 포함한 모든 제품을 동일한 세율로 과세하면 일종의 정액세 효과를 얻을 수 있다. 제품 간 상대가격이 변하지 않아 왜곡 효과는 없으면서 구매력만 낮아지기 때문이다.

---

12 램지 법칙은 주어진 세수를 조달할 때 총초과부담을 최소화하기 위해 각 재화 수요량의 감소 비율이 동일하도록 세율 구조가 결정되어야 한다는 것이다. 이는 탄력성이 높은 품목에는 낮은 세율을, 탄력성이 낮은 품목에는 높은 세율을 부과하는 식의 역탄력성 법칙으로 해석될 수 있다.

물론 모든 여가를 우회 과세 하자거나 비싼 제품이라고 무조건 세율을 높이자는 것이 아니다. 단지 상류 계층의 여가와 관련된 제품을 사치세 대상으로 고려할 수 있다는 것이다. 기왕에 존재하는 개별소비세 방식을 이용해 부유층 여가와 직결되는 제품을 다소 높은 단일 세율로 과세하는 방안이다. 이 경우 설사 왜곡 효과가 있다 하더라도 여가의 우회 과세에서 오는 효율과 형평의 이득이 더 클 수도 있다. 나아가 베블런 효과Veblen effect라고 알려진 부유층의 자기과시 본능을 생각하면 이런 재화가 탄력적이라는 주장을 그대로 받아들이기 어렵다.

실제 우리나라에서는 1977년 부가가치세제를 도입하며 사치성 품목의 소비를 억제하는 취지의 특별소비세를 함께 실시했다. 특히 사치재에 대해 고율의 차등 세율을 적용하는 누진 체계가 눈에 띈다. 이후 소득수준이 높아지며 사치재 품목의 정의에 대한 논란이 일면서 특별소비세는 2007년에 폐지됐다. 즉, 소비자의 선호가 다양해지면서 소득 계층과 특정 재화를 연계하는 것이 어려워진 것이다. 한때 냉장고가 특별소비세 대상이었던 것을 생각하면 이해할 수 있는 측면이다. 요즘은 골프채도 사치재라 보기 어렵다.

물론 이 제도는 설계상의 문제가 있었다. 특히 소비세에 차등 세율을 매기는 방식이 적절치 않았다. 이것은 행정 비용만 늘리는 열등한 선택이다. 애초에 이런 등급을 효과적으로 매기는 것도 쉽지 않고, 또 시간이 흐르며 소비 패턴이 바뀌면 세목을 조정해야 하는 문제가 생긴다. 하지만 앞서 언급한 단순한 형태의 사치세는 조세 형평의 차원에서 고려해볼 가치가 있다. 설사 큰 실효성이 없더라도 정치적 홍보 효과는 있다. 고세율의 누진 소득세는 부자 과세라는 광고효과 때문에 정치적으로 선호되긴 하지만 효율 비용이 크기 때문에 쉽게 선택하기 어렵다. 하지만 단순한 형태의 사치세는 전문가들의 걱정만큼 효율 비용이 크지는 않을 것이다.

재산 과세와 대기업 과세

우리나라 부자 과세 논쟁에서 특히 중요한 두 영역은 부동산 불로소득 문제와 재벌 기업 과세다. 일단 당위성 측면에서 보면 두 경우 모두 사회가 제공한 환경을 배경으로 돈을 벌었으니 그만큼 사회적 책임도 크다는 수익자부담의 원칙을 적용할 수 있다. 정부 주도니 재벌 중심이니 하는 표현으로 고도성장기를 요약할 수는 있지만, 우리나라 경제 발전의 기틀은 국민이 낸 세금과 노동자의 땀방울이었다.

부동산 과세와 관련된 사안은 앞에서 상세히 다루었기 때문에 여기서는 몇 가지 추가적인 사안만 정리하고 넘어간다. 헨리 조지가 생각했던 지대 과세는 기본적으로 토지 가치에 부과되는 세금을 염두에 둔 것이었다. 토지는 움직일 수 없기 때문에 효율 비용을 창출하지 않는 '피할 수 없는 세금'의 기준을 충족하는 데다 부자들이 보유한 비중이 높아 수직적 형평의 차원에서도 바람직한 세금이다. 그런데 현실에서 관찰되는 재산 과세는 건물이나 주택 같은 구조물과 토지가 결합된 물건에 과세하는 경우가 대부분이다. 이 경우 과세 베이스를 산정하는 문제가 복잡해지고 주택과 관련된 왜곡 효과가 발생할 수 있다. 나아가 주택이 갖는 고유 가치에 대한 배려도 쟁점이 된다. 최근의 부동산 과세 논란에서 보듯, 우리나라도 이 모든 문제에서 예외가 아니다.

한국형 부자 과세의 설계라는 관점에서 또 하나 고려해야 할 점은 부자의 부나 소득의 구성이 점차 부동산에서 주식이나 채권과 같은 금융자산으로 비중이 옮겨간다는 점이다. 인공지능이 지배하는 정보 기술 시대의 소득원은 제조업이 중심이었던 시절과는 다를 것이다. 구글, 아마존, 애플 등 세계적인 거대 기업 대부분은 무형자산 중심의 사업체다. 미국의 경우 최상위 부자들의 재산이나 소득 구성은 워런 버핏의 사례처럼 압도적으로 금융자산에 치우쳐 있다.

이런 점을 감안할 때 앞으로의 부유세 논쟁은 부동산 세금에 초점을 두는 사고에서 벗어나 부동산과 금융자산 과세 문제를 함께 다룰 필요가 있다. 또한 자산 가치와 자산 소득 중 어느 측면에 초점을 둘지도 따져봐야 한다.

금융자산에서 발생하는 소득의 과세를 둘러싼 논쟁은 아직 부동산 세금만큼 활발하지 않다. 기껏해야 증권거래세를 줄이고 자본이득세를 강화한다는 지엽적 논리가 고작이다. 하지만 이제는 자산 과세 전반에 대한 체계적 청사진을 마련할 때가 됐다. 부동산이건 주식이건 여기에서 발생하는 소득을 과세하는 문제에 있어, 우리와 조세 구조가 다른 서구 선진국의 경험이나 애매한 국제 비교 통계를 정책 가이드라인으로 삼는 것은 곤란하다.

이 책에서는 체계적인 조세개혁 틀 안에서 전반적인 세제를 검토하고, 그 결과로 도출된 원칙에 근거해 부자 과세 전략을 짤 것을 제안한다. 그렇지 않고 다시 특정 세목 중심의 부분 논리에 매몰되면 부동산 세금 같은 혼란은 계속될 수밖에 없다. 특히 지난 40여 년 동안 시도조차 하지 못한 조세개혁을 5년 단임 정권이 한두 해 만에 소화하기는 어려울 것이다. 이런 관점에서 보면 기존 정치권에 나도는 부동산 세금 개혁안들은 무리하게 실행하면 역효과가 날 수 있는 대안들이다.

예를 들어 기존 종부세를 재산세에 통합한다거나 토지와 구조물을 분리해 과세하는 식의 제안은 충분히 장기적인 대안이 될 수 있지만 서둘러 결정할 사안은 아니다. 우선 토지세의 경우 이로 인한 세수 효과가 크지 않은 데다 제도 변화의 득실에 대한 평가가 아직 충분하지 않다. 시간을 두고 금융자산과 건물에서 나오는 지대에 대한 과세와 어떻게 병렬적으로 유지할지, 수평적 형평성 문제는 제기되지 않을지 등을 따져봐야 한다. 또한 어려운 과정을 겪으며 정착되고 있는 종부세의 경우 서둘러 폐지하기보다는 새로운 대안이 나올 때까지 과도기적 부유세로서의 성격에 맞게 과세 대상을 조정하는 것이 맞는 방향이다.

부동산 불로소득 과세를 보완하는 다른 과도기적 대안은, 앞에서 언급했듯, 기존 상속세나 증여세를 활용하는 것이다. 법정 상속세율은 그대로 두더라도 창업 유인이나 기업가 정신을 해치지 않는 방향으로 공제 항목을 조정할 수 있을 것이다. 다시 말해 우리 사회가 권장해야 할 '좋은 지대'의 경우 설사 상속 과정에서 병목 과세가 가능하다 하더라도 일정 부분 혜택을 줄 수 있다는 말이다.[13] 그 대신 불로소득형 재산의 상속은 수익자부담 원칙에 근거한 사회적 책임의 차원에서 평가하는 것이 바람직하다.

---

13 가업상속공제의 기준을 단순화해 기업의 경제 기여도에 초점을 맞출 필요가 있다.

재산 과세는 어느 나라에서나 논쟁이 벌어지고 있지만, 대기업 과세를 부자 과세의 일환으로 보는 문제는 우리나라 고유의 경제구조와 직결된다. 따라서 과세 당위성이나 실현 가능성 모두 독창적인 논리를 세울 필요가 있다.

통상 개도국의 경우 선진국에 비해 개인소득세 비중은 낮고 법인세 비중은 높다. 개인소득보다는 기업 활동에서 조세 정보를 확보하기 쉽기 때문이다. 반면 선진국의 경우 자본과세의 비효율을 지적하는 조세 이론의 영향으로 법인세 비중은 꾸준히 감소하는 추세다. 그런데 우리나라의 법인세수 비중은 상대적으로 높은 수준에 머물고 있다. 실제 미국의 법인세수 비중은 1990년 7.5%에서 2019년 5.4%로 감소한 반면, 우리나라는 1990년에 12.8%였던 법인세 비중이 2019년에는 15.7%로 늘어난 상태다.

또한 법인세수가 소수 재벌 기업에 집중되어 있는 것도 중요한 특징이다. 2020년 신고 기준으로 볼 때 상위 0.01%에 해당하는 84개 기업이 전체 법인세의 약 36.4%를 납부했고, 전체 기업의 0.04%인 약 300여 개 기업이 전체 법인세수의 절반에 가까운 금액을 감당했다. 그런데 이들 재벌 기업이 빠르게 성장하는 과정에서 다양한 형태의 정책금융과 투자 유인을 제공받은 것은 널리 알려진 사실이다. 다시 말해 세금도 많이 내고 반대급부도 많이 받는 조세의 편익원칙이 암묵적으로 작용했다는 해석이 가능하다.[14]

그렇다면 대기업의 세금 부담이 높은 이런 추세가 앞으로도 가능할

---

14 이 명제를 처음 제시한 논문은 다음과 같다. J. Jun, "Korea's tax system: a growth-oriented choice", in Roger Gordon(ed.), *Taxation in Developing Countries: Six Case Studies and Policy Implications* (Columbia University Press, 2010) pp. 220~254.

까. 대외 경쟁이 치열해지는 환경에서 법인세를 부자 과세 논리로 해석하는 방식이 바람직한 걸까.

우선 특혜를 받고 성장한 재벌들이 아직은 사회적 책임에서 자유롭지 않다는 점은 앞서 여러 차례 지적한 바 있다. 고도성장기에 이들에게 제공된 저임금 환경과 각종 지원은 결국 대다수 국민들의 세금과 희생을 바탕으로 이루어진 것이기 때문에, 상법상의 논리만으로 재벌가의 주주 권한을 논하는 것은 정치적 호소력이 크지 않다. 재벌의 지배 구조나 경영 투명성이 향상되다 보면 반재벌 정서 역시 언젠가 사라질 것이다. 그 과정에서 재벌이 사회적 책임을 이행하는 가장 확실한 방식은 세금을 잘 내는 것이다.

다만 자본의 국제 이동이 자유롭고 국내 대기업의 해외 생산이 늘고 있는 상황에서 법인세제를 좀 더 세련되게 운영할 필요는 있다. 무엇보다 국제 평균에 가까운 현재의 법정 법인세율은 당장 더 낮출 필요가 없다고 본다. 국제경쟁력 차원에서 세율 인하를 강조하는 목소리가 높지만, 이는 지엽적인 논리일 뿐이다. 기업의 경쟁력에 영향을 주는 실효세율은 투자 유인을 통해 얼마든지 조정할 수 있다. 반면 법정세율은 세원 이전을 통한 조세 회피와 직결되어 있다. 앞서 본 바와 같이 개인소득세율과의 격차가 큰 상황에서 법인세율을 낮추면 기업 소유자나 경영진의 세원 이전을 통한 조세 회피 유인이 커질 수 있다. 나아가 이전가격 조작 같은 국제적 조세 회피는 국가 간 법정세율의 격차를 이용한다는 점도 감안해야 한다. 특히, 전체 세수에서 법인세가 차지하는 비중을 고려하면 성급한 세율 인하는 득보다 실이 클 수 있다. 추후 국제적인 세율 인하 추세가 지속되면 그때 가서 낮추어도 된다.

또한 국제기구 등에서 강조하는 외국 기업 유치를 둘러싼 조세 경쟁tax competition 현상은 한마디로 과장된 개념이다. 지난 수십 년 법인세율이 평균적으로 하향 추세를 보였는데, 이것을 외국자본 유치를 위한 선택이라 보는 국제기구 등 기존 학계의 주류 견해는 옳지 않다. 우선 선진국의 법인세율 인하는 자본과세의 비효율을 의식한 결과라 볼 수 있다. 외국자본을 필요로 하는 개도국의 경우도 외국자본 유치를 위한 법정 조세 유인은 제공했지만 이것이 각국의 법인세 정책을 좌우했다 보기 어렵다. 실제로 다국적기업이 사전적으로 투자 위치를 선정할 때 고려하는 요인 중에서 조세의 우선순위는 그다지 높지 않다. 따라서 외국 기업에 대한 과도한 조세 지원은 정비할 필요가 있다.

오히려 지금 국제사회가 직면한 문제는 무형자산을 기반으로 하는 초대형 기업들의 조세 회피를 단속하는 일이다. 오랜 기간 동안의 논의 끝에 2021년 10월에 소위 '디지털세'라 불리는 제안이 OECD가 주도하는 총회에서 136개국의 동의를 얻었다. 이 합의안이 제대로 실천된다면 2023년부터 연간 기준 매출액 200억 유로(약 27조 원) 이상 기업은 영업이익률 10%를 초과하는 이익의 4분의 1에 대한 세금을 본사 소재지가 아닌 매출이 발생한 나라에 내야 한다.

다국적기업의 정치력과 순발력을 감안할 때 이런 과세 노력이 기대만큼 실효성이 있을 것이라고는 생각하지 않지만, 그래도 이런 종류의 지대 과세는 굳이 외면할 이유가 없다. 구글, 아마존, 넷플릭스 등 무형자산 중심의 다국적기업 수익 역시 잠재적인 부자 과세의 세원이라 볼 수 있다. 특히 우리나라 핵심 기업들의 외국인 주주 비중이 높은 상황에서는 법인세가 이들에게 우회 과세하는 효과를 가질 수도 있다.

요컨대 경제력이 부자나 대기업에 집중되어 있는 우리 현실에서 부자 과세에 대한 논의는 불가피하다. 하지만 이들의 조세 회피와 저항 능력이 만만치 않기 때문에 서구 국가들처럼 재산 세목 하나에 집중하는 방식의 부유세는 부작용이 클 수 있다. 한편으로 부자 과세의 논거를 강화해 사회적 합의를 이루고, 다른 한편으로 세원의 다양화를 통해 비효율은 분산시키고 저항의 강도를 낮추는 것이 현재로서는 최선의 선택이다.

4부

복지국가 리모델링

최악의 복지정책은
적자재정

빚에는 좋은 빚과 나쁜 빚이 있다. 나라 빚도 마찬가지다. 적자재정에 관한 잘못된 편견을 살펴보고, 현재 한국의 재정 상태는 건전한지 따져본다. 과거의 보수적 재정 운영 덕분에 아직은 여유가 있어 보이지만, 정부 부채의 증가 속도가 지나치게 빠르다. 복지 확대를 포함한 큰 정부가 시대정신이지만, 지속적 적자재정은 경제 안정을 해치고 미래 세대에게 부담을 준다. 재정 여력을 비축해 다음 위기에 대비하려면 '재정 규율'부터 바로 세워야 한다.

대학에 다니는 세 자매가 있다. 첫째는 자유로운 영혼이고 둘째는 그냥 날라리다. 둘 다 성적은 언제나 C 학점이다. 셋째는 달랐다. 'All A'를 놓친 적이 없는 야무진 딸이다. 그런 막내가 어느 학기 뒤늦은 사춘기가 도래해 공부를 줄이고 사색을 즐겼다. 덕분에 성적이 B로 떨어졌다. 당황한 딸에게 아빠는 뭐라고 말할까? "괜찮아, 그럴 수도 있는 거야. 좋은 경험이라 생각하고 다시 힘내"와 "괜찮아, 아직 언니들처럼 되려면 멀었어. 좀 더 놀아도 돼" 중에서 고르라면 무엇이 정답일까.

국제기구 전문가들이 한국에 오면 판박이처럼 하는 말 중 하나가 한국의 정부 채무는 OECD 국가 평균보다 한참 낮으므로 추가로 적자재정을 할 여지가 크다는 것이다. 진짜 그렇게 믿는 것인지 불러준 주최 측 듣기 좋으라고 하는 말인지 별 관심 없다. 어차피 그들은 돌아가면 그만이다. 그런데 똑같은 얘기를 우리나라 관료나 정치인들이 할 때는 걱정이 된다. 정말 그렇게 믿으면 답답한 것이고, 적자의 부정적 측면을 의도적으로 외면하려는 것이라면 불편하기 때문이다.

국제 비교에 많이 쓰이는 일반정부 부채를 기준으로 할 때 2020년 말의 우리나라 정부 채무는 GDP의 48.9%로 선진국 평균인 124%의 절반도 되지 않는다.[1] 그럼 지금보다 빚을 더 져도 괜찮은 걸까. 갑자기 급한 사정이 생겨 빚을 내야 하는데 어느 정도까지가 안정적인지 궁금할 때, 우리 집과 비슷한 환경의 이웃을 둘러볼 수는 있다. 그러나 우리 집은 옆집보다 부채가 덜하므로 빚을 더 져도 된다는 단순 논리는 당찮다. 더구나 그 이웃의 재정 상태를 잘 모르면서 이런 말을 한다면 정말 한심하다. 어차피 빚은 안 질 수 있다면 최선이고, 졌더라도 평소에 줄여나가는 것이 원칙이다.

좋은 빚과 나쁜 빚

빚지는 일이 달갑지는 않지만 우리 대부분은 빚을 져본 경험이 있다. 경조사가 있거나 하던 일을 잠시 쉬게 되어 일시적으로 적자가 생기는 경우 돈을 빌려 문제를 해결한 뒤 조금씩 갚아나가는 것이 합리

---

[1] 정부 부채 국제 비교 시, IMF와 OECD 자료 간 수치가 다르고, 같은 IMF나 OECD 자료 내에서도 세부 소스에 따라 수치가 달라 혼란스러울 수 있다. 기획재정부(기재부) 보도 자료나 한국 '국가회계재정통계센터' 홈페이지에서 우리나라 부채 비율을 다른 나라와 비교할 때, 한국 수치는 기재부 산출값을 사용하고 다른 국가 수치는 OECD나 IMF 값을 사용하는 경우가 많다. 2020년 말 기준으로 OECD 평균을 구할 경우, OECD의 Economic Outlook 자료를 사용할 수 있다(130.4%). 여기에서 언급한 선진국 평균은 IMF global debt database를 바탕으로 IMF가 산출한 값이다(124%, IMF blog).

적인 선택이다. 기업의 경우 주식 발행과 같은 자기자본으로만 회사를 운영하기 힘들 수 있다. 회사채를 발행하거나 은행에서 대출을 받아 투자 재원을 마련하는 것은 통상적인 기업 활동에 속한다. 물론 빌린 돈으로 장사를 잘해 원리금을 갚고도 남는다는 전제 조건을 달고 하는 선택이다.

정부가 적자를 하는 경우는 어떨까. 가계나 기업과 유사한 측면도 있지만 다른 측면도 많다. 금융위기나 코로나 위기와 같이 예기치 못한 외부 충격으로 경제 활동이 급속히 위축되는 경우 정부가 돈을 풀어서라도 성장률을 어느 정도 유지하는 것이 바람직하다. 일반적인 경기순환 과정의 침체기에도 적자재정을 할 수 있다. 불황일 때는 소득과 소비가 위축되기 때문에 세금이 덜 걷히는 반면 실업수당과 같은 복지지출은 늘게 된다. 이렇게 자연스럽게 발생하는 적자는 지나친 경기변동을 완화시켜주는 완충장치 역할을 하므로 '자동안정장치automatic stabilizer'라 불린다. 이런 소극적 차원의 재정 적자는 용인하는 것이 바람직하다. 그런데 위축된 소비나 투자로 인해 떨어진 총수요를 끌어올리려 추가적인 재정 적자를 하는 데 대해서는 전문가의 견해가 갈린다.

대공황 해법을 제시한 존 메이너드 케인스John Maynard Keynes의 전통을 신봉하는 사람들은 적극적 재정 적자를 옹호하지만, 이런 방식의 경기부양책은 부작용이 크다고 믿는 사람들도 많다. 경기 사이클을 정확히 진단하기 어려운 데다 재정정책의 시차 문제를 심각하게 보기 때문이다. 통화정책과 달리 재정정책은 정치적 이유로 입안이 지연되는 경우가 많고, 또 정책 시행 후 효과가 나기까지 시일이 걸린다. 이론처럼 정확한 시기 대응을 못해 부작용을 낳을 바에는 통화정책을 통해 경기

안정 기능을 수행하는 것이 낫다는 견해다. 이런 이유로 꽤 오랫동안 단기 총수요 조정은 통화정책이 우월하다는 견해가 대세였다.

그러다 2008년 글로벌 위기와 함께 케인스류Keynesian의 적극적 재정 확대가 부활했다. 당시로서는 위기의 규모가 대공황에 버금갈지도 모른다는 우려가 컸기 때문에 정책 시차를 걱정할 겨를이 없었다. 2009년에 미국이 소집한 G20 정상회담에서는 동시다발적으로 과감한 적자재정을 합의했고, 이는 예상보다 빠르게 위기를 진압하는 데 도움이 됐다. 문제는 이후 상당수 나라에서 발생한 적자의 후유증이었다. 이미 정부 재정이 부실해진 상태에서 추가적인 적자를 하다 보니 경제가 흔들렸고, 그 대표적 경우가 2010년에 시작된 남유럽 위기의 주역인 그리스와 이탈리아였다. 이탈리아는 오랫동안 정부 부채 비율이 150%을 넘나들던 나라였고, 그리스는 경쟁력 약화가 초래한 총수요 부족을 재정 적자로 메우려다 탈이 난 나라였다.

글로벌 금융위기가 진정된 지 10년 남짓 지나 코로나 위기가 다시 세계를 흔들고 있다. 재정 확대는 다시 통상적인 정책의 일부가 됐다. 코로나 위기가 끝나면 다시 적자 후유증에 시달리는 나라가 등장할 것이다. 그런데 이번에는 일시적인 경기 침체의 문제를 떠나 지난 수십 년간 국제경제를 떠받치던 기본 질서가 바뀌는 현상이 나타나고 있다. 이미 미중 갈등의 여파로 금이 가던 국제 공급망은 코로나로 물류와 인력이 막히며 더 흔들리고 있다. 여기에 꾸준히 강화되고 있는 환경 규제의 여파로 화석연료의 공급이 위축되면서 에너지 가격도 상승세로 돌아서고 있다. 이런 공급 측면의 비용 상승에다 선진국의 소비 증가가 겹치며 지난 수십 년 동안 보지 못했던 인플레이션 위험이 고개

조세부담률과 정부지출, 정부 채무의 증가 추이

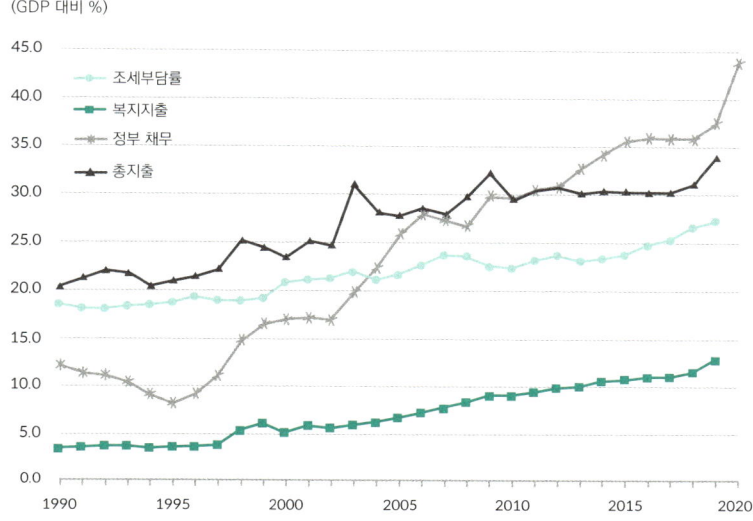

정부지출이 조세수입을 능가하며 정부 채무는 빠르게 증가하고 있다. 외환위기를 겪고 난 이후 복지지출 역시 빠르게 늘어나고 있다. 자료: OECD, Revenue Statistics database; 한국은행 경제통계시스템; 기획재정부, 국가채무관리계획.

를 들고 있다. 여기에다 미국의 바이든 행정부가 복지와 사회간접자본을 확대하기 위해 추진하고 있는 수천조 원 규모의 재정 확대가 물가 상승을 부채질한다는 우려도 있다.

이런 불안정한 상황에서의 재정 적자는 전문가들의 예상과 다른 형태의 부작용으로 이어질 수 있다. 만일 코로나 위기가 걷힌 후 정부 재정이 정상으로 돌아오지 않고 적자가 지속된다면 또 다른 외부 충격이 올 때 대응할 수 있는 여력이 약해진다. 개인의 빚이건 정부 부채건 처음이 어렵지 한번 시작하면 경계심이 떨어진다. 특히 잘 지켜지던 재정 규율이 위기를 계기로 깨지는 일을 경계해야 한다. 코로나 위기로 불평등의 심각성이 표면화되며 복지 확대에 대한 목소리가 높아질 것이고, 이를 감당하기 위한 재원 마련이 어려운 경우 적자재정을 해서라도 복지지출을 늘려야 한다는 목소리가 커질 수 있다. 그러나 복지 재원같이 구조적 성격을 띠는 지출을 적자로 감당하는 경우 경제 기반 자체가 흔들릴지 모른다.

얼핏 남의 얘기처럼 들리는 이런 전망은 바로 우리가 직면하고 있는 문제다. 우리나라는 오랫동안 재정 보수주의를 견지해온 덕에 정부 부채 수준이 다른 선진국에 비해 낮은 편이다. 하지만 최근 들어 그 증가 속도가 매우 빨라지고 있다. 정부 채무 측정에는 다양한 기준이 동원되므로 딱 부러지는 한 가지 정의로 수치를 말하기 어렵다.[2] 중앙정부와 지방정부의 회계, 기금의 합으로 정의되는 좁은 기준, 소위 국가채무(D1)라 보도되는 개념을 기준으로 보면, 외환위기 시점인 1997년 말 기준 GDP 대비 정부 부채 비율은 11.1%였다. 이 비율이 2002년 김대중 정부 말기에는 외환위기 비용을 반영해 17%로 늘어난다. 이후 2007년, 2012년, 2017년 등 정권의 임기가 끝나는 해의 수치를 보면, 각각 27.5%, 30.8%, 36%으로 꾸준한 증가 추이를 보인다. 코로나 위기를 안고 간 문재인 정부의 경우, 2022년 말 예상치가 50%를 넘어간다.[3]

---

[2] 정부는 부채 유형을 국가채무(D1), 일반정부 부채(D2), 공공 부문 부채(D3) 세 가지로 체계화하여 산출하고, 각각의 특성에 맞게 활용하고 있다. D1은 국가재정운용계획, 국가채무관리계획 등 재정 운용 목표의 지표로 활용한다. 이 지표는 중앙정부와 지방(교육)자치단체의 회계 기금을 포괄한다. 다만 중앙정부 기금 중 중앙 관서의 장이 직접 관리하지 않는 기금은 제외한다. 국제기구 등에 제출하여 국가 간 재정 건전성을 비교하는 지표로는 D2를 사용한다. D2는 중앙정부와 지방(교육)자치단체의 모든 회계 기금 및 비영리 공공 기관을 포괄한다. D3는 D2에 비금융 공기업까지 포괄하며, 공공 부문의 재정 위험 및 재정 건전성을 관리하는 지표로 활용한다.

[3] 2021년 8월 정부가 발표한 2022년 예산안에 따르면, 국가채무는 2021년 956조 원(GDP의

주요국의 일반정부 채무

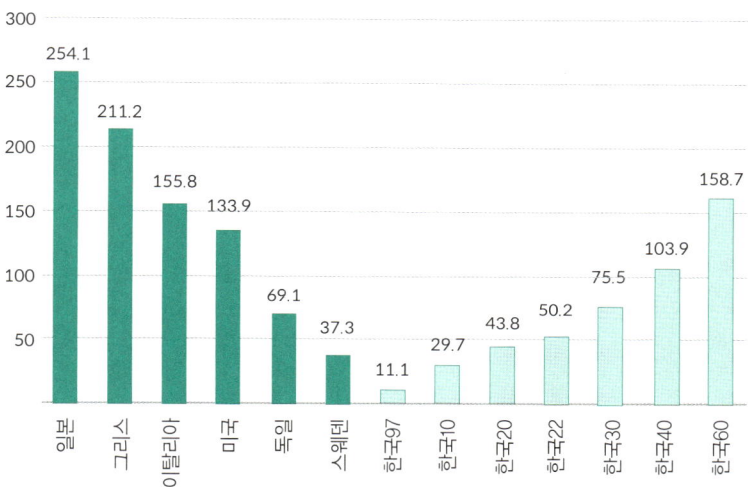

1997~2060년 한국 정부 수치는 1997년, 2010년 등 연말 기준 정부 부채 비율로서 2022년은 기획재정부의 잠정 수치, 2030~2060년은 국회예산정책처의 전망 수치다. 최근의 재정 확대 추세를 보면, 이 추정치보다 훨씬 빠르게 정부 채무가 늘어날 가능성이 있다. 주요국의 수치는 2020년 기준임. 자료: IMF, Global debt database; 기획재정부, 국가채무관리계획; 기획재정부, 2022년 예산안; 국회예산정책처, 2020년 장기재정전망.

이 추세를 어떻게 해석하는 것이 맞을까. 부채 기준을 어떻게 잡느냐에 따라 수치가 달라지지만, 그래도 부채 비율이 100%를 훌쩍 넘는 다른 선진국들보다는 아직 재정 여력이 있다고 볼 수 있다. 하지만 추세적으로 부채 비율이 꾸준히 증가하고 있는 것은 좋은 징조라 보기는 어렵다. 특히 최근 수년의 부채 증가 속도는 코로나 위기를 감안한다 하더라도 상당히 빠른 편이다. 이는 재정 규율 자체가 약해지고

47.3%)에서 2022년 1,068조 원(50.2%)으로 증가한다. 9월에 발표한 '2020년 장기재정전망'에 따르면 2020년 현재의 총수입과 총지출 기조가 유지됐을 경우 2060년 국가채무는 5,500조 원 가까이 늘어나는데, 이는 GDP의 160%에 육박하는 수준이다.

있다는 방증으로 해석할 수 있다. 정부 채무 중에는 투자나 융자의 성격을 갖는 부분도 섞여 있기 때문에, 이런 총량의 추세만으로 단정적인 결론을 내리기는 어렵다. 그런데 정부 살림살이를 측정하는 일반회계 적자 국채 발행 추이를 보면 재정 규율의 약화 추세가 뚜렷해진다. 외환위기 이전까지는 수입 한도 내에서 지출한다는 '양입제출'의 관행 덕에 기록된 적자성 채무가 없었다. 그런데 외환위기가 충분히 극복된 이후를 보면, 2007년 71.8조 원, 2012년 148.6조 원, 2017년 289.6조 원으로 매 5년마다 두 배씩 증가하는 추세를 보인다. 정부가 발표한 '2021~2025년 국가채무관리계획'을 보면, 2022년 이 금액이 612.6조 원에 이르게 된다.

코로나 위기는 언젠가 지나갈 것이다. 그렇다면 그다음을 생각해야 한다. 특히 우리보다 앞서 복지국가의 길을 걸었던 나라들의 경험은 다양한 시사점을 제공한다. 국제 비교를 하려면 제대로 해야 한다. 지금처럼 재정 적자 편차도 크고 적자의 원인이나 위험성도 천차만별인 다양한 나라의 평균을 사용하는 관행은 실질적 도움은 크지 않고 자칫 정부의 잘못된 선택을 합리화하는 도구로 전락할 수 있다.

그리스, 미국, 그리고 일본

내가 수업 중 자주 드는 예는 정부 부채 수준이 높은 그리스와 일본, 그리고 달러화가 자국 통화인 미국이다. 이 세 나라의 특징을 비교하는 정도만으로도 우리에게 주는 시사점이 크다. 세 나라의 GDP 대비 정부 부채는 IMF의 일반정부 부채 기준으로 2020년 말 현재 각각 211.2%, 254.1%, 133.9% 수준이다. 일본의 경우 거의 대부분 국내 거주자가 국채를 보유하는 반면, 그리스 정부는 차입의 4분의 3 정도를 외국자본에 의존해왔다. 미국 정부의 채권은 국내 거주자와 해외 거주자가 대략 반반씩 보유하고 있다.

2010년 발발된 남유럽 위기의 주역인 그리스부터 살펴보자. 2008년에 터진 글로벌 위기가 예상보다 오래가지 않은 이유 중 하나는, 미국이 G20 회의 등을 통해 설득한 결과 많은 나라들이 동시에 재정 확대를 했기 때문이다. 미국은 이후 꾸준한 경기회복세를 보였고, 재정 여력이 있었던 우리도 큰 문제가 없었다. 하지만 애초에 정부 빚이 많았던 그리스는 극심한 후유증을 앓았는데, 특히 부채의 상당 부분이 외국에서 조달된 것이라 더 큰 문제가 됐다. 위험 프리미엄이 붙으며 부채 금리가 급상승했고 만기 연장이 쉽지 않아 결국 대외 채무를 갚기 어려운 위기 국면에 다다랐다. 재정위기와 외환위기가 겹친 상황이었다.

애초에 그리스가 지속적 적자재정을 하게 된 근거는 경쟁력 약화에서 찾을 수 있다. 통상 경쟁력 약화로 무역 적자가 발생하면 자국 통화 가치가 하락하며 수출 경쟁력을 다소 회복한다. 그런데 그리스는 유로존에 속해 있어 이런 대안이 없었다. 그 대신 정부의 재정 확대를 통해 총수요를 보전하며 근근이 성장률을 유지해오다 글로벌 위기 같은 외부 충격이 오니 흔들린 것이다.

그렇다면 정부 부채의 절반 정도를 외국인이 보유하고 있는 미국은 어떨까. 사실 대표적인 준비통화reserve currency인 달러화의 나라 미국이 외환위기를 겪을 확률은 제로에 가깝다 할 수 있다.[4] 따라서 세계경제가 위기 국면에 처하고 국제자본시장이 출렁일 때 가장 안전한 피난처safe haven는 미국 국채가 된다. 통상 위기가 발생하면 그 나라 통화가치는 약해지기 마련인데, 미국의 경우 2008년 위기 때 그 반대 현상이 나타났다. 일종의 '달러의 역설'인 셈이다. 좀 더 솔직히 말하면 달러화를 핵심 결제통화로 만든 패권 국가의 힘이라 할 수 있다. 2차 세계대전 이전에는 영국의 파운드화가 그 역할을 했다. 최근 들어 중국이 위안화의 국제적 위상을 높이는 데 힘을 쏟는 것은 그리 이상한 일이 아니다.

정부 부채와 관련해 가장 관심을 끄는 나라는 역시 일본이다. 1990년 초부터 근 30여 년 가까이 장기 침체의 길을 걷고 있는 데다 정부 부채 비율이 200%가 넘는 나라가 어떻게 여전히 빚 줄이는 노력을 하지 않고 있는지 궁금해하는 사람들이 많다. 크게 두 가지 설명이 가능하다. 첫째, 일본이 높은 부채 비율을 유지할 수 있었던 가장 기본적인 배경은 그 기간 동안 명목금리가 영zero에 가까웠다는 사실이다. 부채의 금융비용이 매우 낮았기 때문에 통상적인 후유증이 나타나지 않았다. 둘째, 일본의 경우 정부 채무의 95% 정도를 국내에서 소화한다. 즉, 자국 통화로 발행하는 부채의 경우 파산 위험이 매우 낮다는 의미다. 따라서 그리스와는 차원이 다른 경우다.

이런 설명의 배경에는 일본의 식지 않는 국제경쟁력이 있다. 요즘 같이 자본 이동이 자유로운 시대에는 외국에서 빌린 돈으로 재정 적

---

[4] 언론이나 정부에서 같은 의미로 사용하는 기축통화(key currency)라는 일본식 한자어보다는 실제 의미에 가까운 준비통화나 국제결제통화라는 용어를 사용하는 것이 바람직하다.

자의 재원을 마련할 수 있다. 앞서 말한 미국과 그리스가 이런 경우다. 무역 거래는 국제결제통화로 이루어지는데, 무역 적자를 한다는 것은 외국자본 유입을 의미한다. 예를 들어 수출이 100달러이고 수입이 120달러이면 20달러는 외국에서 유입되어야 한다.[5] 일본은 꾸준히 대외 부문 흑자를 이어왔기 때문에 외국에서 돈을 빌릴 일이 없었다. 즉, 재정 적자 문제가 불거져도 이것이 외환위기로 이어질 가능성은 없다는 의미다. 국제자본시장이 흔들릴 때 달러화의 미국 다음으로 꼽히는 안전지대가 엔화의 일본인 것도 이런 대외 부문의 안정성 때문이다.

그러나 수십 년째 이어지는 일본의 장기 침체는 타산지석의 교훈을 준다. 무엇보다 정부가 효과 없는 재정 확대를 반복하다 정부 빚만 잔뜩 올려놓은 점이 눈에 띈다. 확대 통화정책으로 금리를 제로 수준으로 낮춘 덕에 민간투자를 줄이는 구축효과crowding out effect는 없었지만, 일본의 대외 신인도에는 도움이 되지 않았다. 또한 금리를 내리면 저축은 줄고 소비는 늘어 경기가 살아날 것이라 기대했지만, 불안한 노령층은 노후 대비 저축을 더 늘렸다. 통화정책이나 재정정책을 하려면 자국 사정에 맞게 제대로 하거나 아니면 차라리 정책 여력을 비축했어야 하는데, 애매한 서구 경제 이론을 추종하다 장기 침체의 길로 들어선 것이다. 그래도 일본이 버틴 것은 부지런한 가계와 경쟁력 있는 기업이 있었기 때문이다. 그러나 인플레이션이 확산되고 금리 상승이 현

---

5 좀 더 체계적으로는 무역수지(상품수지와 서비스수지)에 소득수지(본원소득수지와 이전소득수지)가 합해진 경상수지의 부호가 외국자본의 유출입을 나타낸다. 만일 무역수지도 흑자인데 외국 자산에서 오는 수익이나 해외 파견 인력의 송금 등이 합쳐진 소득수지도 흑자이면 그만큼 달러 자산의 여유가 생긴다. 이는 다시 해외에 투자되거나 국내 외환 보유액으로 남는다. 자본의 흐름으로 보면 국민총저축(national saving)과 국내 투자의 차이가 경상수지 잔고를 표시한다.

실화되는 시기가 오면 높은 정부 부채의 후유증이 나타날 수 있다.

경쟁력과 재정 규율이 핵심

그렇다면 한국은 이 세 나라와 어떻게 비교될 수 있을까. 일단 우리 기업의 수출 경쟁력이 탄탄한 것은 최고의 장점이다. 아직 GDP 대비 정부 채무 규모가 미국이나 일본보다 현저하게 낮은 것도 위안이 되는 요소다. 재정 적자의 재원으로 사용할 수 있는 국내 저축 수준도 나쁜 편이 아니다. 이런 명목 지표로만 보면 위의 세 나라와는 비교도 안 될 만큼 재정 상태가 좋아 보인다.

그러나 명목상의 부채 수치에서 드러나지 않는 측면이 있다. 미국과 일본은 자국 통화가 국제결제에 사용되는 통화다. 대내 위기가 발생해도 쉽게 외환위기가 일어나지 않는다. 앞서 언급했듯, 세계경제가 흔들릴 때 우리 금융시장에서는 자본이 빠져나가기 쉽지만 두 나라는 자본 피난처의 역할을 한다. 실제 OECD 회원국 중 자국 통화가 국제결제통화인 경우와 아닌 경우 간에는 정부 부채 비율의 차이가 상당히 크다.[6]

그럼 앞으로 우리는 어느 수준까지 정부 부채를 늘려나갈 수 있을

---

[6] 한국조세재정연구원이 발표한 《해외 재정 동향 및 이슈 분석》(2021년 2월호)에 실린 〈기축통화국과 비기축통화국 간 재정 여력 차이〉 보고서에 따르면, 2019년 기준 OECD 37개국의 GDP 대비 일반정부 부채 비율은 평균 65.8%다. 이 중 미국, 영국, 캐나다, 호주, 스위스, 일본, 유로화를 사용하는 17개국 등 국제결제통화를 사용하는 23개국의 평균은 80.4%로 나머지 자국 통화가 국제결제통화가 아닌 14개국의 평균 41.8%보다 두 배 정도 높다. 우리나라의 경우 41.9%로 후자 그룹 평균에 가깝다.

까. 현재 진행 중인 코로나 위기를 대처하는 방안으로서의 재정 확대는 어쩔 수 없지만, 그래도 어느 정도 방어선을 치는 것이 맞지 않을까. 이 질문에 대한 열쇠는 '경쟁력'과 '재정 규율'이다.

우선 경쟁력이 떨어져 무역 적자를 보게 되면 외국에서 돈을 빌려야 한다. 수출로 벌어들인 외환으로는 수입 재원을 충당할 수 없기 때문이다. 이런 적자 기조는 경쟁력을 회복하기 전에는 바꾸기 어렵다. 자연 대외 부채가 늘어나고 이를 갚지 못하면 대외 채무 불이행으로 이어진다. 수출 경쟁력의 회복을 위해 자국 통화를 평가절하하는 방식이 있지만, 정작 위기 수준이 높아지면 채무국들은 외국자본의 이탈을 우려해 환율을 오히려 고정하려는 경향이 있다. 단기자본들은 환율 변동에 따른 환 위험에 예민하게 반응하고, 이는 자본의 연쇄 이탈로 이어질 수 있기 때문이다.

그렇다면 다른 방식, 즉 내부 혁신이나 구조조정 등을 통해 생산성을 향상시켜야 한다. 이런 식으로 무역 적자를 줄이지 못하면 통화의 평가절하 압력을 오래 견디기 힘들게 된다. 그런데 정부 자신부터 규율이 흐트러진 나라에서 허리띠를 졸라매는 구조조정을 제대로 할 리 없다. 수출 부진으로 인한 총수요 감소를 메우기 위해 정부가 나서 빚을 지거나 통화를 풀어 해결하려다 더 큰 문제를 불러일으키게 된다. 결국 경제는 엉망진창이 되고 외국자본들이 본격적으로 이탈하면서 외환위기가 발생하게 된다.

우리의 경우 다행히 수출 경쟁력 측면에서의 위험도는 커 보이지 않는다. 그러나 1980년대 후반의 무역 흑자가 다시 적자로 돌아서고, 이후 유입된 단기 외국자본이 1997년 외환위기의 촉매제가 되기까지 그리 오랜 시간이 걸리지 않았다. 최근 코로나 위기에도 수출 진도가 잘 나가는 것은 우리 기업의 경쟁력이 상승했다기보다는 미중 갈등의 여파로 중국 중심의 공급망이 흔들리며 그 반사이익을 받고 있는 측면이 작지 않다. 우리나라의 경우 핵심 수출 품목이 반도체, 자동차, 전자제품 등 상대적으로 경쟁이 치열한 소수 몇 개에 집중되어 있고, 해외 시장도 중국 등 특정 국가 의존도가 매우 높다. 당장의 경쟁력은 높지만 이것이 얼마나 안정적일지는 따져볼 문제다.

그런데 지금 상황에서 좀 더 시급하게 관심을 가져야 할 영역은 빠르게 무너지고 있는 재정 규율이다. 요즘 같은 전대미문의 위기에서 정부의 부채 비율이 빠르게 느는 것 자체를 시비 걸 필요는 없다. 하지만 빚을 지고 난 다음도 생각해야 한다. 평소에는 재정 규율을 유지하며 여력을 비축해야 필요할 때 쓸 수 있다. 불가피하게 적자를 해야 하는 경우 짧은 기간에 그치는 것이 좋다. 적자가 구조적 성격을 띠며 장기간 지속되면 경제 안정이 흔들리고, 장기 투자가 소홀해지며, 미래 세대의 세금 부담이 높아질 수 있다.

좋은 습관은 어지간하면 놔두는 것이 좋다. 몇 개월 금주, 금연을 잘 해오다 '한 번쯤이야' 하고 예외를 만들면 정말 예외 없이 예전으로 돌아간다. 정책도 마찬가지다. 꼭 명문 규정이 없더라도 좋은 관행은 건들지 않는 것이 좋다. 우리나라 고도성장기의 불안정 요인을 잠재운 일등 공신은 '재정 보수주의'였다. 별 보편성도 없는 미국식 경기 조절 이론에 취해 적자재정을 서슴지 않다 위기를 자초한 남미 국가들과 대조되는 사례로 꼽힌다. 시대가 바뀌어 재정의 안정 기능도 중요해진 시점에서 예전같이 세수 안에서 지출을 한다는 '양입제출'에 집착할 필요는 없다. 그렇지만 미래를 대비해 재정 여력을 갖추자는 입장은 실보다 득이 큰 선택이다. 나아가 재정 건전성 문제를 보수 이념의 영역으로 여기는 잘못된 고정관념 역시 사라져야 한다.

이런 관점에서 특히 걱정되는 것은 일본의 사례를 들어가며 재정 적자의 부작용을 과소평가하는 입장이다. 물론 우리나라의 경제구조는 일본과 비슷한 측면도 있다. 하지만 일본에 없는 위험한 측면들이 있다. 우선 통화가 국제결제통화가 아니라는 점을 먼저 꼽을 수 있다. 대외 의존도가 일본에 비해 매우 높기 때문에 대외 충격 요인에 취약하고, 사정이 안 좋으면 외국자본이 쉽게 빠져나가는 구조라는 점도 다르다. 그리고 이미 고령 사회가 된 지 오래인 일본과 달리 우리는 빠르고 꾸준하게 지속되고 있는 저출산 추세 때문에 부채를 후세대로 '패싱passing'할 여력도 현저히 떨어진다.

일종의 불문법적 관행이던 균형재정 기조가 사라진 것은 그렇다 해도, 거리낌 없이 재정 적자를 말하는 사람들이 늘어나고 있는 것은 걱정스럽다. 그래서 재정 준칙을 만들어야 한다는 목소리가 있지만, 여기에는 두 가지 문제가 있다. 첫째, 우선 적정 부채 비율을 정하기가 어렵다. 어떤 근거로 만들어도 자의적이라는 비판을 피하기 어렵다. 둘째, 설사 준칙을 만들어도 안 지키면 그만이다. 유럽연합의 재정 준칙인 GDP 대비 3% 이하의 재정 적자와 60% 이하의 국가채무 기준의 경우 원래 잘 안 지켜졌는데, 최근 코로나 위기까지 겹치며 이제는 거의 사문화된 실정이다.

이런데도 굳이 재정 준칙을 만들 필요가 있을까. 그냥 경쟁력 갖추고 성장률 유지하면 설사 일시적 적자가 있어도 문제없이 버티고 나가는 것이 아닐까. 사실 준칙을 만들더라도 어디까지가 정부 부채 상한선인지에 대한 정답은 없다. 나라마다 사정이 다르기 때문이다. 이론적으로 보면 대략 경제성장률이 실질이자율을 능가하는 수준이면 기존 부채를 유지할 수 있다. 간단한 예로 내 소득과 부채가 각각 100이라 하고 이자율이 2%라 하자. 소득 증가율이 2%만 넘으면 더 빚지지 않고 이자를 감당할 수 있을 것이다.

국가의 경우도 비슷하다. '나' 같은 사람 100명으로 구성된 나라의 경우 국민소득과 정부 부채는 모두 10,000이다. 성장률이 실질이자율과 같다면 버틸 수 있고, 다음 세대로 빚을 넘길 수도 있다. 문제는 다음 세대의 인구가 줄어든 경우다. 예를 들어 90명으로 줄어든 경우, 소득은 9,000이 되는데 빚 원금은 그대로 10,000이다. 간단한 예를 든 것이지만 생산 가능 인구가 줄어드는 상황에서는 연금 문제 못지않게 재정 적자도 세대 갈등의 원인이 된다.

과거의 관행적 재정 준칙이 성공적이었다면 그 전통을 이어나가면 된다. 너무 늦기 전에 재정 준칙을 명문화하는 것은 나쁠 것 없다. 금주나 금연에 성공하는 비결 중 하나가 준칙을 정한 다음 주변 사람들에게 광고를 하는 것이다. 몰래 숨어 반칙을 할 수도 있지만, 이런 '자존심 테스트'가 필요할 때도 있다. 그리고 유럽연합의 재정 준칙이 그랬던 것처럼, 명문화된 규칙은 그 자체가 절대 진리는 아니더라도 하나의 준거 지침은 될 수 있다. 못 지키는 경우 최소한 변명을 하게 만드는 역할은 하는 것이다.

이 책에서 강조하듯 우리나라는 상당한 수준의 복지 재원이 필요하고, 이 문제에 대한 정답은 조세개혁을 전제로 한 적절한 수준의 증세다. 그러나 조세의 정치성과 역사성을 고려한 합리적 개혁 청사진을 만들기가 쉽지 않다. 좋은 계획이 있다 해도 기득권을 둘러싼 정치적 이해관계를 조정하는 일이 만만치 않다. 이 틈을 타 적자재정을 수단으로 하는 복지 포퓰리즘이 등장하기 쉽다. 물론 적자를 합리화하는 그 나름의 논리도 내세울 것이다. 일본의 경험을 들면서 돈을 찍어 적자를 메우면 된다는 식의 견해가 한 사례다.[7] 그런데 재정 적자와 통화 확대의 조합이 성공하기 어렵다는 것은 이미 다수 국가에서 경험적으로 증명됐다. 굳이 우리가 나서 이런 소수 견해의 실험 대상을 자처할 이유가 있을까. 당장 증세가 어려우면 주어진 세수하에서 낭비적 지출을 줄이는 것이 맞는 순서다. 복지재정 같은 구조적 지출 항목을 적자로 메우는 것은 최악의 선택일 뿐이다.

---

[7] 소수 견해이긴 하지만 현대통화이론(Modern Monetary Theory: MMT)의 신봉자들은 재정 적자를 중앙은행의 발권력으로 감당할 수 있다고 주장한다. 최근 미국 민주당의 대규모 재정 지출을 합리화하는 논리로 동원되기도 한다. 즉, 적자 국채를 발행하거나 갱신하면서 필요한 정부지출을 확대하는 것이 비용 대비 편익이 높다고 본다. 물론 이 배경에는 지난 수십 년 지속되어온 저금리 기조가 있다.

최선의 복지정책은
경제성장

성장이 먼저냐, 분배가 먼저냐. 오래된 주제이자 어려운 문제다. 성장과 분배를 보수와 진보의 이념 라인으로 구분하는 이분법은 진실보다 거짓에 가깝다. 제한된 예산을 배분하는 단기에는 양자가 상충 관계에 놓일 수 있지만, 장기적으로 이 둘은 함께 움직이는 경향이 있다. 특히 안정적 성장이 흔들리면 저소득층과 중소기업이 먼저 타격을 입는다. 그렇게 한번 악화된 분배는 사후적인 복지정책으로 되돌리기 어렵다.

잘사는 나라가 되려면 국민 개개인의 소득이 지속적으로, 그리고 가능한 한 고르게 증가해야 한다. 성장과 분배가 경제정책의 기본 목표인 이유다. 그런데 사람들은 배가 고프면 남을 쳐다볼 겨를이 없다. 일단 내 배를 부르게 하는 데 관심을 둔다. 그래서 빈곤선을 넘나드는 가난한 나라에서는 성장이 우선이다. 그러다 어느 정도 살 만해지면 나와 남을 비교하게 된다. 내 몫이 얼마나 공정한가에 대한 인식이 커져가며 분배나 복지에 대한 대중의 관심이 높아진다. 만일 잘못된 경제구조나 경제정책, 나아가 가진 자들 간의 결탁에 의한 부패와 독점으로 인해 내 살림살이가 제대로 나아지지 않는다고 생각하는 사람들이 늘어나면 집권 정부의 운명은 위태로워진다. 분배 문제는 곧 정치의 영역이기도 하다.

성장과 분배의 관계는 오래된 주제이자 어려운 문제다. 정치인들이 자주 하는 '성장과 분배의 조화를 이루겠다'라는 말은 '나는 사실 잘 모릅니다'라고 통역할 수 있다. '조화'라는 단어 자체가 별 의미가 없기 때문이다. '성장 없이 분배 없다'나 '분배 없는 성장은 의미 없다'라는 식의 발언 역시 정치 이념의 색채가 담긴 선언적 주장에 불과하다. 시대 상황이나 집권 정부의 이념 성향에 따라 성장과 분배 어느 한쪽에 비중을 높게 두는 정책을 추구할 수는 있지만, 어차피 양자택일의 문제가 아니다. 물론 한정된 자원을 배분해야 하는 단기적 차원에서는 어느 한쪽으로 비중이 쏠릴 수 있겠지만, 장기적으로는 두 목표 모두에서 성과를 내도록 정책 조합을 짤 수 있어야 유능한 정부라고 할 수 있다.

성장과 분배의 관계에 대해 뭔가 얘기를 하려면 두 가지가 분명해야 한다. 첫째, 가치판단을 내포하는 당위성의 문제와 그것을 배제하는 인과관계의 문제를 혼동해서는 안 된다는 것이다. 즉, 나는 진보라서 분배에 가치를 더 두겠다는 식의 주장은 얼마든지 가능하지만 현실에서 채택되는 정책 수단이 성장이나 분배에 어떤 효과를 미칠지는 실증적인 문제일 뿐이다. 둘째, 단기냐 장기냐에 따라 이 문제에 대한 해석이 달라질 수 있음을 이해해야 한다. 단기에는 두 목표가 충돌할 수 있어도 장기에는 오히려 그 반대의 결과가 일어날 수 있다. 그런데 실제 정책 토론을 보면 주관적 신념과 객관적 인과관계를 뒤섞거나 단기와 장기의 결과를 혼동하는 경우가 적지 않다.

정치 이념과 정책 시계

배우자를 고를 때 돈과 성격이라는 기준을 사용한다고 하자. 돈은 객관적 지표이지만 성격은 주관성이 다분한 변수이므로 사람에 따라 배점 기준이 다르다. 나아가 이 두 기준 간의 상대적 비중을 어떻게 잡을지도 주관적 판단의 영역이다. 성장과 분배의 경우도 유사하다. 한 나라에 주어진 인적·물적 자원을 효율적으로 사용해야 성장률이 높아진다. 자원 배분의 방법론에 대한 견해 차이는 있을 수 있지만, 성장 과정 자체는 실증적인 인과관계에 바탕을 둔다. 반면 성장의 과실을 어떻게 나누는 것이 공평한가의 문제는 개인의 가치관이 개입하는 데다 사회 전체의 분배 정의와 연결되는 정치의 영역이다. 이론적으로는 정치철학에서 다루는 주제이고, 현실적으로는 선거를 통해 집합적 선택을 하기 쉽다.

통상 진보냐 보수냐의 정치 이념을 성장과 분배라는 두 목표의 상대적 비중을 결정하는 잣대로 사용하는 경우가 많다. 물론 공정한 분배가 무엇이냐는 철학적 질문을 따질 때는 이런 이념적 이분법이 타당할 수 있다. 기회의 균등과 결과의 균등 사이의 어느 지점을 택할지는 가치판단의 문제이기 때문이다. 그러나 현실 정책에서는 정치 이념의 시사점이 생각만큼 크지 않다. 결산이 한 해 단위로 이루어지는 정부 예산의 배분은 상당 부분 단기적인 관점에서 행해진다. 이 경우 성장이나 분배 한쪽으로 예산 비중이 쏠릴 수 있다. 그런데 이런 단기 결정에는 당시의 경제 여건이 결정적 변수다. 성장률이 급락하는 시기에는 진보 정권이라도 분배를 먼저 내세우기 어렵고, 불평등이 심화되는 상황에서는 보수 정권이 성장만 따질 수는 없는 일이다.

반면 장기적인 관점의 성장과 분배는 정부 정책 외에 다양한 제도나 환경 변화의 영향을 받는다. 이 중 제도 부분은 집권당의 정치 이념에 영향을 받을 가능성이 상대적으로 높다. 예컨대 소득 세제의 경우 아무래도 보수 정권보다는 진보 정권에서 세율이 높아질 가능성이 크기 때문이다. 그런데 이런 예상조차도 실제 경험을 보면 그렇게 잘 맞아떨어지지 않는다. 우선 선거를 의식해야 하는 정당정치 환경에서는 중간 계층의 목소리가 중요하기 때문에 지나치게 이념 지향적인 정책을 펴기 어렵다. 이념형 양당 체제가 정착된 미국 사례를 보면, 보수인 공화당과 진보인 민주당의 정책이나 정강이 이념 라인을 따라 선명하게 구분되지 않을 때가 많다. 연립정부가 난립하는 정치 체제의 경우에는 더 말할 것도 없다.

나아가 이 책에서 지적했듯, 선진국의 경우 정부 크기를 결정하는 핵심 요인은 그 시점을 관통하는 시대정신이다. 1945년 이후의 냉전 체제 시기에는 복지국가를 지향하는 큰 정부가, 1980년대 이후의 신자유주의 시대에는 시장 원리를 강조하는 작은 정부가 시대 흐름이었다. 유일의 패권 국가로서 신자유주의의 세계적 전파에 앞장섰던 1990년대 미국의 집권당은 진보 이념의 민주당이었다.

요컨대 성장과 분배의 가치를 보수와 진보라는 이념 라인으로 구분하는 이분법은 오류에 가깝다. 어차피 현실 정책의 영역으로 들어서면 보수와 진보 어느 진영도 의식적으로 한 가지 목표에만 집중하기 어렵고, 설사 구조적 차원의 제도 변화를 꾀하려 해도 시대 조류라는 더 큰 힘에 의해 압도당하기 쉽다. 결국 성장이건 분배건 주어진 정책 수단으로 최대의 성과를 내는 유능한 정부가 자신의 이념 성향과 무관하게 유권자의 선택을 받을 확률이 높다.

성장과 분배의 관계 설정과 관련된 두 번째 쟁점은 단기와 장기를 구분하는 것이다. 앞서 본 정치 이념의 경우와 달리 정책 시계를 어디에 두느냐는 이 두 목표의 관계에 상당한 시사점을 갖는다. 우선 단기적 관점에서 보면 이 두 목표는 상충 관계trade-off에 있을 가능성이 높다. 예산 등 정부가 쓸 수 있는 정책 자원은 단기에는 제약이 있기 때문이다. 주어진 예산으로 대기업의 투자나 연구 개발에 보조금을 주는 것과 저소득층을 위한 취로사업에 쓰는 것은 성장과 분배의 관점에서 보면 결이 다른 정책이다.

물론 단기라 하더라도 두 목표가 무조건 충돌하지는 않는다. 기존 제도나 정책에 결함이 있는 경우 이를 수정하는 것만으로도 예산 낭비를 줄일 수 있다. 예를 들어 별 성과도 없으면서 복잡하기만 한 조세 지원 제도를 없애면 예산이 절약되고 동시에 자원 배분의 효율도 향상될 수 있다. 이 경우 절약된 예산을 복지에 쓰면 결과적으로 성장과 분배가 함께 좋아질 수도 있는 것이다. 얼핏 지나치게 이론적 관점의 설명처럼 들리지만 실제 측정이 어렵다 뿐이지 기존 제도에서 비효율과 낭비 요소의 줄이는 데 따르는 예산 절약 효과가 작다고 말하기 어렵다. 조세와 규제 분야가 특히 그렇다.

단기에서 벗어나 장기적 관점으로 보면 어떨까. 이 경우 더 이상 성장과 분배가 상충 관계라고 단정 지어 말하기 어렵다. 자세한 분석은 이 글의 범주를 넘어서지만 성장은 성장대로, 분배는 분배대로 단기와는 차원이 다른 다양한 요인이 작용한다. 일단 장기적 경험을 보면 성장과 분배가 따로 움직이기보다는 함께 가는 경향이 있다. 우선 경제 발전에 성공한 선진국의 경우 복지지출의 수준도 높기 때문에 그만큼 재분배 효과도 커질 것이다. 잘사는 나라들의 모임인 OECD 회원국의 평균을 보면 전체 예산의 절반 가까이를 복지지출에 쓴다. 즉, 어느 수준 이상의 발전 단계에 들어서야 안정적인 공공복지를 제공할 수 있다는 해석이 가능하다. 우리나라 또한 성장이 지속되면서 복지지출의 증가 속도가 빨라지고 있다.[8]

반면 장기적으로 안정적인 성장 궤도를 그리지 못하는 나라의 경우에는 공공복지 수준과 관계없이 소득분배가 악화될 수 있다. 외환위기가 잦은 아르헨티나의 경우를 보면, GDP 대비 복지지출은 우리보다 현저히 크지만 불평등도는 높다.[9] 결국 두 나라의 차이는 성장 측면에서 찾을 수밖에 없다. 우리는 지난 수십 년 꾸준한 성장 궤도를 유지했고, 한 차례 외환위기를 겪었지만 빠르게 벗어났다. 그 결과 우리는 1인당 GDP가 3만 달러를 넘어서며 선진국 반열에 오른 반면, 20세기 중반에만 해도 우리와는 비교도 안 되게 잘살았던 아르헨티나는 '남미의 병자'라는 오명과 함께 1인당 GDP 1만 달러의 벽을 넘지 못하고 있다.

이처럼 장기적 관점에서의 성장과 분배는 경험적으로 평가할 수밖

---

[8] 한국의 총지출 대비 복지지출 비중은 경제 발전 과정에서 꾸준히 증가하고 있다. 1970년대 평균 5.5%, 1980년대 12.8%, 1990년대 18.6%, 2000년대 24.3%, 2010년대 34.4%.

[9] OECD, *How Was Life? Volume II: New Perspectives on Well-being and Global Inequality since 1820*(Paris: OECD Publishing, 2021)에 따르면, 1990년 아르헨티나의 GDP 대비 복지지출 비중은 15.05%였다. 비교적 최근 연도인 2010년에는 21.11%다. 반면 OECD의 사회복지지출통계(Social Expenditure database)에서 보고된 1990년 한국의 GDP 대비 복지지출 비중은 2.6%이며, 2010년에는 7.9%다. 소득분배를 측정하는 지니계수를 보면 아르헨티나의 수치는 0.45 수준으로 0.3 안팎인 우리나라보다 현저하게 높다.

에 없다. 둘 다 좋거나 둘 다 나쁜 사례를 찾기는 어렵지 않지만, 어느 한쪽의 성과만 두드러진 경우가 나타날 가능성은 낮다. 경제 발전 과정의 분배 추이를 얘기할 때 자주 인용되는 쿠즈네츠 가설Kuznets hypothesis은 성장이 가속화되는 단계에서는 분배가 악화된다고 예측하지만, 이 또한 경험적 증거가 충분히 뒷받침된다 보기 어렵다. 특히 한국의 경우 고도성장을 하는 과정에서 다른 개도국 수준의 분배 악화가 관찰되지 않았다. 1950년대 초반의 토지개혁을 포함한 다양한 다른 요인도 작용했겠지만, 이는 기본적으로 성장 자체가 갖는 분배 효과의 존재를 암시한다고 볼 수 있다. 부패 수준이 남미 국가보다 나을 것도 없었고 공공복지 역시 미약했던 점을 감안하면 더욱 그렇다.

안정적 성장의 분배 효과

복지 논쟁에서 흔히 범하는 오류 중 하나는 시민들이 느끼는 복지의 강도가 정부의 복지 예산 크기와 비례한다고 믿는 것이다. 세금이나 이전지출을 통해 행해지는 재분배 정책은 정부 고유 영역이므로 이런 고정관념이 형성되는 것은 그리 이상한 일이 아니다. 하지만 체감 복지는 정부의 재정정책에만 영향 받지 않는다. 무엇보다 다양한 경제정책의 복합적 결과로서 나타나는 경제성장은 그 자체로 일반인의 살림살이에 영향을 준다. 또한 같은 성장이 얼마나 안정적인가도 중요하다. 장기적 관점에서 보았을 때 호황과 침체의 경기 변동성이 심하면 전반적 경제 안정성이 흔들린다. 이 경우 장기적 관점의 소비나 투자가 위축되며 성장에 부정적 영향을 미친다. 또한 경제가 안정적 패턴을 유지하지 못하면 저소득 계층이나 중소기업에 미치는 타격이 상대적으로 더 커지면서 분배가 악화되기 쉽다.

장기적으로 안정적인 성장이 유지되려면 총수요와 총공급이 균형 있게 증가해야 한다. 어느 한쪽이 지속적으로 부족하면 급격한 물가 상승이나 경기 침체가 일어날 수 있다. 그런데 단기적 관점에서는 주로 총수요의 변동이 성장을 좌우한다. 생산 시설이나 인적 자원 등 공급 측면 요소들은 하루아침에 바뀌기는 어렵지만, 소비나 투자 심리, 해외 수요 등 수요 변수들은 단기적 변동이 클 수 있다. 예를 들어 경기가 침체됐을 때 정부가 나서서 돈을 풀고 적자재정을 하면 당장은 성장률을 끌어올리겠지만 물가가 오르고 자산 시장의 거품이 발생하는 등 장기적인 경제 환경은 악화될 수 있다. 이런 불안정 요소가 오래 지속되면 경제 위기의 국면으로 이를 수 있다. 즉, 경제 안정은 지속적 성장의 중요한 필요조건이라 할 수 있다.

문제는 경제 안정이 흔들리면 성장뿐 아니라 소득분배도 영향을 받는다는 점이다. 예를 들어 10~20년 동안 꾸준히 3% 성장을 하는 경우와 고성장과 저성장을 반복하며 같은 평균 성장률을 보이는 경우를 비교하면 후자의 경우가 저소득층에 불리할 것이다. 가장 기본적인 문제가 일자리다. 경제 위기가 와서 한번 사라진 일자리는 위기가 끝나도 쉽게 돌아오지 않는다. 위기를 겪을 때마다 기업은 비용을 절약하는 방법을 찾기 마련이다. 경기가 회복되어도 이전만큼 사람을 뽑지 않을 수 있다. 물론 기술을 지닌 노동자보다는 미숙련노동자의 피해가 클 것이다. 아무리 정부가 복지지출을 늘려 임시 일자리를 마련한다 해도 경제구조상의 문제를 해결하기는 어렵다.

나아가 경제가 불안한 경우에는 정보력이 떨어지는 중하류 계층의 금융 투자 수익이 타격을 받을 수 있다. 주식시장의 경우가 대표적인 사례일 것이다. 일반인들이 위기 조짐을 피부로 느끼기 전에 주가는 선제적으로 폭락하는 경향이 있다. 반면 정보력이 뛰어난 계층의 피해는 덜할 것이다. 반대로 경제가 회복될 때의 주가 상승 혜택은 상당 부분 정보를 선점하는 계층의 몫이 되기 쉽다.

더 나아가 위기는 상류 계층이 부를 늘릴 기회가 될 수 있다. 1997~1998년의 외환위기 당시 외국자본의 수익을 보장하기 위한 고금리정책이 도를 넘게 오래 지속됐다. 밖으로 내세운 명분은 어렵게 유치한 자본의 국내 이탈을 방지하기 위한 프리미엄 제공이라 했지만, 이미 적정 수준 이상의 이익을 내는 외국자본에 사실상 폭리에 가까운 혜택을 제공한 이유는 지금도 의문이다. 물론 이런 정책은 국내 부자들의 금고를 불리는 역할도 했다. 외환위기 당시 돈을 버는 가장 손쉬운 방법은 은행에 여유 자본을 넣어놓고 기다리는 일이었다.

이렇게 부자들이 편하게 위기를 이용하는 동안 저축보다는 대출이 많은 대다수 서민들은 고금리 부담을 감내해야만 했다. 우리나라 가계 대출이 높은 것은 교육이나 주택에 대한 지출 수요가 높기 때문이다. 가계소득에서 교육비가 차지하는 비중은 아마 세계 제일일 것이다. 또한 집 한 채를 마련하는 것은 단순한 주거 공간 확보의 차원을 넘어 미래 투자나 신분 상승의 기회를 의미한다. 이런 서민 가계들이 고금리 폭탄을 맞고 무너져 신용 불량자가 되면 경기가 살아나도 예전 같은 금융 기회를 얻기 어렵다.

기업의 차원에서도 마찬가지다. 성장이 지체되거나 불안한 성장 패턴을 보이는 상황에서는 대기업보다 중소기업이 현저하게 불리하다. 정보력과 자금력이 우월한 대기업은 위기를 감내할 수 있고, 나아가 도산되는 우량 기업을 인수해 사세를 확장할 수도 있다. 하지만 중소기업은 한번 도산하면 재기가 쉽지 않다. 기업주는 신용 불량자가 되어 금융권 접근이 어렵고 주변의 시선도 따갑다. 사람이나 업종에 따라 차이는 있겠지만, 성공하는 기업인은 누구나 한두 번 이상의 실패를 경험하기 마련이다. 유난히 패자에게 차가운 우리 사회이지만, 성공과 실패가 일상일 수 있는 기업 활동 영역에서조차 패자 부활이 쉽지 않은 것은 이해하기 어렵다.

요컨대 안정적 성장이 흔들려 분배가 악화되면 추후에 정부 재정을 동원해 재분배 정책을 편다 해도 원상회복이 쉽지 않다. 다른 나라 사례까지 갈 것 없이 1997년 외환위기 전후의 불평등도 변화를 보면 이 말을 직감할 수 있다. 1996년 말 우리나라 '지니계수(0이면 완전 평등, 1이면 완전 불평등)'는 0.257이었다.[10] 1990년 수치가 0.256인 것을 생각하면 고도성장이 지속되는 동안 우리나라 소득 분배는 큰 변화가 없었다 할 수 있다. 그런데 1998년이 되면 이 수치가 0.285로 급상승한다. 이후 위기 대응을 위한 복지지출이 급증하며 2000년의 수치는 0.266으로 다소 완화된다. 그러나 위기 이전의 소득분배 상태로 돌아

---

10 지니계수는 0에서 1 사이의 값을 갖는 소득분배 지표로, 소득분배가 완전 평등이면 0, 완전 불평등이면 1인 값을 갖는다. 통계청 가계동향조사에서 발표하는 지니계수 통계는 조사 대상 기준에 따라 이용 가능한 연도가 다르다. 여기서는 1990년부터 이용 가능한 도시 2인 이상 가구 기준이다. 가계동향조사는 점차 대상을 확대해 2003년부터는 2인 이상 비농가, 2006년부터는 전체 가구를 대상으로 한 지니계수 통계도 산출했다. 참고로 지니계수 산출 기준이 달라지면서 1990년대 지니계수와 조사 대상 및 산출 방법이 동일한 연도는 2016년까지다.

가지는 못했다.

한마디로 애초에 분배를 악화시키지 않는 것이 최선이다. 정책 실패로 위기가 오면 소득 격차는 벌어지고 이를 메우기 위한 재정지출은 늘어날 수밖에 없다. 반대로, 큰 굴곡 없이 안정적인 성장이 이루어지면 복지를 위해 쓸 수 있는 재정의 여력은 더 커질 것이다. 결국 최선의 복지정책은 성장인 셈이다.

재분배 정책과
성장 잠재력

불평등이나 재분배 문제는 이론적·정책적으로 이견이 많은 분야다. 특히 최근 심화되고 있는 승자 독식형 불평등 구조는 계층 갈등을 유발해 성장 동력 자체를 해칠 수 있다. 앞서 안정적 성장의 분배 효과를 논했다면, 여기에서는 적절한 재분배 정책이 성장 잠재력을 높일 수 있는 경로를 설명한다. 계층 갈등 해소의 필요성과 저소득층 교육 지원을 통한 계층 사다리 복원의 중요성을 강조한다.

성장과 분배를 논할 때 자칫 소홀하기 쉬운 사안이 빈곤 문제다. 가난한 나라에서는 어차피 소득의 하향 평준화가 이루어져 있기 때문에 분배라는 말이 별 의미가 없다. 일단 어느 정도 성장이 지속되어야 절대 빈곤에서 벗어날 여력이 생긴다. 설사 경제 발전 과정에서 일시적으로 분배가 악화된다 하더라도 나라 전체의 소득이 커져야 빈곤층을 구제할 수 있다는 사실은 바뀌지 않는다. 성장이 부진한 나라의 경우 얼마 되지 않는 소득을 둘러싼 갈등이 심해지기 쉽고, 부패와 같은 비정상적인 재분배 경로도 생겨난다. 이런 경우 제일 먼저 희생당하는 대상이 저소득층이다.

그런데 어느 정도 먹고살 수준이 되면 분배를 보는 시민 의식이 달라진다. 나와 남을 비교해 공정함을 따질 만한 여유가 생기는 것이다.

물론 그 공정이라는 가치는 개인마다 다르고, 이런 개별적 선호를 집합하는 방식은 나라마다 다르다. 조지 오웰George Orwell의 《동물 농장 Animal Farm》에 등장하는 돼지들처럼, 전체주의 사회에서는 "모든 사람은 평등하지만, 어떤 사람들은 다른 사람들보다 더 평등하다"라고 생각하는 지도층이 있을 것이다.[11]

그러나 민주주의 체제하에서는 선거가 개별 선호를 집합하는 기본 수단이다. '일인일표', 즉 한 사람이 한 표를 갖기 때문에 다수가 소수에 비해 유리한 고지를 점하고 있다. 그런데 자본주의 사회에서는 '일원일표', 즉 돈으로 다른 사람의 생각을 살 수도 있기 때문에 돈 많은 소수가 무조건 불리한 것은 아니다. 모든 시민은 법적으로 평등하지만, 어떤 유권자는 실질적으로 '더 평등'할 수 있는 것이다. 성장을 통해 파이pie가 커지고 이것을 고르게 나누는 것은 어느 민주 사회에서나 통하는 국가의 사명이지만, 현실로 들어서면 불평등이나 분배의 문제만큼 해답을 찾기 어려운 분야도 드물다.

개인의 입장에서 잘산다는 것은 다양하게 정의된다. 돈도 좋지만 맑은 공기나 정치적 자유에 비중을 두는 사람도 있을 것이다. 그런데 집단으로서 잘산다는 것은 소득이라는 공통분모를 사용해 측정할 수밖에 없다. 그래서 어느 국가가 얼마나 부강한지를 알려면 총생산이나 총소득 같은 공식화된 개념에 의존하게 된다. 그렇다면 그 나라 국민이 얼마나 잘사는지를 알려면 어떤 방법이 있을까.

가장 흔하게 사용하는 방법은 국내총생산이나 국민소득Gross National

---

11 《동물 농장》에 나오는 원래 문구는 "All animals are equal, but some animals are more equal than others"다.

Income: GNI 같은 총량을 인구수로 나누어 1인당 얼마라는 식으로 표현하는 것이다. '국민소득 3만 불 시대' 같은 표현이 한 사례다. 그런데 이 개념은 문자 그대로 평균, 즉 개략적인 그림만 보여준다. 실제 소득이 구성원 간에 얼마나 고르게 분포되어 있는지를 알기 위해서는 다양한 다른 지표를 사용한다.

소득분배를 측정하는 방식은 다양하지만 가장 보편적으로 사용되고 국제 비교에도 자주 등장하는 개념이 0과 1 사이의 값을 갖는 지니계수다. 그런데 이 지표는 소득분포의 평균적 변화를 보여줄 수 있지만 그 이상을 얘기하긴 어렵다. 즉, 전 계층에 걸쳐 비례적으로 불평등도가 변화한 경우와 특정 집단의 소득 상태가 급변한 경우를 구분하기 어렵다.

이 문제를 언급하는 이유는 2008년 글로벌 금융위기 이후 부각되고 있는 최근의 불평등 현상이 소위 '승자 독식'이라는 표현으로 대변되는 양극화 유형이기 때문이다. 우리는 유토피아적 공산주의가 아닌 자본주의 시장경제에서 살고 있기 때문에 어느 정도의 소득 격차는 경제 질서의 일부라 여길 수 있다. 적당한 수준의 불평등은 오히려 사람들이 계층 상승을 하기 위해 더 노력하는 유인이 되기도 한다는 주장도 흔하게 듣는다. 그런데 소수 상류층이 성장의 과실을 독차지한다면 '동물 농장'과 다를 게 무엇이냐는 반발이 나올 수 있다. 2011년에 세계 금융의 심장부에서 벌어진 '월가를 점령하라 Occupy Wall Street' 시위는 바로 1980년대 이후 수십 년 동안 세계경제 질서를 정의했던 금융자본주의의 기울어진 분배 관행에 대한 항의였다.

소득분배 데이터베이스인 세계 불평등 데이터베이스 World Inequality

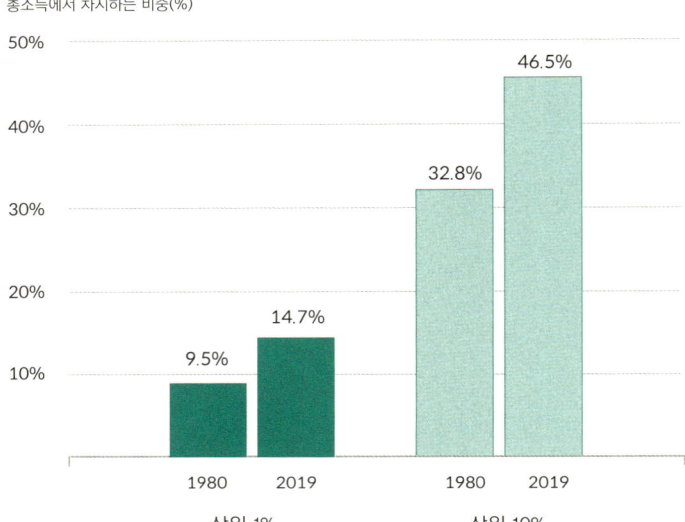

상위 1%와 10%의 소득 비중

2019년 기준 우리나라 상위 1%와 10%의 소득 점유율은 각각 14.7%, 46.5%에 달한다. 이 비중은 지난 40여 년 동안 꾸준히 증가해왔다. 자료: World Inequality Database.

Database에 따르면, 1980년 미국의 상위 1% 인구의 소득이 총소득에서 차지하는 비중은 10.48%였으나, 2019년에는 18.76%로 30여 년 만에 두 배 가까이 늘어난다. 상위 10%로 부자의 범위를 조금 늘리면, 1980년의 비중은 34.20%인데 2019년으로 가면 45.46%로 증가한다.

한편 부를 의미하는 자산의 비중을 보면 부자로의 쏠림 현상은 더 극명해진다. 1980년 미국 상위 1%가 보유한 자산net personal wealth의 비중은 22.95%였으나, 2019년으로 오면 34.87%로 늘어난다. 상위 10%가 보유한 자산의 비중은 같은 기간 64.2%에서 70.67%로 증가한다. 즉, 부의 집중도가 더 높은 것이다. 소득분포 자체가 불평등하니 이것이 축적된 부의 불평등도가 더 높은 것은 자연스러운 현상이다.

그렇다면 한국의 경우는 어떨까. 미국에 비해 부자의 점유율 비중은 조금 떨어지지만 지난 30여 년의 패턴은 매우 흡사하다. 한국의 상위 1% 소득의 비중은 1980년 9.53%에서 2019년 14.71%로 증가했다. 상위 10%의 소득 비중도 1980년의 32.76%에서 2019년 46.45%로 증가해 총소득의 절반 가까이를 상위 10% 집단이 보유하고 있다. 부자들의 자산 보유율 또한 시간이 흐르며 점차 증가했다. 1995년부터 2019년 사이의 변화를 보면, 상위 1% 자산 보유 비중은 23.07%에서 25.33%로, 상위 10%의 자산 보유 비중은 55.92%에서 58.45%로 커졌다.

현시점 기준으로 한국을 미국과 비교해보면, 상위 10%의 소득 집중도는 엇비슷한데 상위 1%의 소득 집중도는 미국이 더 높다. 미국 부자들의 경우 주식 같은 금융자산에서 발생하는 자본이득이 주 소득원인 경우가 많다. 또 유명 스포츠 선수나 경영자의 연봉이 말해주듯 노동소득의 집중도도 우리보다 높을 것이다. 한편 자산 집중도를 보면 미국이 우리보다 훨씬 더 높다. 오랫동안 부강했던 나라였기 때문에 부가 축적되는 시간 또한 길었을 것이다.

문제는 부자에게로 소득과 부가 집중되는 추세가 앞으로도 지속될 것이라는 점이다. 이런 사회에서는 중산층이 무너질 수밖에 없다. 중산층은 사회 통념에 따라 다양한 방식으로 정의될 수 있지만, 한국 정부가 사용하는 기준은 '중위 소득의 50~150% 사이에 속하는 계층'이다. 그런데 이 집단이 전체 가구에서 차지하는 비중은 최근 들어 꾸준히 줄고 있다.[12] 이러다 보면 양극화 현상은 심화되고, 이는 계층 갈등으로 이어질 것이다. 이로 인해 사회 안정이 흔들리면 투자 심리가 위축되어 미래의 성장에 부정적 영향을 준다. 나아가 저소득 계층의 인적 자본을 보호하는 정책도 필요하다. 사교육 중심의 우리나라 교육 체제는 불평등 문제와의 연관성이 크다.

이런 관점에서 아래에서는 적절한 재분배 정책이 성장 잠재력을 높일 수 있는 핵심 경로를 검토한다. 무엇보다 사회 갈등을 해소해 안정적 성장의 기반을 마련하는 일의 중요성과 저소득층의 인적 자본을 보호하는 문제에 초점을 둔다.

계층 갈등은 어떻게 성장을 저해하는가

분배 상태를 측정하거나 이를 개선할 수 있는 정책을 개발하는 것은 경제학의 영역이지만, 무엇이 사회적으로 적정한 분배 수준이냐의 질문은 정치철학의 영역이다. 나아가 특정 사회의 분배 정의는 가치관이 다른 개별 구성원의 견해를 집합하는 문제로서 결국 선거를 통해 결정될 수밖에 없다. 기회의 평등을 강조하는 입장과 결과의 평등을 추구하는 입장 사이의 다양한 이념 스펙트럼을 반영하는 정당 중에서 유권자는 선택을 하게 된다. 이때 어떤 정당이 집합적 선택을 받느냐는 당시의 분배 상태에 영향을 받기 쉽다.

12　기획재정부가 2019년 9월 2일 배포한 보도 자료에 따르면, 그해 2분기 중위 소득 50~150% 가구 비중은 2018년의 60.2%에서 1.9%p 떨어진 58.3%를 기록, 사상 최저 수준으로 떨어진 것으로 잠정 집계됐다. 이 비중은 2015년 67.9%, 2016년 66.2%, 2017년 63.8%, 2018년 60.2%, 2019년 58.3%으로 4년 연속 하락세다.

일반적으로 양극화가 심해져 중산층이 줄어드는 경우 기존의 복지 수준이나 제도에 불만을 느끼는 사회 구성원 수는 전보다 늘어날 것이다. 그 결과 계층 간 갈등이 심화되어 사회 안정이 흔들리면 경제 활동에도 부정적 영향을 미치게 된다. 이 경우 복지지출의 증가는 불가피해지는데, 이것이 합리적인 방식으로 이루어질지 아니면 유권자의 표만을 의식하는 포퓰리즘 형태로 나타날지는 집권 정부의 성향에 따라 달라질 것이다.

경제정책의 정치성은 분야에 따라 다르다. 통화정책은 전문가 집단의 견해가 중요하지만, 조세나 복지를 다루는 재정정책은 정치과정을 통해 결정되는 측면이 크다. 새로운 정책이 제도 변화를 수반하는 경우 의회의 입법 과정을 통과해야 하는 데다 개별 시민이 정책 효과를 직접적으로 느끼는 사안이 많아 유권자 단체의 목소리도 크다. 그렇다면 시민의 목소리는 어떤 형태로 정책에 영향을 줄까.

다수결식 의사 결정의 대표적 이론인 '중위 투표자 정리'에 따르면, 중간 계층의 선호가 조세 및 정부지출의 수준과 구성에 영향을 미칠 것이라고 예측할 수 있다. 유권자 이념 성향에 따라 극단적 진보에서 극단적 보수까지 이념선을 그려보면, 중간 부분에 위치한 유권자가 제일 많을 것이다. 이 경우 중위 투표자의 선호가 투표의 결과를 좌우할 가능성이 높다는 것이 이 정리의 시사점이다.

소득분배의 악화로 중위 투표자가 소득 계층 사다리에서 하향 이동하는 경우를 생각해보자. 이 사람은 자신이 예전에 비해 가난해졌다고 느끼기 때문에 이전보다 누진도가 높은 조세제도와 복지지출을 원할 것이다. 누진도가 높아진다는 것은, 부유한 계층의 부담은 늘고 가난한 계층의 혜택은 늘어난다는 것을 의미한다. 나아가 중위 투표자는 자본소득과 같이 상위 계층이 차지하는 비중이 상대적으로 높은 세원에 대한 과세를 강화하는 식의 정책 전환을 요구할 수 있다.

중위 투표자의 정책 선호가 이렇게 바뀌었다는 것을 인식한 정치인은 자연 이를 반영한 정책을 들고나오기 쉽다. 그 결과 소득세율이 높아지면 이로 인한 왜곡 효과 때문에 자원 배분의 효율이 떨어질 가능성이 높다. 또한 자본과세의 강화는 자본축적을 저해해 성장에 부정적 효과를 미칠 수 있고, 나아가 노동이나 토지 등 국제 이동이 자유롭지 못한 생산요소로 세 부담이 전가될 가능성이 있다.

모든 정책에는 적정선이 있다. 특히 조세와 복지정책은 효율과 형평의 가치가 충돌하기 쉬운 영역이므로 특정 국가의 경제 여건에 맞는 최적의 조합이 필요하다. 그런데 소득 격차가 심화되는 것을 막겠다고 복지 재원이나 자원 배분 효율 등에 대한 냉정한 평가 없이 정치적인 고려에 따른 복지 확대를 추진하면, 재정 안정성과 성장 잠재력이 떨어지는 것은 물론 궁극적으로 정부 신뢰도가 흔들릴 수 있다. 여기에 정치공학적 차원의 계층 갈라치기 전략까지 가세하면 사회 갈등은 더 악화될 수 있다. 한마디로 돈은 돈대로 쓰면서 성장과 분배가 모두 망가지는 최악의 결과가 나올 수 있는 것이다.

얼핏 이 문제는 정책의 딜레마처럼 보인다. 분배 악화로 세금을 올리자니 성장이 나빠지고, 성장이 나빠지면 그만큼 분배 여력이 떨어지는 악순환이 이어진다. 이런 경우의 해법은 어렵지만 단순하다. 단기 성과에 집착하지 말고 장기적 관점에서 악순환의 고리를 끊고 선순환으로 전환시킬 방안을 찾는 것이다. 이를 가능하게 하는 최선의 방법

중 하나는 기존의 분배 상태가 지나치게 악화되지 않게 사전적으로 복지정책을 강화하는 것이다.[13] 즉, 적절한 선제적 재분배는 일시적으로 성장 효율을 낮출지 모르지만 장기적으로는 성장 잠재력을 높이는 결과를 가져올 수 있다.

인적 자본과 계층 사다리

사회 갈등을 해소하는 목적 외에도 적절한 재분배가 성장 잠재력을 높일 경로는 다양하다. 특히 성장의 핵심 요소인 인적 자본을 보호하는 차원의 복지정책이 중요하다. 저소득층의 경우 자녀 교육에 필요한 재원을 마련하기 어려울 수 있다. 소득 수준 자체가 낮은 것은 물론이고 신용 등급이 낮아 자본시장에서의 차입도 쉽지 않다. 이 경우 이들의 소득을 상승시키거나 교육 기회를 넓혀주는 정책은 나라 전체의 인적 자본 축적에 도움이 될 것이다.

청년 세대의 기업가 정신을 높이는 정책도 성장 잠재력 향상에 도움이 된다. 교과서의 설명과는 달리 현실의 자본시장은 완전하지 않다. 저축 금리보다 대출 금리가 높은 것은 물론이고 대출의 기회조차 막히는 경우가 많다. 대학에 다니는 학생이 졸업 후의 미래 직장을 담보로 차입하기는 매우 어렵다. 비슷한 논리로 벤처 정신에 충만한 청

---

13 사전적 복지정책은 단순한 현금성 이전지출을 넘어서는 다양한 유형을 포괄한다. 교육이나 직업훈련 같은 인적 자본 육성책은 기본이고, 주택이나 일자리 같은 영역도 포함한다. 근로와 복지를 연계하는 유인 체계도 강화될 필요가 있다. 부의 소득세(negative income tax) 개념을 응용한 근로장려세제(Earned Income Tax Credit: EITC) 같은 제도가 한 사례다.

년 사업가의 꿈을 믿고 돈을 대주는 은행은 드물다. 같은 조건이면 위험을 기피하는 것이 금융시장의 논리다. 이런 자본시장의 불완전성을 정부가 나서 보완해준다면 민간의 생산적인 위험선택risk-taking은 늘어날 것이다. 특히 이런 사회보험의 제공이 청년 계층의 기업가 정신을 북돋아준다면 이는 미래의 성장 동력을 높이는 또 다른 경로가 될 수 있다.

복지국가를 평가하는 궁극적 잣대는 시민이 느끼는 복지 수준이다. 정부 예산을 사용하는 복지지출에 정책적 관심이 높은 것은 당연하지만, 일자리, 교육, 주택과 같은 항목 역시 국민의 체감 복지를 결정하는 중요한 요소다. 즉, 손에 잡히는 현금만이 복지의 전부가 아닌 것이다.

우리나라 고도성장기의 정부 예산을 보면 복지 항목이 차지하는 비중이 크지 않았다. 1980년대의 복지지출은 평균적으로 총예산의 12.8%에 불과했다. 그렇다면 그 당시의 체감 복지 역시 비례적으로 낮았을까. 그렇지는 않았을 것이다. 당시에는 한번 취업을 하면 한 곳에서 일하다 은퇴하는 '평생직장'이 암묵적 관행이었다. 직장을 다니면 경조사가 있을 때 따로 대비가 없었어도 회사 동료의 도움을 받을 수 있었다. 결혼을 할 때 주택자금을 싸게 마련해주는 곳도 적지 않았다. 은퇴 후에도 원래 회사와 연관된 일을 하면서 노후 생계를 유지하는 사례가 흔했다. 한마디로 회사가 정부 대신 사회보험을 제공한 셈이다.

나아가 교육이 성장과 분배에 미친 영향은 지대했다. 우선 교육은 개발 초기 단계에 필요한 양질의 노동력을 배출해 성장의 기반을 다지는 데 지대한 공헌을 했다. 임금 비용은 낮은데도 산업 인력의 질은 적절히 높았기 때문에 경쟁력 있는 제품을 만들 수 있었고, 이를 바탕으로 수출 주도의 산업국가를 세울 수 있었다. 대학을 나오지 않았어도 노동 집약적인 당시의 산업 현장에 필요한 인력이 되기에 충분했다. 1970년대 이후 산업구조가 자본 집약적인 제조업 중심으로 바뀌었어도 이에 부응하는 인력 배출은 계속됐다.

교육의 재분배 역할 역시 중요했다. 경제 발전 초기에는 대부분의 가계가 가난했다. 하지만 성장이 꾸준히 지속되면서 열심히 공부해 대학에 가면 좋은 일자리를 잡을 수 있었다. 그 결과 자식 세대가 부모 세대보다 잘살게 되는 계층 상승을 경험한 가족이 늘어났다. 이처럼 재분배 정책의 핵심은 단순한 소득 이전이 아니라 계층 간 수직 이동을 용이하게 만드는 것이다. 과거의 교육은 하위 계층의 자식들이 좋은 직장을 얻어 신분 상승을 하게 만드는 디딤돌이 됐다.

물론 지금은 사정이 다르다. 연평균 성장률은 3%를 넘기 어렵고, 평생직장의 관행도 사라진 지 오래다. 무엇보다 교육이 문제다. 한동안 성장과 분배의 밑거름이 되어 잘사는 나라를 만드는 백년대계의 약속처럼 보였지만, 언제부턴가 그 약속이 흔들리기 시작했다. 평준화된 인력을 양산하는 교육제도는 제조업 중심의 산업 수요에는 적합했지만, 창의력이 강조되는 지식 기반 사회에는 적절하지 않다.

분배 정의의 측면에서 볼 때도 우리 교육은 거꾸로 가고 있다. 요즘은 저소득 계층의 자녀가 좋은 대학에 가기가 점점 힘들어지고 있다. 사교육이 입시의 필수재가 되면서 부모의 돈이 교육의 질을 결정하게 된 것이다. 즉, 교육이 예전처럼 계층 사다리가 되어주기는커녕 기존 소득 격차를 고착화시키는 역할을 하고 있다. 해마다 바뀌는 일관성 없는 교육정책은 정보력과 순발력이 남다른 상류 계층에만 혜택을 주고 있다.

나아가 자녀 하나를 양육하는 데 소요되는 막대한 교육 비용은 우리나라 출산율을 빠르게 떨어뜨리는 핵심 요인이 되고 있다. 특히 직장을 다니는 여성 인력의 고통은 더하다. 아이를 낳으려고 직장을 잠시 쉬면 다시 돌아가기 어렵고, 경력 단절을 걱정하다 보면 출산이 미뤄진다. 아까운 여성 인력이 사장되는 것은 물론 생산 가능 인구가 줄면서 우리나라 성장 잠재력의 핵심인 인적 자본이 위축될 수 있다. 한마디로 교육이 나라 장래를 흔들고 있는 것이다.

저출산·고령화에 대응하려면

대한민국 출산율은 세계 최저 수준이다. 여성 한 명이 낳는 자식 숫자가 평균 0.8이라는 것은 단순한 인구 감소를 넘어 일할 사람은 줄고 부양받을 노인은 느는 인구 고령화를 의미한다. 저출산 예산만 늘린다고 해결될 일이 아니다. 이것이 확실한 '출산 인센티브'가 될 수 있는 환경 조성이 필요하고 그 핵심에 교육개혁이 있다. 연금 문제를 둘러싼 세대 갈등도 걱정이다. 이 두 개혁 모두 5년짜리 단임 정권에서 처리하기 어렵다. 차라리 현 정권에선 플랜을 세우고, 다음 정권이 실행하는 '대못형 계약'이 필요하다.

저출산·고령화가 국가 경제의 근간을 흔드는 문제라고 말해온 전문가들은 적지 않다. 다들 같은 말을 10년, 아니 20년 전부터 반복했다. 달라진 것이 있긴 하다. 관련 정부 예산은 더 늘었고, 출산율은 더 떨어졌다. 인구구조가 바뀐 데는 기대 수명이 높아진 탓도 있지만, 문제의 핵심은 낮은 출산율이다. 여성 한 명이 평생 동안 낳을 것으로 예상하는 자녀 수인 합계 출산율은 2021년 기준으로 0.82명인데, 더 낮아질 것으로 추정된다.[14] 선진국 기준으로 당연 꼴찌이지만 낮아지는 속도 또한 타의 추종을 불허한다. 일할 사람은 줄고 부양할 인구는 늘

---

[14] 2020년의 확정 출산율은 0.84명이었고, 2022년의 예상 출산율은 0.77명으로 더 떨어진다. 1970년의 전체 인구 대비 생산 가능 인구(15~64세)는 54.4%, 65세 이상 노인 인구는 3.1%였으나, 2020년 생산 가능 인구 비중은 72.1%, 65세 이상 인구는 15.7%까지 증가했다. 통계청 장래인구추계에 따르면, 인구 변동 요인의 장래 수준을 중위로 설정하고 추계했을 때 65세 이상 인구는 2025년 20.6%, 2050년 40.1%, 2070년 46.4%까지 증가한다.

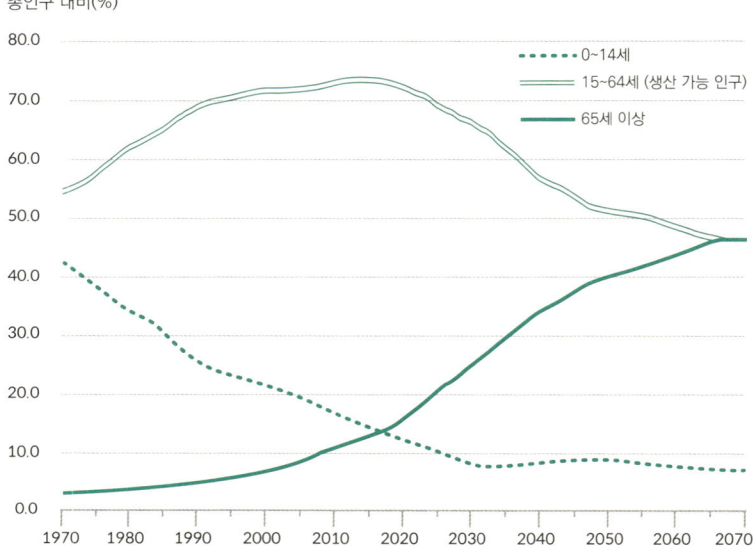

대한민국 합계 출산율은 2021년 기준으로 0.82명인데 더 낮아질 것으로 추정된다. 일할 사람은 줄고 부양할 인구는 늘다 보면 경제 활력이 떨어지고 재정 부담이 커질 수밖에 없다. 자료: 통계청, 장래인구추계

다 보면 경제 활력이 떨어지고 재정 부담이 커질 수밖에 없다. 하지만 인구의 절반인 여성 개개인의 의사 결정에 정책으로 영향을 주는 일이 간단치 않다.

이런 문제를 일찍이 간파한 나는 내 나름의 획기적인 아이디어를 수업 시간에 얘기하곤 했다. "둘째를 낳으면 첫째의 수능 점수를 10점 올려주자. 바로 반응이 올 것이다. 둘째가 걱정되면 셋째를 낳을 것이다. 그다음 넷째, 다섯째……. 거의 순식간에 여러분 할아버지 때의 자녀 숫자를 회복하게 된다. 막내가, 나는 어떡하느냐고 나서면 그냥 입

양하면 된다. 세계 최대 입양아 수출국이라는 오명도 단숨에 씻을 수 있다." 이 대목쯤 오면 학생들이 말리기 시작한다. 내가 제 정신이 아니라 보는 것이다. 하지만 나는 저출산 문제를 해결하려면 이 정도 수준의 강한 유인책은 있어야 된다고 본다.

확실한 '출산 인센티브'가 필요하다

경제 분석의 핵심은 가격 변화에 따른 사람들의 행동 변화를 보는 것이다. 이런 기본적 인과관계를 따지기 위해 이론 모형을 세우고 통계를 이용한 실증적 방법을 동원한다. 경제정책의 초점 역시 이런 가격 유인을 조정해 가계나 기업의 노동, 소비, 저축, 투자 및 기술혁신 같은 의사 결정에 영향을 주는 데 있다. 물론 정책 수단 중에는 수량이나 가격을 통제하는 규제 등 다른 유형도 있지만, 누가 뭐래도 경제 이론과 정책의 묘미는 인과관계를 배경으로 한 유인 효과를 따지는 것이다. 경제학이 과학인 이유다.

그런데 경제정책의 실전 영역으로 들어오면 유인 효과만큼 잘못 이해되는 경우도 드물다. 나는 가끔 학생들에게 자동차 가격이 내리면 자동차 수요가 어떻게 변하느냐고 묻는다. 증가한다고 답하는 학생에게는 틀렸다고 말하며 "다른 조건이 동일하다면"이라는 조건이 붙어야 한다고 강조한다. 자동차 수요에는 여러 요인이 작용하고, 가격 유인은 그중 하나일 뿐이다. 가격효과를 겨냥해 자동차 세금을 내린다고 해도 위기 시처럼 일자리 걱정을 해야 할 때라면 별 반응이 없을 수 있다.

　노무현 정부 때인 2006년부터 지금까지 200조 원이 넘는 예산을 투입했는데도 출산율 하락이 멈추지 않는다는 말들을 한다. 들어보면 별 효과 없이 예산만 낭비한 듯한 뉘앙스를 풍긴다. 그런데 이런 사실 자체가 인과관계를 설명하지는 않는다. 그 정도 예산이라도 투입했기 때문에 지금 수준의 출산율을 유지한 것일 수도 있다. 어쩌면 200조 원이 제 효과를 내기에 턱없이 부족한 예산이었을 수도 있다. 물론 예산은 충분했는데 다른 이유 때문에 기대만큼 유인 효과가 작았을 수도 있다. 합리적인 정책 대안을 수립하려면 이런 기본적 질문에 대한 답변부터 시작해야 한다.

　정책 결정자들이 흔히 하는 실수 중 하나는 유인과 보조금을 구분하지 못하는 것이다. 실제 정책으로 존재했던 고용 관련 유인을 생각해보자. 기업이 사람 한 명 더 고용하면 100만 원을 인센티브로 주는 식의 정책은 효과를 내기 어렵다. 직원을 새로 고용하려면 많은 생각을 해야 하기 때문이다. 정작 사람을 더 뽑고 싶은데 예산이 일인당 100만 원 정도 모자라는 경우 저런 인센티브는 효과가 있다. 유인 효과를 '한계 효과marginal effect'라 부르는 것도 다른 조건이 고정된 상태에서 추가적 한 단위의 효과라는 성격 때문이다. 물론 어차피 사람을 뽑으려 했던 기업들은 돈을 주신다니 고맙게 받을 것이다. 그러나 이런 경우 명목상의 호칭은 유인이지만 실제 효과는 보조금인 셈이다.

　참고할 만한 실증 증거가 드문 상황에서 단정 짓기 어렵지만, 저출산 예산의 유인 효과는 크지 않았을 것이다. 하지만 고생해서 애 낳아 기른 부모들에게 저 정도 예산을 '보조금'으로 준 것은 아깝지 않다.

12월 예산 심사 마지막 무렵 정치인들이 밀실에 모여 지역구 사업 예산 나눠먹기를 하는 행태를 생각하면 더욱 그렇다. 그렇다면 왜 그 많은 돈을 풀고도 출산율을 높이지 못했을까.

다른 예를 한번 들어보자. 세금으로 가격을 조정하는 조세 유인 중에 가장 흔히 인용되는 것이 투자 유인이다. 새로 기계를 하나 살 때 그 가격의 몇 퍼센트 정도를 세금에서 감해주는 투자세액공제는 실제 많은 나라에서 사용하는 정책 수단이다. 그런데 학자들 다수는 이런 정책의 효과가 기대만큼 크지 않다고 본다. 기업이 투자를 결정할 때는 비용 측면 외에 수익성을 보아야 하는데, 노동 인력, 사회간접자본, 정책 환경 등 투자 인프라가 잘 갖추어진 경우에 투자 유인의 실효성이 높은 것으로 알려져 있다.

비슷한 논리로, 아이를 출산해 기르고 교육시키는 과정의 인프라가 부실하면 금전적 인센티브의 유인 효과가 크기 어렵다. 그렇다면 저출산 예산이 유인 효과를 내기 위해서는 어떤 환경이 필요할까. 이 문제에 대한 답은 이미 다 나와 있다. 지금처럼 애 낳아 길러 대학 보내기까지가 고행의 연속인 상황에서 정부 지원이 아무리 큰들 선뜻 용기가 나지 않는 부부가 많을 것이다. 가장 핵심은 엄청난 교육 비용이다. 일하는 여성에게는 출산에 따른 불이익이 또 다른 부담이 된다.

이런 비용 측면에다 편익 측면의 요인을 한 가지 덧붙일 수 있다. 즉, 자식을 길러도 예전 같은 '노후 보험' 역할을 하지 못한다는 점이다. 예전처럼 자식이 노부모를 직접 부양하는 관행은 빠르게 사라지고 있기 때문이다. 지나치게 몰인정한 분석이라 할지 모르지만, 애 낳아 기르는 경제적 가성비가 예전만 못한 것은 부인하기 어렵다. 물론 가족의 일원으로서 자녀가 갖는 비금전적 가치는 별개로 하고 하는 말이다.

저출산 해결책으로서의 교육개혁

"방석이 엉덩이에 눌려 기절했다. 그래서 인공호흡을 하려니까 그것은 방석을 두 번 죽이는 일이라며 어머니가 말렸다. 지독한 입 냄새 때문이라나." 20년 전쯤 인기를 끌었던 코미디언의 바보 연기 장면이다. 당시에 이 문구를 인용하며 교육에 대한 언론 기고를 한 적이 있었다. 그런데 그 내용을 들추어보니 그냥 날짜만 바꾸어 지금 다시 나가도 별문제 없어 보인다. 수능 난이도, 특목고, 사교육, 학제 개편 등 예나 지금이나 교육정책에 대한 논쟁은 백화점식 나열이다. 신기하게도 그때나 지금이나 같은 물건을 팔고 있다.

우리나라에 필요한 개혁을 손꼽으라면 늘 앞 순위에 오는 것이 교육개혁이다. 지식 기반 사회의 경쟁력은 인적 자본에서 나오기 때문이다. 그러나 지난 수십 년을 보면 부분적인 개편으로 제도만 복잡해졌지 학제 개편이나 공교육 회생안 같은 획기적인 개혁 조치는 찾기 어렵다. 전문가의 아이디어가 부족해서가 아니라 사교육 시장과 교육 관료가 쌓아놓은 기득권 장벽이 너무 높기 때문이다. 5년짜리 단임 정권이 집권해 선거용으로 급조한 공약집을 들춰보았자 할 수 있는 일이 많지 않을 것이다. 뭔가 해보려고 내놓는 일관성 없는 단편적 정책은 학생과 학부모의 고통만 배가시킬 뿐이다. 바보도 자신의 입 냄새가

방석을 죽인다는 사실을 깨닫는데 똑똑하신 분들이 인공호흡에 의존하다 교육을 두 번 죽여서야 되겠는가.

지금 우리 사회에 가장 필요한 대통령을 꼽으라면 경제 대통령도 환경 대통령도 아니다. 그런 분야는 주변에 맡겨도 된다. 바로 교육 대통령이 필요하다. 그런데 이분이 할 일은 아주 간단하다. "임기 중에 가벼운 손질 외에는 절대로 교육제도를 바꾸지 않겠다"라고 약속하는 것이다. "그 대신 임기 동안 정파를 초월한 전문가 집단에게 의뢰해 개혁 청사진을 만들고, 각계각층의 의견을 들어 정말 국민이 납득할 대안을 내놓겠다"라고 덧붙이는 것이다. 다음 대통령은 정치적 부담 없이 이 시안을 받아 집행하면 된다. 물론 그렇다 해도 새로운 제도가 정착되는 데는 많은 시간이 필요할 것이다. 때로는 인내가 필요한 분야도 있다. 백년대계는 이렇게 만들어지는 것이다.

인구구조 고령화의 문제점 중 하나는 생산 가능 인구(15~64세)가 준다는 것이다. 몇 년 전 가끔 연락하던 영국의 파이낸셜 타임스 특파원이 왜 한국은 이민 문호 확대를 진지하게 생각하지 않느냐고 물었다. 아시아에서 일본 다음으로 인종 배타주의가 심하다는 말을 듣는 나라에서 그것이 쉽겠냐고 웃어넘겼다. 또 예산만 쓰지 말고 교육개혁 같은 제대로 된 저출산 대책을 한번 시도해봐야 하지 않겠느냐고 덧붙였다. 이후 그 기자는 별 도움이 안 되는 취재원이라 여겼는지 소식이 끊겼다.

하지만 내 생각에는 변함이 없다. 어렵더라도 교육개혁은 반드시 해내야 할 과제다. 나아가 우리나라 직장의 출산·보육 문화도 변해야 하고, 변할 수 있다고 생각한다. 이런 일이 어렵다고 이민정책을 생각하는 것은 문제의 초점만 흐릴 수 있다. 생산 가능 인구 문제도 사장되고 있는 여성 인력을 활용하면 상당 기간 버틸 수 있다. 정주영 회장의 "당신, 해봤어?"라는 명언처럼 한번 해보지도 않고 다른 대안을 찾는 것은 변명에 불과하다.

아무리 좋은 제도라도 정착하는 데 시간이 걸린다. 출산휴가를 포함한 보육 문화가 빠르게 정착되고 있는 곳이 바로 공무원 사회다. 법대로 안 하면 손해 본다는 인식이 강한 관료들 덕분이다. 세계에서 둘째가라면 서러워할 정도로 '정부 주도' 문화가 정착된 우리나라에서 '관치 금융' 같은 지대 추구형 악습만 살아남으리라는 법은 없다. 공무원이나 공기업 집단이 '출산 우선' 같은 바람직한 관행을 사회 전반으로 확산시키는 데 앞장선다면, 그동안 참아온 '공무원은 영혼이 없다'라는 억울한 누명을 일격에 날려버릴 계기가 될 것이다.

연금 개혁과 세대 갈등

인구구조 고령화의 다른 한 축에는 노인 문제가 있다. K-팝과 K-드라마만 세계를 휩쓴 게 아니다. 출산율은 물론이고 노인 빈곤율과 자살률도 세계 정상급이다. 노후 여생을 자식에게 의존하던 관행은 빠르게 사라지는데 정부가 제공하는 복지는 미흡하니 어디 기댈 데가 마땅치 않은 애매한 세대가 탄생한 것이다. 기대 수명은 높아졌는데 노동시장의 경직성은 그대로다 보니 멀쩡하게 더 일할 수 있는 나이에 은퇴를 강요당한 다음 향후 20~30년을 어떻게 살아갈까 고민하는 인구가 급속히 늘고 있다.

　노인 세대의 부양과 관련된 정부 정책의 핵심은 연금 개혁이다. 하지만 이 주제 역시 저출산 대책처럼 정책 제언만 난무하지 실현 가능성 있는 대안은 잘 보이지 않는다. 예전처럼 자식에게 기대어 노후를 보낼 가능성이 줄어든 현재의 노인 세대에겐 따로 준비한 노후 대책이 없다면 정부가 제공하는 연금이 생명줄이다. 하지만 지금 은퇴한 세대가 받고 있는 연금 수준은 서구 복지국가에 비하면 높지 않다.[15] 그런데 전문가들은 입을 모아 기존의 연금 체계가 내는 돈에 비해 받는 것이 많다고 경고한다.

　노후 연금을 운영하는 방식은 크게 두 가지다. 하나는 자신이 일하면서 낸 기여금, 즉 사회보장세를 은퇴 후 돌려받는 적립 방식$_{funded}$이고, 다른 하나는 기존 일하는 세대가 내는 사회보장세를 은퇴한 세대의 연금 재원으로 삼는 부과 방식$_{pay\text{-}as\text{-}you\text{-}go}$이다. 이론적으로는 기금을 적립하는 방식이 합리적이지만, 연금제도가 정착된 선진국들은 대부분 부과 방식을 택하고 있다. 이는 현실적으로 적립 방식을 유지하기 어렵기 때문이다. 적립 방식의 경우 처음 연금을 수령하는 세대는 기여한 것이 별로 없어 수령액도 보잘것없다. 다시 말해 이 세대에겐 연금제도의 의미가 별로 없다. 그런데 관료나 정치인은 연금제도가 성숙할 때까지 기다릴 만큼 정책 시계가 넓지 않기 때문에 단기적인

15　국민연금공단에 따르면 2021년 5월 말 기준 1인당 월평균 노령연금이 55만 361원으로 집계됐다. 노령연금은 10년 이상 가입자가 노후에 받는 일반적인 형태의 국민연금을 말하는 것으로, 장애·유족연금 등은 제외한 것이다. 한편 소득 하위 70%의 만 65세 이상 노인들에게는 최대 월 30만 원을 지급하는 기초연금 제도가 별도로 존재하는데, 소득인정액 요건을 충족하면 국민연금과 중복 수령도 가능하지만, 국민연금 수급 상황에 따라 기초연금 급여액이 일부 감액될 수 있다.

해법을 찾게 된다. 즉, 지금 일하는 세대가 내는 세금을 따로 적립하지 않고 은퇴 세대에게 바로 나눠주면 되는 것이다.

우리나라 국민연금은 1988년에 도입됐지만 외환위기 이후인 1990년대 후반이 되어서야 수혜 대상이 확대되면서 본격적인 노후 연금 기능을 시작한다.[16] 그런데 법적으로는 기금을 적립하는 방식이지만, 실질적으로는 애매모호한 부분 적립식으로 운영되고 있다. 대선 때마다 연금 수령액을 높이는 공약이 발표되며 내는 액수에 비해 받는 액수가 많은 지금의 제도가 정착된 것이다. 아직은 연금제도가 성숙되지 않은 상태이기 때문에 세금을 내는 사람이 연금을 타는 사람보다 많다. 그 결과, 기금이 축적되어 있어 문제가 없어 보이지만 연금 수령자가 늘어나면서 언젠가는 기금이 고갈될 수밖에 없다. 기존 제도의 변화가 없으면 그 시점이 2055~2057년 무렵에 도래할 것이라고 전문가들은 예측한다.[17]

뭔가 잘못된 것이다. 지금 받는 연금 액수는 노후 대책이 되기에 충분하지 않은데 이것마저 지탱 가능하지 않다고 하면 다른 대책이 있어야 한다. 그런데 연금 수준은 그대로 두고 사실상 세금인 기여금을 더 높이자는 제안의 경우 저항을 감당하기 어렵다. 아예 연금 수령액과

---

16 1988년 1월부터 시행된 국민연금제도는 상대적으로 관리가 용이한 10인 이상 사업장의 '18세 이상 60세 미만' 근로자 및 사업주를 우선 대상으로 시행했다. 이후 대상을 부분적으로 확대해가다 1999년 4월 1일부터 가입 대상자의 범위를 도시 지역 거주자까지 확대했고, 2006년에는 근로자 1인 이상 사업장까지 확대 적용함으로써 실질적으로 전 국민이 가입 대상이 되게 했다.

17 보건복지부는 지난 2018년 제4차 국민연금 재정계산에서 국민연금의 적자 전환 시기를 2042년으로 예상했으며, 기금 고갈은 2057년으로 봤다. 기획재정부는 '2020~2060년 장기 재정전망'에서 국민연금이 보험료율 등 현 상태를 유지한 채 운영된다면 2041년 적자가 발생한 뒤 2056년에 고갈될 것이라 예측했다. 2020년의 국회예산정책처 추정에 따르면 기금 고갈 시점은 2055년으로 한 해 더 빨라졌다.

기여금을 둘 다 늘려 고부담-고복지형으로 가는 안도 있지만, 이 경우 보험료율이 더 높아진다는 문제가 있다. 연금제도 개혁을 둘러싼 전문가 견해는 '노후 소득 보장'과 '연금 재정 안정성'이라는 두 기준을 바탕으로 몇 가지 대안으로 좁혀지고 있지만, 정치적 수용성이라는 문턱을 넘지 못하고 있는 것이다. 최근 들어 집권 정부나 대권 후보들이 연금 개혁에 대해 말을 아끼는 것도 자칫 성과도 내지 못하며 욕만 먹기 쉬운 사안에 선뜻 뛰어들 자신이 없기 때문이다.

여기에 또 하나의 정치적 뇌관이 되고 있는 것이 공무원연금과 군인연금의 적자분을 국민 세금으로 내주고 있는 현실이다.[18] 이런 상황에서 국민들에게 지금 받는 액수를 줄이거나 보험료를 올리겠다는 말을 할 수 있을까. 이 문제에 대한 심각성을 인지하고 그나마 부분적인 손질을 한 것이 박근혜 정부 때다.[19] 하지만 공무원의 노후를 일반 납세자가 책임지는 현상은 앞으로도 지속될 것이다.

군인이나 공무원에게 주는 이런 연금 특혜는 고도성장 시대의 산물이다. 민간 기업에 비해 급여도 높지 않으면서 국가를 위해 헌신하는 집단에게 얼마든지 정부 지원이 가능했을 수 있다. 하지만 시대가 바뀌었고, 지금은 공무원이 직장 선호도에서 최상위권에 속한다. 특히

---

18 국회예산정책처의 '2021~2030년 중기재정전망'에서는 공무원연금 적자는 2021년 4조 3,000억 원에서 2030년 9조 6,000억 원으로, 군인연금 적자는 2조 8,000억 원에서 4조 1,000억 원으로 증가할 것이라 예측했다. 공무원연금·군인연금은 정부가 지급 책임을 지기 때문에 연금 적자가 계속 커지면 국고로 메워야 하는 규모도 증가하게 된다. 2015년 공무원연금 개혁 이후에도 적자를 메우는 용도로 매년 2조 원 넘는 재정(국가 보전금)이 사용됐다.

19 2015년 5월 29일 공무원연금법 개정안이 국회 본회의를 통과했다. 1960년 공무원연금이 도입된 이래 이 제도를 개선하려는 시도는 몇 차례 있었으나 재직 공무원과 노조의 반발로 큰 성과를 보지 못했다. 이번 공무원연금 개혁은 전체 재직 공무원의 연금액을 삭감하고, 연금을 받는 연령도 60세에서 65세로 연장하는 등 재직 공무원의 고통 분담을 어느 정도 이끌어냈다는 점이 눈에 띈다. 하지만 여전히 적자 폭이 작지 않고 앞으로 더 커질 것이라는 우려가 있다.

공무원연금의 적자 보전 문제에 대해서는 일반 납세자들의 정치적 동의가 지속되기 어렵다. 공무원에게 필요한 다른 혜택과 주고받는 식의 타협을 하더라도 한번 큰 틀에서 정비를 할 필요가 있다. 특히 지금처럼 정부 신뢰도가 예전만 못한 상황에서는 공무원연금 문제가 또 다른 갈등의 씨앗이 될 수 있다.

그래서 한 번은 관료 체제의 효율을 높여줄 개혁이 있어야 한다. 사실 정부 개혁을 시도해볼 수 있었던 좋은 기회가 두 번 있었다. 하나는 외환위기 직후, 정부 주도형 경제구조의 비효율이 위기의 한 원인으로 부각됐던 김대중 정부 때다. 다른 하나는 글로벌 금융위기 직후, 이명박 정부 때다. 다른 나라에서 발생한 충격에 우리 금융시장이 너무 흔들리자 관치 금융의 잔재 해소 등 진작 구조조정을 더 했어야 했다는 반성의 목소리가 높았다. 두 경우 모두 관료 체제의 비효율적 요소를 줄여 좋은 정부로 거듭날 수 있는 기회였지만 시도조차 없이 아까운 기회를 날렸다.

어쨌거나 공무원연금 문제까지 정치 쟁점으로 등장하고 있는 상황에서 2028년에 40%에 도달하게 설계된 국민연금 소득대체율(생애 평균 소득 대비 연금 수령액)을 더 낮추거나 보험료율을 기존 9%(직장인은 기업이 절반 부담해 4.5%)에서 3~4%p 정도 더 높이는 식의 전문가 제안이 정치적으로 수용되기 힘들 것이다.[20] 그렇다면 노후 보장도 강화하고

---

20 국민연금법에는 5년마다 국민연금 재정수지를 계산하고 국민연금 운영 계획을 검토하게 되어 있다. 2003년에 1차 재정계산을 시작으로, 2018년까지 총 4번의 재정계산이 있었다. 4차 재정계산에서 2018년 소득대체율 45%로 시작해 매년 0.5%p씩 줄여 2028년에는 40%까지 낮추도록 했다. 한편 보건복지부는 2018년 4차 재정계산 당시 '제4차 국민연금 종합운영계획안'을 통해 국민 의견을 수렴한 네 개의 정책 조합 방안을 발표했다. 1안인 현행 유지 방안은 보험료율 9%, 소득대체율 40%(2018년 45%에서 시작해 단계적으로 낮춰 2028년 40%)를 그대로 유지하면서 기초연금을 2021년에 30만 원으로 올리는 것이다. 2안은 보험료율과 소

연금 재정도 안정화시키면서 동시에 납세자 저항의 문턱도 넘길 수 있는 다른 대안은 없을까.

솔직히 한 가지 방식만 남는다. 연금제도가 성숙된 선진국의 경우처럼 일하는 세대가 내는 보험료 수입으로 은퇴자의 연금을 제공하는 부과 방식으로 전환하는 것이다. 이 경우 당장 보험료율의 변화가 없어도 되고 잘하면 연금 혜택도 일시적으로 올릴 수 있다. 문제는 일하는 세대와 은퇴한 세대의 인구수 비율이다. 아직은 괜찮지만 인구 고령화로 연금 가입자는 줄고 수혜자는 늘고 있다. 언젠가는 연금 보험료를 높이지 않고서는 기존 수령액을 감당하기 어려울 것이다. 아마그 전에 세대 갈등이 불거지며 연금 전쟁이 일어날 가능성이 높다. 아무리 부득이한 선택이라 하더라도 이런 정치적 시한폭탄의 뇌관을 건드릴 정치인은 드물 것이다.

세대 갈등은 경제정책 차원을 넘어 역사적 맥락에서 봐야 한다. 통상 세대 간 재분배 문제는 재정 적자와 연금에서 발생하기 쉽다. 현재 세대가 진 빚을 갚으려고 미래 세대가 세금을 더 내고, 내는 액수에 비해 더 많은 연금 혜택을 받는 현 세대의 노후를 지원하기 위해 미래 세대의 연금 보험료가 높아지는 경우가 대표적 사례다. 통상적인 계층 간 재분배 문제와 마찬가지로 이 문제에 대한 보편적 해법은 없다. 특정 시대, 특정 국가의 분배 정의가 무엇이냐에 따라 정치적으로 해결될 사안이다.

득대체율을 그대로 두고 기초연금을 2021년 30만 원, 2022년 40만 원으로 인상하는 것으로 기초연금을 강화하는 방안이다. 3안은 2021년 소득대체율을 45%로 올리고 보험료율을 2021년부터 5년마다 1%p씩 인상하여 2031년 12%로 하는 것이다. 4안은 2021년 소득대체율을 50%로 하고 보험료율을 2021년부터 5년 단위로 1%p씩 올려 2036년 13%로 증가시키는 것이다.

서구 국가들의 복지제도가 본격적으로 확장된 것은 2차 대전이 끝난 1945년 이후다. 당시의 시대 상황은 두 번의 큰 전쟁과 10년 동안 지속된 대공황을 거친 세대를 보호하자는 편이었다. 미국의 경우 전후에 태어난 '베이비붐' 세대가 일하기 시작하는 1960년대 들어 복지제도가 급속히 확대됐고, 은퇴 세대로의 재분배에 대한 정치적 저항도 상대적으로 크지 않았다.

우리는 어떨까. 한국전쟁의 폐허에서 불과 몇십 년 만에 경제력과 군사력으로 세계 10위권 강국의 반열에 올라선 것은 지금 나이 든 세대가 피땀 흘려 일한 결과다. 그럼 이들의 노후를 다음 세대가 지원하는 것이 맞지 않을까. 역으로, 지금의 청년 세대는 일자리나 소득의 측면에서 부모 세대보다 못할 가능성이 높다는 예상이 지배적이다. 그렇다면 오히려 반대 방향의 세대 간 재분배가 맞는 게 아닐까.

이런 질문에 대한 정답은 없다. 하지만 논쟁은 필요하다. 동네 분쟁도 만나서 토론하며 합의를 구하는데, 사회적 합의가 필요한 이런 중대한 사안을 일개 정치 집단이 마음대로 결정할 수는 없다. 돌이켜 보면 지금 연금 전문가들이 걱정하는 기금 고갈 가능성은 5년, 10년, 20년 전에도 똑같이 듣던 말이다. 이러다 보면 정말 연금 기금이 거의 고갈되는 30~40년 후까지 같은 주장만 반복하며 시간을 보낼지도 모른다.

정치적 장벽을 넘어설 다른 대안이 없는 상황에서 내가 생각하는 차선의 방법은 교육개혁에 대한 제안과 마찬가지로 특정 정권 임기 5년 동안 '연금 모라토리엄'을 설정하는 것이다. 즉, 이 5년 동안 정파를 초월한 전문가 집단이 오로지 나라 장래만 생각하며 최선의 개혁 대안을 만드는 것이다. 기존 정권이 그 내용에 개입하거나 합의된 사안 중 입맛에 맞는 일부만 고르려 하면 모든 것을 망칠 수 있다. 그냥 최선의 시안을 만들어 다음 정권에 넘기면 그들은 정치적 부담이 덜한 상태에서 이를 집행할 수 있을 것이다.

결국 앞서 언급한 교육 대통령이 곧 연금 대통령인 셈이다. 교육이나 연금은 5년 정도 큰 개혁이 없어도 당장 무너지지 않는다. 하지만 기존 정책 관행을 깨지 않으면 20년이 지나도 아무것도 바뀌지 않을 수 있다. 다만 그 과도기적 상황에서 노인 세대의 소득을 보장해줄 방안이 필요하다. 이 글의 범주를 넘어서는 주제이지만 정년 연장이나 임금 피크제 같은 대안들은 이미 충분히 나와 있고 논쟁 중이다. 그러나 그 전에 생각할 문제가 수급 불균형 구조를 지닌 경직된 노동시장의 개혁이다. 이 문제는 기득권의 이해관계가 얽혀 있어 집권 정부가 총대를 메고 나설 필요가 있다.

나아가 사회보장 관련 세금은 곧 복지 재원을 의미하므로 이 책에서 강조한 조세개혁과도 연결된다. 조세개혁은 아예 청사진 자체가 없는 상태이므로 이 작업부터 시작해야 한다. 잘하면 한 사람이 교육 대통령, 연금 대통령, 그리고 세금 대통령 소리까지 들을 수 있다. 좀 과장해 말하자면 영조나 정조의 반열에 가까운 급이다. 즉, 그만큼 어렵다는 말이다. 하지만 앞의 두 영역은 모라토리엄만 설정하고 범정파적 위원회가 제대로 작동하는지를 점검하며 관리만 잘하면 그 자체로 충분하다. 물론 이는 자신의 임기 중에 업적을 남기고 싶어하는 근시안적 집권자에게는 참기 어려운 주문일 것이다. 그래도 마음만 먹으면 할 수 있다. 정말 힘든 것은 조세개혁일 것이다. 죽음만큼 피하고 싶은

게 세금이라는데 무슨 다른 말이 필요할까. 이것을 성공시켜 복지 재원을 마련하고 노동 개혁 성과까지 낸다면 역사에 이름을 새길 수도 있다. 물론 이 모두 다 농담처럼 들리는 제안이지만 현실이 농담만도 못하기에 하는 얘기다.

복지 재원의
다원화를 위한 대안

동전의 양면과 같은 조세와 지출의 적절한 조합은 재정정책의 성패를 가른다. 특히 이 둘을 연계하는 목적세 방식은 잘 쓰면 약이지만 잘못 쓰면 독이 된다. 기본소득의 재원으로 탄소세나 토지세 같은 목적세 신설은 타당할까. 또한 환경이나 문화와 같은 무형적 복지는 여러 사람이 함께 소비하는 공공재이기 때문에 예산 배분에서 현금 복지에 밀릴 수 있다. 이를 달리 취급할 대안은 없을까. 이 책에서는 기본 복지의 총량을 정한 다음, 그 이후부터는 수입과 지출의 연계 방식으로 가는 '2단계 복지'를 새로운 대안으로 제안한다.

몇 해 전 UN의 의뢰를 받아 아랍권 국가들의 조세제도를 검토한 적이 있었다. 놀랍게도 석유가 많이 나는 나라들의 경우 세금이 별로 없었다. 평균적으로 재정 수입의 70% 정도는 석유 판매에서 나왔고, 조세수입의 비중은 15%를 겨우 넘었다. 쿠웨이트의 경우 석유 수입 비중이 90%에 가까웠고, 세금 비중은 4% 미만에 불과했다. 일반인이 내는 개인소득세는 아예 없었고, 법인세 대상도 외국 기업이나 자원과 관련된 특수한 산업으로 한정된 경우가 많았다. 그러다 2014년부터 유가가 급락하면서 이들 대부분이 심각한 재정 적자를 겪기 시작했다. 이런 경우 지출을 줄이는 방식도 있지만, 어느 나라나 예산에는 의무 지출 항목이 많아 재량의 폭이 크지 않다. 남는 선택은 세금을 더 거두는 것이다.

경제 분야 중 이론과 현실의 괴리가 가장 심한 분야를 꼽으라면 당연 정부 재정이다. 세금이나 복지는 역사성과 정치성이 커서 나라마다 제도의 편차가 크다. 그런데 우리가 교과서에서 배우는 재정 이론은 선진국, 그중에서도 미국의 경험을 바탕으로 만들어진 것이 대부분이다. 같은 외국산이라도 통화 이론이나 무역 이론은 보편성이 높은 편이다. 하지만 재정 분야의 경우 그 나라 고유의 정치구조나 경제구조와 무관한 수입 이론의 단순 적용은 부작용이 크기 쉽다. 석유 수출국에 교과서 조세 이론을 들이밀어 봤자 무슨 소용일까.

정부 재정은 조세와 지출이라는 양면으로 구성된다. 이 두 측면의 관계는 밀접할 수밖에 없고 나라마다 다른 형태로 나타난다. 정책 수단으로서 이 둘 간에는 대체성과 보완성이 동시에 존재하기 때문에, 어떤 특정 목표를 위해 하나를 선택하거나 아니면 둘 사이의 적절한 조합을 생각해야 한다. 그런데 이것이 듣기에는 쉬워 보이지만 실제로는 정부의 능력을 가늠하는 잣대가 될 정도로 어려운 과제다. 몇 가지 예를 들어보자.

정부는 성장을 촉진하기 위해 기업 투자나 연구 개발에 조세 유인을 제공하기도 하고 사회간접자본 투자나 기초연구 지원 같은 정부지출을 늘리기도 한다. 물론 두 방식 모두 사용하면 좋겠지만 재원의 제약 때문에 조세 유인과 예산지출 중 한쪽을 선택해야 할 때도 있다. 조세 유인은 거둘 수 있었던 세금을 유보하는 것이기 때문에 이런 지원을 줄이면 그만큼 세수가 더 걷혀 지출에 쓸 돈이 늘어난다.[21]

---

21 세금을 유보해 예산상의 지출과 유사한 효과를 올린다는 의미에서 이런 정책적 조세 감면을 조세지출(tax expenditure)이라고 부른다.

소득분배를 목표로 하는 경우에도 조세와 지출 간의 선택이나 정책 조합이 중요하다. 고세율의 누진소득세는 대표적인 재분배 수단이지만, 이로 인한 왜곡 비용이 커서 득보다 실이 크다고 생각하는 전문가가 많다. 이들은 비효율을 최소화하는 방식으로 세금을 충분히 거둔 다음 지출 측면의 복지에 집중하는 것이 낫다고 보기도 한다. 지난 수십 년 소득세 못지않게 소비세에 대한 이론적·정책적 관심이 높아진 것도 이 때문이다. 그런데 높은 누진세율은 소수 부자에게 집중되는, 눈에 띄는 정책이기 때문에 선호하는 정치인들이 많다.

같은 액수의 세금을 걷을 때도 선택이 필요하다. 세금은 법에서 정한 세율을 소득이나 재산 같은 주어진 과세 베이스에 적용해 결정한다. 소득의 경우 다양한 공제 항목이 있어 실제 소득과 과세 대상 소득 taxable income 간에는 격차가 있다. 따라서 증세를 하는 경우 법정세율을 올릴 수도 있고 공제 수준을 줄일 수도 있다. 어느 방식이 경제 논리에 부합하는지는 상황에 따라 달라진다. 그런데 조세 저항이 걱정되는 경우, 눈에 띄는 세율 인상보다는 공제 항목을 조정해 세금을 올리는 것이 편리할 수 있다.

조세정책 하나만 생각해도 세수 확보에다 효율과 형평의 기준을 만족시켜야 하는 등 따져야 할 경제적·정치적 변수가 한둘이 아닌데, 여기에 지출 측면을 추가한 정책 조합까지 더하면 머리가 복잡해진다. 이럴수록 전문가의 냉철한 판단이 필요한데, 현실에서는 정치적 이해관계가 앞서기 쉽다. 제도가 복잡할수록 더욱 그렇다. 그리고 이런 오염된 정책의 희생자는 힘없는 계층이 된다. 이 책에서 조세개혁의 핵심을 '단순화'로 보는 이유 중 하나도 이것이다.

이 책에서는 세제 단순화와 더불어 세원의 다양화가 가져오는 장점도 강조했다. 그렇다고 아무 데나 세금을 매겨도 된다는 말은 아니다. 소득은 가장 기본적인 과세 대상이지만, 소득이 있다고 무조건 세금을 매긴다는 논리는 성립하지 않는다. 세금의 주권은 납세자에게 있기 때문이다. 납세자가 합의만 해준다면 인두세만으로 세수를 확보하는 것이 더 효율적이다. 그러나 이런 정액세는 정치적 동의를 구하기 힘들기 때문에 다양한 차선책을 찾는 것이다. 소득세, 소비세, 재산세 등 다른 모든 세금도 경제적 효율성과 정치적 수용성을 함께 따져가며 적절한 과세 수준을 정해야 한다.

조세와 지출의 연계

조세 저항 문제를 고려할 때 특히 중요한 조세원칙은 납세자와 수혜자를 연결하는 편익원칙이다. 세금은 시민과 국가 간의 사회계약이다. 아무리 정부에 법적 권한이 있다 하더라도 납세자의 암묵적 동의 없이 밀어붙이면 탈이 나기 쉽다. 자신이 내는 세금에 합당한 반대급부를 돌려받지 못한다 느끼는 납세자가 많은 나라에서는 조세 부담 수준을 높이기 어렵다. 이는 넓은 의미의 수익자부담 원칙이라 해석할 수 있다.

원래 세금과 지출을 연계하는 방식은 재정학 교과서에 나올 정도로 이론적 뿌리가 깊다. 모든 사람이 동일한 가격을 지표로 자신의 소비량을 결정하는 사적재 private goods 와 달리 치안이나 공원 같은 공공재

public goods는 여러 사람이 함께 소비하는 재화다. 이 경우 사람들이 느끼는 편익만큼 가격을 매기면benefit pricing 공공재의 효율적 조달이 가능하게 된다.

구체적인 조세정책 차원에서의 편익원칙은 특정 세금과 지출 항목을 연계시키는 목적세 방식을 통해 실현된다. 도로세는 도로를 사용하는 사람이 내고, 수도 요금은 수도를 사용하는 사람이 내는 식의 수익자부담형 조세-지출 연계가 이루어지면, 경제적 효율성이 보장되는 것은 물론 통상적인 공정성 개념에도 부합된다. 나아가 정부가 일방적으로 세금을 부과하고 지출 우선순위를 정하는 것이 아니기 때문에 납세자 주권의 정신에도 가깝다.

그런데 주류 재정 이론은 여러 항목의 세금을 합쳐 한 단지에 넣고 이를 정해진 우선순위에 따라 지출하는 재정 체계를 전제로 한다. 그러나 재원의 조달과 배분 과정을 분리하는 이런 '일반회계 방식general-fund financing'은 정부 효율과 시민들의 납세 의식이 높은 나라에서나 효과적이다. 정책 능력이나 정치 수준이 높지 않은 나라에서는 예산이 비효율적으로 사용되는 것은 물론 부패가 발생할 여지가 크다. 이런 경우 정부 신뢰도가 낮아지며 조세 저항이 커진다.

개도국에서는 조세 정보가 부족하고 조세 저항도 만만치 않아 기대만큼 세금이 잘 걷히지 않는다. 그래서 특정 세금의 용도를 지정해 납세자의 저항을 줄일 수 있는 목적세 방식을 보완적으로 사용하는 경우가 많다. 우리나라도 방위세, 교육세, 농어촌특별세, 교통에너지환경세 등 다양한 목적세가 조세수입에 상당한 기여를 했다. 물론 이런 세금의 대부분은 납세자와 수혜자가 동일인인 교과서식의 엄밀한 편익원칙과는 거리가 있다.

이 책에서 강조했듯, 향후 급증하는 복지 수요를 감당하기 위한 증세는 불가피하지만 복잡한 기존 세제에 수반되는 경제적·정치적 비용을 고려하면 조세부담률을 2~3%p 올리는 수준의 증세도 만만치 않다. 이런 경우 목적세를 신설하는 대안이 튀어나오기 쉽다. 하지만 당장 돈이 필요하다고 경제적 논거가 분명치 않은 새로운 세금을 신설하는 것은 누더기 세제를 더 복잡하게 만들 것이다. 복잡한 제도는 비효율과 불공평의 원천이 됨은 물론 부패나 지대 추구의 경로가 된다. 경제 규모나 조세 부담이 크지 않았던 시절에는 목적세가 쉽게 통했지만 앞으로는 다를 것이다.

이런 상황에서는 서둘지 말고 한발 물러나 우리 고유의 제도나 환경에 기반을 둔 체계적이고 창의적인 접근법을 찾아야 한다. 당장 아쉽다고 아무 세금에나 '목적'을 붙이면 후유증이 클 수 있다. 자영업자 문제가 아무리 심각해도 고가 아파트에 사는 사람들에게 5만 원씩의 인두세를 거두어 '자영업지원특별세'라는 목적세를 만들 수는 없는 일 아닌가. 다른 정책도 마찬가지이지만, 세금의 경우 목적이 수단을 합리화할 수는 없다.

그렇다고 기존 세제에 뿌리박고 있는 데다 그 나름으로 세수 확보에도 기여했던 목적세 방식을 무조건 버릴 필요는 없다. 특히 환경이나 복지 등 지출 수요는 빠르게 느는데 정부 신뢰도는 높지 않은 요즘 상황에서는 적절한 조세-지출 연계를 통해 정부 재원을 확보하고 이를 합리적으로 배분할 수 있는 여지가 충분히 있다.

예를 들어 우리나라의 대표적인 목적세 중 하나인 교육세는 납세자와 수혜자가 직접적으로 연계되어 있지 않다. 그럼에도 불구하고 이런 세금은 정부 재정의 책임성과 투명성을 어느 정도 보장할 수 있다는 이점이 있다. 교육세를 내는 사람 입장에서는 본인이 직접적 수혜자는 아니지만 최소한 자신의 세금이 어디에 쓰일지는 알 수 있기 때문이다. 이로 인해 정부 신뢰도가 높아진다면 조세 저항 역시 줄어들 수 있다. 교육 수준이 높아져 경제 발전에 도움이 된다면, 이는 모든 납세자에게 우회적인 편익으로 돌아간다고 볼 수도 있다.

그러나 경제가 충분히 성숙한 지금도 이런 논리가 맞는지, 더 나은 대안이 없는지는 따져보아야 한다. 세금이 기득권이 되면 쉽게 되돌리기 어렵다. 목적세의 경우 특정 세금의 수혜자가 미리 지정되어 있기 때문에 정치적 이해관계가 작동하기 쉽고 서로 세수를 확보하려는 지대 추구 현상이 발생할 수 있다. 따라서 향후 새로운 목적세를 신설하는 경우에는 기존 목적세들의 합리성까지 함께 따져가며 존립 기준을 세워야 한다. 한번 정립한 재원 배분 경로는 바꾸기 어렵기 때문에 기회가 있을 때 체계적으로 정비할 필요가 있다.

목적세 방식과 '2단계 복지 체계'

이제 이 책의 앞부분에서 언급했던 기본소득과 무형적 복지의 재원 문제를 살펴보자. 기본소득은 대표적인 현금성 복지다. 복지 수혜자 개개인에게 현금이 지급되는 이전지출transfer이기 때문에 당장 예산에 잡혀야 한다. 무형적 복지는 환경, 의료, 체육, 문화와 같이 현금은 아니지만 시민의 체감 복지를 높일 수 있는 영역이다. 현금 복지와 달리 여러 사람이 공유할 수 있는 공공재적 복지라는 점이 특징이다.

이 두 경우 모두 재원 조달이 가장 큰 정책 걸림돌이다. 전 국민에게 의미 있는 수준의 현금을 제공하자는 이론 속의 기본소득은 막대한 재원을 필요로 하기 때문에 기존 복지제도와 조세제도의 전반적 개혁을 전제로 하지 않으면 실현되기 어렵다. 기존 복지 체제를 유지하며 추가적인 액수를 지급하는 과도기적 방식은 새로운 재원을 마련해야 한다는 문제가 있다. 이때 쉽게 생각할 수 있는 것이 특정 세목의 수입을 이 용도로 쓰는 목적세다. 문제는 이런 목적세의 경우 수혜자가 전 국민이기 때문에 수익자부담형 조세-지출 연계와는 거리가 멀다는 점이다. 이 경우 전 국민 재난지원금처럼 국민 모두가 수혜자라는 '목적'의 후광효과halo effect를 기대하며 세금을 거두려 할 것이다.

우선 가장 자주 언급되는 탄소세를 생각해보자. 공해와 같은 '부정적 외부 효과'를 줄이는 세금은 한편으로 자원 배분의 비효율을 줄이며 다른 한편으로 세수도 올리는 일종의 이중 배당 효과가 있다. 이런 합리성 때문에 탄소세가 새로운 세원으로 언급된 지는 오래다. 그러나 탄소세를 기본소득의 재원으로 삼는 것은 설득력이 높지 않다. 무엇보다 편익원칙에 어긋난다. 화석연료를 다른 에너지원으로 대체하는 과정에서 상당한 수준의 정부지출이 필요한데, 그렇다면 탄소세나 배출권 판매 수입 등은 환경 개선 용도에 사용하는 것이 적합하다. 이 경우 공해가 줄어들면서 탄소세 수입이 감소해도 별문제가 없다. 어차피 제 목적을 다한 것이기 때문이다.

대선 후보의 공약으로 등장했던 토지세 유형의 목적세도 논리적 근거가 희박하다. 탄소세의 경우처럼 수익자부담 연계가 되지 않는 것은 물론이고, 왜 이런 중요한 세목을 특정 지출 용도의 세원으로 쓰는지에 대한 의문이 남는다. 토지세의 매력은 이것이 효율과 형평의 기준에 부합하는 데 있기 때문이다. 나아가 토지세는 기존 재산세에서 토지분을 분리하여 가치를 평가하는 일, 금융자산 과세와의 수평적 형평성 등 사전적으로 따져야 할 문제가 많아 재산 과세의 전반적 개편 없이는 시행하기 어렵다. 장기 과제로서 충분히 따져볼 수 있지만, 당장 실현 가능한 제안은 아니다.

그럼 다른 대안은 없을까. 기본소득의 재원으로 굳이 목적세를 택해야 한다면 차라리 기존의 담뱃세, 주세, 복권 수익금을 이 용도로 돌리는 것을 생각해볼 수 있다. 이 세 항목의 수입을 합치면 20조 원 가까이 되므로 결코 작은 액수는 아니다.[22] 그럼 어떤 근거로 이런 황당해 보이는 제안을 하는 걸까. 무엇보다 이 세 가지가 그나마 편익원칙의 기준에 가까운 세원이기 때문이다. 담뱃세는 역진적이고 비탄력적인 세금으로 널리 알려져 있다. 즉, 저소득층이 부담하는 비중이 높고 가격이 올라도 쉽게 행동을 바꾸기 어렵다. 주세나 복권 수입도 유사할 것이다. 세금을 피하려고 담배를 덜 피우고 술을 덜 마시려면 의지가 매우 강하거나 다른 대체재가 있어야 한다. 둘 다 희망 사항일 뿐이다. 이런 역진적 세목에서 거둔 세금의 용도를 찾는다면 저소득층이 상대적으로 덕을 보는 곳에 사용하는 게 낫다는 것이다. 다 같이 100만 원씩 받는 기본소득이라도 가난한 사람이 느끼는 돈의 효용이

---

22 2020년 기준, 담뱃세, 주세, 복권 수익금은 각각 12조 원, 3조 원, 2.2조 원이다.

클 것이기 때문이다.

그런데 현실은 어떤가. 주세의 경우 지역 균형 발전 용도로 사용된다. 담뱃세는 몇 군데 부처가 수입을 나누어 가지는 '지대 추구의 각축장'이다. 구체적으로 기획재정부가 부가가치세와 개별소비세를, 행정안전부가 담배소비세와 지방교육세를 거둬간다. 그뿐만 아니라 보건복지부와 환경부에서는 국민건강증진부담금과 폐기물부담금을 매기고 있다. 연초 농가 보호와 지원이라는 명목하에 엽연초생산안정기금 출연금도 부과된다. 담배 한 갑이 4,500원이라면 여기 붙은 세금과 부담금은 3,323.4원으로, 담배 가격의 73.85%에 달한다. 복권 판매에 따른 수익금 역시 저소득·소외 계층 지원, 주거 안정, 과학기술 진흥, 문화재 보호 등 용도가 다양하다.

이 세 항목의 경우 수입의 용도가 지정되어 있는 목적세 형식을 띠지만 지출 범위가 넓거나 분산되어 있어 '목적이 분명하지 않다'는 지적을 면하기 어렵다. 이럴 바에는 이 항목들의 수입을 한데 모아 기본소득 재원으로 쓰는 편이 차라리 나을 수 있다. 물론 기존에 이 돈을 쓰던 정부 부처는 온갖 이유를 동원해 반대할 것이다. 그래서 체계적인 조세개혁의 틀 안에서 생각해볼 수 있는 제안이라 할 수 있다. 기존에 돈을 받던 부처에도 다른 재원 대안이 필요하다. 하지만 이 방식이 탄소세나 토지세보다 이론적으로 훨씬 우월한 목적세임을 부정하기는 어렵다.

향후 개선된 조세체계를 마련하는 과정에서 목적세 방식이 기여할 수 있는 여지는 여전히 크다. 잘만 설계하면 조세수입, 효율성, 공정성, 정치적 수용성 등 다양한 측면에서 긍정적 효과를 가질 수 있다. 탄소세를 환경 분야의 지출에 사용하는 것이 한 사례다. 꼭 엄밀한 목적세 형식이 아니더라도 적절한 수준의 조세-지출 연계는 정부 활동의 투명성과 책임성을 담보해 정부 신뢰도를 높이는 역할을 할 수 있다.

예컨대 지금 당장은 공해가 많지 않은 지역에 사는 주민은 나중에 자신의 지역이 오염되었을 때 정부의 환경 부문 지출이 지속된다는 전제가 있어야 기꺼이 공해 방지형 세금을 납부할 것이다. 따라서 '탄소세와 환경 투자' 같은 명시적인 연계 관계가 존재하는 경우에는 미래의 정부가 계약을 바꾸는 정치적 비용이 커질 것이고, 그만큼 계약이 존속될 가능성은 높아진다.

잘 설계된 세입-세출 연계 방식은 무형적 복지를 늘리는 수단이 될 수도 있다. 개개인에게 혜택이 가는 현금 복지와 달리 환경, 의료, 문화 등과 관련된 복지는 공공재적 성격을 갖는 경우가 많다. 맑은 공기와 문화시설처럼 공공재는 다수가 공유하기 때문에 가격 책정이 어렵고 무임승차자 문제도 발생할 수 있다. 나아가 현금 복지 같은 정치적 매력도 덜하다. 따라서 사회적으로 적정한 수준에 비해 과소 공급될 가능성이 높다.

세계 10대 강국의 수도에 클래식 공연장이 손으로 꼽을 정도라면 수치스럽다. 어지간한 소도시에서도 유명 아티스트의 공연을 볼 수 있는 독일을 롤 모델로 삼기는 어렵지만, 청소년들이 쉽게 접근할 수 있는 공공 문화시설은 늘어야 한다. 공연장이나 전시회에서 직접 만나는 예술은 스마트폰 속의 세상과는 다른 차원의 울림을 줄 것이다.

예술은 경제가 아니지만, 예술이 생활로 들어오려면 경제적 뒷받침이 있어야 한다. 계산이라고는 투표함의 표밖에 할 줄 모르는 정치인들에게는 현금 복지를 늘리는 것과 도시의 녹지를 없애 아파트 짓는 것이 최선이겠지만, 맑은 공기와 여유 있는 문화생활을 미래 세대에게 남기는 것은 현세대의 의무다.

그래서 유능한 정부를 바라는 것이다. 주어진 예산을 놓고 일차원적인 나눠먹기에 집착하는 저급한 정치 문화를 넘어서는 다차원적인 복지정책을 기대하는 것이다. 같은 비현금성 복지라도 환경이나 의료는 탄소세나 보험료 같은 그 나름의 수입원이 있을 수 있다. 그러나 문화나 예술처럼 복지 혜택이 당장 손에 잡히지 않고 마땅한 수입원도 없는 분야에는 정부 지원이 필요하다.

이 책에서는 무형적 복지의 재원 마련을 위해 '기본 지출 + 수입 지출 연계' 방식을 제안한다. 즉, 기본적인 초기 재원은 일반회계에서 조달하되, 어느 수준 이상이 되면 수입과 지출을 연계하는 방안으로 가는 것이다. 예를 들어 고속도로를 건설할 때 나중에 통행료 수입으로 초기 비용을 모두 환수해야 한다는 식의 주장은 정부 활동의 사회적 편익을 무시한 발상이다. 이 도로를 이용하는 사람들이 절약한 시간 등 보이지 않는 혜택을 함께 포함하면 건설 비용은 얼마든지 일반 예산에서 나갈 수 있다.

문화시설의 경우도 같은 논리로 보면 된다. 이것이 가져다주는 무형의 복지를 고려하면 정부 예산의 투입이 문제 될 것 없다. 다만 오세훈의 오페라하우스가 무산된 경험에서 보았듯, 현금 복지와 무형적 복지가 제한된 예산 한도 내에서 부딪치면 후자가 밀리기 마련이다. 따라서 초기 건설 비용은 본예산과 여유 있는 사회계층으로부터의 후원금에서, 이후의 유지 비용은 수익자부담 중심으로 가는 정책 조합을 제안하는 것이다. 이처럼 무형적 복지의 재원을 다원화시키면 오페라 하우스는 '부자 복지' 아니냐는 식의 정치적 오해를 완화시킬 수 있다.

이런 '2단계two-tier 복지' 체계는 제한된 복지 재원을 합리적으로 배분하는 방식이기도 하지만, 동시에 무분별한 복지 팽창을 합리적으로 통제할 수 있는 대안이 될 수도 있다. 과거 재정 적자에 시달렸던 서구 선진국들이 가장 효과적으로 재정 확대를 막는 수단으로 사용한 것이 총량 제한이다. 예를 들어 100이 지출 상한이라면 새로운 지출 10을 추가하기 위해 기존의 다른 항목에서 10을 삭제하는 시스템이다. 이 책이 제안하는 2단계 시스템은 여기서 한 걸음 더 나간 방식이다. 재정지출이 무분별하게 팽창하는 경우 일단 총량 제한을 해 재정 안정의 교두보를 마련한 다음, 이후 필요한 항목은 재원을 마련해가며 제공한다는 것이다.

바야흐로 복지국가의 시대가 도래하고 있다. 정부 예산의 관점으로 보면 큰 정부가 대세다. 하지만 시민의 체감 복지 차원에서는 유능한 정부가 제일이다. 눈에 보이는 회계상의 수치가 아니라 사회적 편익과 비용을 사회 후생의 잣대로 사용하는 책임 있는 정부가 필요하다. 이를 위해서는 먼 시선으로 시대 변화를 읽을 수 있는 정책 시력부터 길러야 한다.

시간이 흐르고 환경이 달라지면 제도나 정책도 변해야 한다. 석유 수입으로 재정을 유지하다 뒤늦게 세금으로 시선을 돌린 중동 산유국들의 경우 정책 제안을 하기가 쉬웠다. 어차피 없는 제도를 만드는 것이기 때문이다. 하지만 우리는 있는 제도를 바꾸는 것이기 때문에 제도의 설계design가 아닌 개혁reform을 고민해야 한다. 개혁에는 승자와 패자가 함께 존재하기 때문에, 아무리 합리적인 대안이라도 정치의 벽을 넘기가 쉽지 않다. 어차피 세금과 복지의 절반은 정치다. 경제 논리와 정치 논리를 함께 아우를 수 있는 대안을 만들고 이를 실천하는 정책 능력을 갖춘 세력만이 '재정전쟁'의 승자로 살아남을 것이다.

FISCAL WARS

재정전쟁

초판 1쇄 인쇄 2022년 2월 15일
초판 1쇄 발행 2022년 2월 25일

지은이 전주성

발행인 이재진 **단행본사업본부장** 신동해
책임편집 김예원 **디자인** 김은정 **교정** 서영의
마케팅 이은미 **홍보** 최새롬 **제작** 정석훈

브랜드 웅진지식하우스
주소 경기도 파주시 회동길 20
문의전화 031-956-7361(편집) 02-3670-1123(마케팅)
홈페이지 www.wjbooks.co.kr
페이스북 www.facebook.com/wjbook
포스트 post.naver.com/wj_booking

발행처 ㈜웅진씽크빅
출판신고 1980년 3월 29일 제406-2007-000046호

ⓒ전주성, 2022
ISBN 978-89-01-25821-8 03320

웅진지식하우스는 ㈜웅진씽크빅 단행본사업본부의 브랜드입니다.
이 책은 저작권법에 의해 한국 내에서 보호를 받는 저작물이므로 무단전재와 무단복제를 금합니다.
이 책 내용의 전부 또는 일부를 이용하려면 반드시 저작권자와 ㈜웅진씽크빅의 서면동의를 받아야 합니다.

※ 책값은 뒤표지에 있습니다.
※ 잘못된 책은 구입하신 곳에서 바꾸어드립니다.